乡村绿色发展：理论与实践

Xiangcun Lüse Fazhan:Lilun yu Shijian

宁自军　著

中国财经出版传媒集团

经济科学出版社

Economic Science Press

图书在版编目（CIP）数据

乡村绿色发展：理论与实践／宁自军著． --北京：
经济科学出版社，2022.6
ISBN 978 - 7 - 5218 - 3756 - 8

Ⅰ．①乡⋯　Ⅱ．①宁⋯　Ⅲ．①绿色农业 - 农业发展 -
研究 - 中国　Ⅳ．①F323

中国版本图书馆 CIP 数据核字（2022）第 105571 号

责任编辑：周胜婷
责任校对：靳玉环
责任印制：张佳裕

乡村绿色发展：理论与实践

宁自军　著

经济科学出版社出版、发行　新华书店经销

社址：北京市海淀区阜成路甲 28 号　邮编：100142

总编部电话：010 - 88191217　发行部电话：010 - 88191522

网址：www. esp. com. cn

电子邮箱：esp@ esp. com. cn

天猫网店：经济科学出版社旗舰店

网址：http：//jjkxcbs. tmall. com

北京季蜂印刷有限公司印装

710 × 1000　16 开　15 印张　300000 字

2022 年 6 月第 1 版　2022 年 6 月第 1 次印刷

ISBN 978 - 7 - 5218 - 3756 - 8　定价：82. 00 元

（图书出现印装问题，本社负责调换。电话：010 - 88191510）

（版权所有　侵权必究　打击盗版　举报热线：010 - 88191661

QQ：2242791300　营销中心电话：010 - 88191537

电子邮箱：dbts@ esp. com. cn）

序

我国早在唐代就有"桑基鱼塘"的循环型生态农业模式。进入新时代,乡村绿色发展是人与自然和谐共生的现代化建设题中之义,是乡村生态文明建设的重要途径,是缩小城乡差距,推动共同富裕的必由之路。以绿色发展引领乡村振兴是一场深刻的革命,不仅着力解决我国乡村当下的生态环境问题,更要谋求中华民族的永续发展。乡村绿色发展具有系统性、综合性、复杂性和关联性,这要求统筹考虑模式、机制与中国乡村实际的匹配,从多学科交叉、系统性推进角度,形成一套以完善的制度体系为引领、以科学的战略规划为指导、以有效的激励政策为保障、以先进的技术体系为支撑、以合理的市场机制为手段,具有理论创新和实践应用价值的、富有中国特色的体系,为乡村社会可持续发展贡献中国方案。

多年来,我领衔的团队立足于循环经济与生态文明建设研究,在乡村生态环境治理、废弃物综合利用、生态循环农业等领域取得许多成功案例。如针对衢江乡村绿色发展,提出了建设生态循环农业,把发展放心农业作为促进农业转型、农民增收、农村变美的主抓手,将"绿水青山就是金山银山"的衢江篇章引向深入,探索控制农业污染源进入水循环体系新路径,并取得了很好的效果。时任农业部部长韩长赋到衢江区考察时说,"你们把生态农业做成了艺术";《人民日报》、新华社、中央电视台等国家主流媒体纷纷点赞衢江放心农业;衢江区8种放心农产品成为G20杭州峰会专供食品;2017年11月,衢江作为全国首批农产品安全县级唯一代表在全国食品农产品质量安全县创建工作现场会上向中共中央政治局常委汪洋汇报并得到肯定。农业部和浙江省签署《共建现代生态循环农业试点省合作备忘录》,浙江衢州成为全国现代生态循环农业试点市之一。农业部新闻网、中国新闻网等媒体多次报道衢州市打造生态农业样本,新华每日电讯头版头条点赞衢州循环农业。全国生态循环农业现场交流会在衢州召开,《农业日报》三版刊发,对衢州市打造全国生态农业样本进行解读,衢州引领现代生态循环农业发展的典范。

在遵义汇川生态扶贫过程中,我的团队围绕乡村环境治理模式创新研究,提出了汇川区实现区域创新发展应突出绿色、生态、环保的扶贫理念，把精准扶贫、发展产业与生态保护、美丽乡村建设结合起来，通过科学的、可持续性的产业开发，可以将生态环境优势转化为生态农业、生态工业、生态旅游等生态经济的发展成果，带动贫困群众找到一条生态友好型的绿色脱贫之路，汇川成为当地脱贫发展的典型。2016年9月，农业部和国务院发展研究中心在汇川召开现场会推广精准扶贫经验。2016年，我的团队与国务院发展中心合作开展"实施精准扶贫必须注重绿色发展"研究，围绕绿色发展提出了"农民工返乡创业"这一举措，旨在通过发挥市场机制作用以实现"绿色脱贫""生态脱贫"。为深入推进返乡创业试点工作，国家发展改革委、国家开发银行联合印发《关于开展开发性金融支持返乡创业促进脱贫攻坚有关工作的通知》，国家发展改革委与国家开发银行充分发挥开发性金融作用，设立返乡创业贷款，以破解返乡创业融资难融资贵融资慢为突破口，支持试点地区培育创业环境、壮大产业集群、增加返乡人员收入，实现生态脱贫和区域发展双重目标。

二十多年来，宁自军博士一直在我的团队从事循环经济与绿色发展研究工作，在再生资源利用、乡村垃圾治理、区域资源产率评价、绿色发展指数等方面成果颇丰。本著作将"绿色发展"与"乡村振兴"两个学术前沿问题相结合，在研究中，他系统查阅了马克思恩格斯经典著作、建党以来重要文献、新中国成立以来重要文献、十八大以来习近平总书记系列讲话文稿，以及党和国家的政策文件，充分借鉴学术界已有相关研究成果。在研究过程中，他坚持运用马克思主义立场、观点和方法对乡村绿色发展演进脉络、政策制度演变及其实践进行了理论分析，运用翔实的数据资料和丰富的图表对实践成效进行了客观分析。

随着"双碳"目标的提出以及乡村振兴战略的深入实施，我国乡村绿色发展必将迎来重大的发展战略机遇，乡村绿色发展如何实现资源效率高、环境代价小、乡村经济社会生态效益有机统一的发展，无疑是各级政府和学者所关注的重点问题之一，本书的出版将为乡村绿色发展和乡村生态文明建设研究提供借鉴。

同济大学循环经济研究所所长

前　言

　　为顺应亿万农民对美好生活和优质生态产品的需要，补齐乡村发展短板，夯实乡村发展基础，让美丽乡村成为美丽中国的底色和现代化国家的标志，党的十八届五中全会将绿色发展确立为指导我国当前和未来社会经济发展的五大理念之一，提出坚持走生产发展、生活富裕、生态良好的文明发展道路；党的十九大提出实施乡村振兴战略，其中一个重要任务就是贯彻新发展理念，推行绿色生产生活方式，走乡村绿色发展之路。

　　进入新时代，我国发展的不平衡不充分最为突出的表现在乡村。尽管2019年末中国城镇化率已达到60.6%，但在现代化进程中，乡村仍承载着农业生产、生活栖息、生态屏障、文化传承和基层治理等多重功能与价值。改革开放过程中所积累和显露的"乡村凋敝"和"生态环境"问题在各个时期有其特定的历史背景与客观规律，与资本主义私有制所导致的生态危机及城乡对立存在本质区别。

　　以绿色发展引领乡村振兴是共产党人坚持以马克思主义理论为指导，基于长期以来中国乡村建设发展与生态保护治理实践的基础，立足于新时代历史方位的一个全新的提法，是长期以来中国共产党人对正确处理人与自然关系、工农城乡关系和乡村发展规律性认识的高度凝结与智慧结晶，是马克思主义理论的最新成果，是新时代实现农业农村现代化和建设美丽乡村的理论基础和行动指南。以绿色发展引领乡村振兴合乎党的执政规律要求、合乎人民美好生活提升规律要求、合乎生态文明建设规律要求、合乎社会经济发展规律要求。

　　以绿色发展引领乡村振兴是一场深刻的革命，既无现成可照搬照抄的经验，也无可供模仿的现成模式，迫切需要正确的理论指导。在迈向全面建设社会主义现代化国家新征程中，乡村绿色发展的持续推进与深化同时需要理论创新的与时俱进与规律性把握。

　　中国共产党自成立以来，高度重视农业、农村、农民在革命与建设中的地位与作用，坚持运用马克思主义立场、观点和方法，探索出一条复合中国国情的乡村发展道路。乡村绿色发展既有马克思主义理论的指导，又具有丰富的历史经验和多方面优势。站在新的历史方位，国际环境日趋复杂，各类不稳定不确定性显著增强，推进乡村绿色发展仍会面临诸多困难。但只要将马克思主义基本原理与中国乡村发展实际相结合，坚持党对"三农"工作的全面领导，科学把握乡村发展规律，发挥农民的首创精神，唱响"绿色发展与乡村振兴主旋律"，做好"生态经济与经济生态化加减法"，用好"政府主导与市场调节两只手"，正确处理好"长期目标和短期目标关系"，善于在危机中育新机，在变局中开新局，乡村绿色发展一定会为社会主义现代化建设注入新活力。

按照研究的目的和内容，笔者在写作过程中系统查阅了马克思主义经典著作、党和国家领导人著作、党和国家重要文献，以及党和国家的政策文件等，充分借鉴学术界已有相关研究成果。在研究过程中，坚持运用马克思主义立场、观点和方法对乡村绿色发展演进脉络、政策制度演变及其实践进行了理论分析，采用数量方法，运用翔实的数据资料和丰富的图表对实践成效进行了客观分析。

本书得到长三角生态绿色一体化研究创新团队建设项目、浙江省新型高校智库"长三角一体化发展研究中心"科研团队建设项目、浙江新经济统计研究嘉兴基地建设项目的经费资助。感谢经济科学出版社编辑付出的辛苦努力。在全书的思路厘定、撰写和修订过程中，由于作者学识有限，书中错漏难免，敬请国内外同行批评指正。

目　　录

导　　论

一、研究背景与意义

（一）选题背景

"问题是时代的格言，是表现时代自己内心状态的最实际的呼声。"① 新中国成立 70 年多年来，我国社会经济发展取得的巨大成就堪称"世界奇迹"，中华民族迎来了从站起来、富起来到强起来的伟大飞跃。始于 20 世纪 70 年代末的农村经济体制改革，解放和发展了农业农村生产力，农村居民生活水平显著提升，乡村面貌发生了巨大变化，为我国亿万农民从解决温饱到全面建成小康奠定了坚实基础。然而，在工业化、城市化和市场化过程中，长期的二元结构体制导致城乡发展呈现出明显的反差，表现为强势的城市文明和工业文明对弱势的乡村文明的肢解，城市以其巨大的张合力，对乡村的要素资源形成强大的吸引力。一方面农村劳动力的转移与资本流失，乡村社会多维度呈现的"农村空心化""农业边缘化""农民老龄化"，逐步演化为乡村凋敝与衰退的趋势；另一方面受发展方式粗放、经济利益驱动、生态价值忽视以及环境治理中"重城市、轻农村"等因素影响，乡村垃圾围村，环境污染，土壤退化、疾病频发等系列环境问题日渐凸显，对乡村居民生产和生活造成了严重负面影响。习近平强调"长期粗放型发展所积累的生态环境问题，成为中国建设现代化强国的明显的短板"②，我国乡村社会由于"欠账过多、基础薄弱"，城乡发展失衡的矛盾依然突出。

---

① 马克思恩格斯全集（第一卷）［M］. 北京：人民出版社，1995：203.
② 中共中央党史和文献研究院. 习近平关于"三农"工作论述摘编［M］. 北京：中央文献出版社，2019：33.

2019 年末，我国常住人口的城镇化率虽已达到 60.6%①，但全国 51.5 万个行政村 251.3 万个自然村中有 6.86 亿常住人口②。进入新时代，"我国社会主要矛盾已转化为人民日益增长的美好生活需要和不平衡不充分的发展之间的矛盾"③，而发展的"不平衡不充分"最为突出的表现在乡村。中国共产党自成立以来，始终高度重视农业农村农民在革命、建设、改革和发展中的地位和作用，面对多年来乡村改革与发展中所积累的食品安全、生态环境、社会福祉等许多深层次民生问题，中国共产党人不断探索着：乡村发展在建设社会主义现代化强国征程中的地位与作用如何？过去乡村发展积累的问题如何解决？中国应走怎样的乡村发展道路？

为顺应亿万农民对美好生活和优质生态产品的需要，补齐乡村发展短板，推进美丽乡村建设，党的十八大将生态文明建设纳入"五位一体"总体布局，十八届五中全会将绿色发展确立为指导我国当前和未来社会经济发展的五大理念之一，党的十九大提出"实施乡村振兴战略"④。习近平强调"乡村兴则国家兴"，"生态兴则文明兴"⑤。贯彻新发展理念，实施乡村振兴既可提升乡村居民的幸福感，也决定着我国全面建设社会主义现代化国家的成色与质量。进入新时代，"我国正处于正确处理工农关系、城乡关系的历史关口"⑥，"我国生态文明建设仍处于压力叠加期，负重前行的关键期，已到了有条件有能力解决生态环境突出问题的窗口期"⑦，"实施乡村振兴战略一个重要任务就是推行绿色发展方式和生活方式，坚持人与自然和谐共生，走乡村绿色发展之路"⑧。

---

① 国家统计局. 中国统计年鉴 2020 [M]. 北京：中国统计出版社，2020.

② 2019 年城乡建设统计年鉴（3 - 2 - 25 村庄人口及面积）[EB/OL]. https：//www. mohurd. gov. cn/ess/?ty = a&query = 2019% E5% B9% B4% E5% 9F% 8E% E4% B9% A1% E5% BB% BA% E8% AE% BE% E7% BB% 9F% E8% AE% A1% E5% B9% B4% E9% 89% B4&ukl = &uka = &ukf = 2019% E5% B9% B4% E5% 9F% 8E% E4% B9% A1% E5% BB% BA% E8% AE% BE% E7% BB% 9F% E8% AE% A1% E5% B9% B4% E9% 89% B4&ukt = &sl = &ts = &te = &upg = 1.

③ 习近平. 决胜全面建成小康社会 夺取新时代中国特色社会主义伟大胜利 [M]. 北京：人民出版社，2017：11.

④ 习近平. 决胜全面建成小康社会 夺取新时代中国特色社会主义伟大胜利 [M]. 北京：人民出版社，2017：32.

⑤ 中共中央宣传部. 习近平新时代中国特色社会主义思想学习纲要 [M]. 北京：学习出版社，人民出版社，2019：167.

⑥ 中共中央党史和文献研究院. 习近平关于"三农"工作论述摘编 [M]. 北京：中央文献出版社，2019：42.

⑦ 中共中央宣传部. 习近平新时代中国特色社会主义思想学习纲要 [M]. 北京：学习出版社，人民出版社，2019：169.

⑧ 中共中央党史和文献研究院. 习近平关于"三农"工作论述摘编 [M]. 北京：中央文献出版社，2019：111.

　　回望中国共产党百年奋斗历程，共产党人始终坚持以马克思主义理论为指导，肩负着为中国人民谋幸福，为中华民族谋复兴的初心和使命，积极探寻符合国情的乡村发展道路。新民主主义革命时期，中国共产党团结带领广大人民群众，建立农村根据地，开展土地革命和生产运动，实行减租减息，保护农民利益，以农村包围城市，取得国家政权。新中国成立初期，以"农业合作化"为主导的社会主义乡村改造，重构了乡村的社会关系与生产关系，开展了兴修农田水利、治理江河、绿化乡村等系列工程；始于1978年的农村经济体制改革，解放和发展生产力，乡村社会经济得到全面发展，社会主义新农村建设富有成效；党的十八大以来，我国粮食安全与农产品安全保障水平显著提升，农村人居环境整治和美丽乡村建设取得实质性进展。2018年9月，浙江"千万工程"获联合国"地球卫士奖"。

　　中国共产党人在中国乡村建设、改革与发展中，坚持将马克思主义理论与我国国情、农情相结合，以绿色发展引领乡村振兴战略是马克思主义创新性理论成果，是共产党人基于马克思主义理论的哲学根基，是对长期以来人类乡村发展规律性认识深化的智慧结晶，为新时代中国乡村绿色发展提供了坚实的理论基础和实践指南。

　　源于工业化、城市化和全球化的乡村衰退，是世界各国普遍经历的发展问题，乡村衰退导致的"乡村病""贫民窟"是全球面临的共同挑战①，许多国家乡村社会经济结构和生态环境曾经或正在经历深刻变革和重构。改革开放以来，我国农村发展取得了举世瞩目的成就；进入新时代，中国的发展理念、发展道路、发展模式为解决全球生态治理、乡村发展等系列问题提供了新方案、新选择。因而，基于马克思生态思想，系统阐释共产党人在中国乡村道路探索中对马克思生态思想的传承与发展，科学总结马克思主义理论指导下乡村绿色发展实践经验，顺应新时代城乡关系变化特征和乡村发展规律，优化乡村绿色发展路径，对丰富和完善马克思生态思想和乡村发展理论，为全球乡村绿色可持续发展贡献"中国样本"和"中国方案"，具有重大而深远的理论与实践价值。

（二）研究意义

1. 理论意义

　　中国特色社会主义进入新时代，"绿色发展"和"乡村振兴"已成为马克

---

　　① 中共中央党史和文献研究院. 习近平关于"三农"工作论述摘编［M］. 北京：中央文献出版社，2019：14.

思主义生态思想与乡村发展理论关注的热点问题。乡村绿色发展成为新一轮话语体系的对象。习近平指出："这是一个需要理论而且一定能够产生理论的时代，这是一个需要思想而且一定能够产生思想的时代。"[①] 新时代的中国正经历着我国历史上最为广泛而深刻的社会变革，基于马克思生态思想对乡村绿色发展理论及其实践的研究，是马克思主义基本原理的时代前沿要求。

新的时代呼唤新的理论，新理论服务新时代。本研究坚持按照马克思主义立场、观点和方法，基于马克思生态思想对中国乡村绿色发展展开研究，总结中国乡村绿色发展实践经验，彰显马克思生态思想的当代价值。

2. 实践意义

绿色发展理念和习近平生态文明思想为乡村振兴，实现中国农业农村现代化建设，建设美丽乡村指明了方向。本研究在对马克思生态思想和乡村发展理论进行阐述的基础上，就中国共产党人在中国乡村建设、改革与发展中对马克思生态思想的传承与发展进行系统阐释，对实践经验进行科学总结，并据此就新时代乡村绿色发展路径进行探讨。乡村绿色发展既是破解乡村发展不充分与城乡发展不平衡的迫切要求，又是破解乡村生态失衡与生态贫困的迫切要求，对促进乡村经济社会可持续发展具有重要的实践价值。

首先，乡村绿色发展是解决乡村发展不充分与城乡发展不平衡的迫切要求。乡村与城市作为人类文明演进的两大载体，"城乡发展失衡"和"乡村生态赤字"成为建设现代化美丽中国的"明显短板"，同时亦成为新时代人民美好生活需要的内在桎梏。推动乡村绿色发展是对乡村与城市文明失衡及对工业文明带来的生态问题进行矫正的时代需要，是农业农村现代化的时代需要。改革开放四十多年来，我国城镇化和工业化加速推进，不仅城乡出现分化，而且乡村发展也出现分化，发展的不平衡不充分集中体现在"乡村"，破解乡村社会深层次矛盾需要推进乡村绿色发展。

其次，乡村绿色发展是解决乡村生态失衡和生态贫困的迫切需要。过去较长一段时期，由于我国农业农村生产力水平低，为了解决温饱，为了增产增收，"不得不毁林开荒、毁草开荒、填湖造地"，多年来积累的生态环境问题已成为突出的民生短板，不仅影响乡村社会的永续发展，而且影响着人民群众生命健康；现在我国已经解决温饱问题，"保护生态环境就应该而且必须成为发展的题中应有之义"。[②]

---

① 中共中央宣传部. 习近平新时代中国特色社会主义思想学习纲要 [M]. 北京：学习出版社，人民出版社，2019：2.

② 中共中央党史和文献研究院. 习近平关于"三农"工作论述摘编 [M]. 北京：中央文献出版社，2019：109.

新时代中国乡村经济要发展，绝不能再以牺牲生态环境为代价，"先污染后治理"的老路或"边污染边治理"的老路既不可取，也行不通。必须推行绿色生产生活方式，让乡村的生态美起来，让乡村的环境靓起来，再现"山清水秀、天蓝地绿、村美人和"的乡村新画卷，使人民群众在享受丰富物质财富的同时，切实感受到优美生态环境和绿色生态产品赋予人类的物质和精神享受。

二、国内外文献综述

（一）乡村发展研究现状

1. "乡村"含义的演变

"乡村"一词在英文中有"country"和"rural"之译。"country"最初源自"contra"，意即土地在观察者的眼前铺展而望，泛指大片土地或地区，也指国家或国土。"rural"自 15 世纪起被人们用于对乡村的物理描写，与此相对的"urban"则是对城市的物理描写，16 世纪"rural"和"urban"分别被赋予了现代社会性含义，"rural"代表宁静、纯洁、纯真的自然生活方式，"urban"则代表智力、交流和知识的现代生活①。联想负面情感，"rural"通常被认为是落后、愚昧且条件受限的地方，"urban"是喧闹、俗气而充满野心和欺诈的地方。

在古汉语中，"乡村"是由"乡"和"村"构成的合成词。"乡"由甲骨文"鄉"分化而来，会意"两人跪坐（阝）对饮而食"。"乡"为"阝"的反写，"阝"作"邑"字部首，本义是"人聚居的地方"，如"故井一为邻，邻三为朋，朋三为里，里五为邑。"由"邑"的本义出发，"鄉"也寓意着"生于此地、吃于此地"和"自己生长的地方或祖籍"。"乡"作为中国农耕社会的基层组织，起源于西周的"乡里"制度。据《周礼·大司徒》记载"五家为邻，五邻为里，四里为族，五族为党，五党为州，五州为乡，是万二千五百户也"。春秋战国以后，乡级建制一直延续，《国语·齐语》载："三十家为邑，十邑为卒，十卒为乡，三乡为县。"后有"五家为轨，十轨为里，四里为连，十连为乡"记载。秦汉时期"十里一亭，十亭一乡"。唐代因人口增多，遂以"百户为里，五里为乡"。在中国传统封建社会构建的以"郡统县、以县统乡、以乡统里"的政权体系中，"乡里"是最基层政权组织，主要承担"检招户口、收授田地、征敛赋役"等职能。新中国成立后，"乡"作为行政区划单位（1958～

---

① 雷蒙·威廉斯. 乡村与城市 [M]. 北京：商务印书馆，2013：413.

1978 年改称人民公社），隶属于县级之下，乡镇虽与街道或县辖区同属乡级行政区，但其更主要表示主城区之外的行政区域。作为地域空间概念，"乡"与"城"相对，城乡二元结构是中国典型的社会特征之一。源自农耕社会的"乡"同时被赋予了"家乡""故乡""乡愁"之义，与繁华城市相比，"乡"时常形容偏僻与落后，如"上山下乡""穷乡僻壤"等。

"村"在康熙字典中释为"墅也""聚落也"。《史记·五帝本纪》载，"一年而所居成聚"，"谓村落也"，《汉书》卷二十九《沟恤制》记载："或久无害，稍筑室宅，遂成聚落。"部落、聚落、村落均系指乡下聚居的处所，"村"为乡里组织的单位之一。华夏农耕文明作为世界农耕文明的重要组成部分，五千多年的历史进程中，北方遒劲的畜牧文明、中原厚重的农耕文明和江南富庶的农渔文明滋养和催生了庞大的人口群体，日趋紧张的人地关系形塑了中国以家户为基础，以"族氏血缘"为纽带、以地为生、以村而治的治理体系。我国现代基层治理体系中"县（市、区）—乡（镇）—村"结构由传统的"县—乡—里"原初形态演进而来。在现代基层治理体系中，"村"亦被分为"自然村"和"行政村"，自然村是由村民经过长时间聚居而自然形成的村落；行政村是政府为了便于管理，而确定的乡下面一级的管理机构所管辖的区域，由一个或多个自然村构成。现代社会中"村"时常与"农"结合在一起，"农"强调的是农业的经济特性和人口属性，"村"为人口集聚的特征。农村的本义就是以从事农业生产为主的农业人口居住区域。

《辞源》中"乡村"指"主要从事农业、人口分布较城镇分散的地方"。[①]《现代汉语词典》（第 6 版）源于《辞源》中"乡村"的定义，将"农业"和"散居"作为乡村的主词。从地理学和景观生态学上看，乡村是一个地域空间概念，是一种地域类型或地域系统，是指以乡村居民点为中心，在地理景观、社会组织、经济结构、土地利用、生活方式等方面都与城市有明显差异的一种区域综合体，它包括城市以外的一切地域。[②]沈新坤（2008）认为，乡村是指以行政区划的乡镇所辖的地域实体，它的外延是以乡（镇）政府所在的乡镇为中心，包括其所管辖的所有村庄的地域范围。

中共中央、国务院印发的《乡村振兴战略规划（2018—2022 年）》指出："乡村是具有自然、社会、经济特征的地域综合体，兼具生产、生活、生态、文化等多重功能，与城镇互促互进、共生共存，共同构成人类活动的主要

---

① 辞源（修订本）[M]. 北京：商务印书馆，1998：3115.

② 刘英. 民国时期东平县乡村结构分析. 西安文理学院学报（社会科学版）[J]. 2010，13（1）：8.

空间。"①

2. 乡村调查研究

20 世纪前半叶，以梁漱溟、晏阳初等为代表的有识之士呼吁并开启中国"乡村建设"运动，以毛泽东为代表的革命人士开展了中国农村调查运动；以费孝通等为代表的社会学者运用田野调查方法深入开展乡村社会调查，他们以细微描述和"解剖麻雀"的方式，试图通过对中国不同类型村庄进行深入调研而达到理解中国社会整体面貌的目的，形成了许多有影响力的著作。主要代表性著作有：彭湃的《海丰农民运动报告》、毛泽东的《湖南农民运动考察报告》、李景汉的《定县社会概况调查》、梁漱溟和江问渔的《乡村建设实验》、费孝通的《江村经济》和《乡土中国》等。改革开放以后的著作主要包括：费孝通的《小城镇四记》和《边区开发与社会调查》、秦晖的《田园诗与狂想曲》、施坚雅的《中国农村的市场和社会结构》、曹锦清的《黄河边的中国》等。② 21 世纪以来主要著作有贺雪峰的《新乡土中国》、杨轶婕的《三农问题》、陈锡文的《中国农业供给侧改革研究》等。乡村重构与全球化和城市化引起的乡村衰退有关。20 世纪 50 年代以来，西方发达国家普遍经历了城市化和逆城市化的进程。③ 对中国乡村发展的国际社会也高度关注，国际期刊 *Journal of Rural Studies* 聚焦于当代中国乡村重构的实践，在 "Rural Restructuring in China" 专刊刊登了 25 篇涉及中国乡村重构的文章，分别从要素资源配置、聚落文化衰落和消亡、农村劳动力转移、空间的分布与重组、村庄的社会动态变化等视角分析和反映中国乡村重构④。

3. 中国共产党领导下的乡村发展历程研究

近年来国内学者对中国乡村发展历程开展了大量研究。蔡清伟（2009）基于新中国成立 60 多年共产党领导下的乡村社会治理历程研究，认为新中国成立后至改革开放，党对"三农"工作是一种"全能式"的领导方式，改革开放以后，党对"三农"的领导是在"家庭联产承包责任制"基础上实现"村民自治"。葛福东（2010）从历史演进、制度变迁、现实特征、社会效果等对中国农村改革进行了实证分析，构建了中国农村社会建设的基本框架，并提出适宜的配套政策措施。江小容（2012）总结了中国农村改革发展的基本经验，对农

---

①　中共中央、国务院. 乡村振兴战略规划（2018—2022 年）［M］. 北京：人民出版社，2018：3.

②　宁华宗. 共生的秩序：当代中国乡村治理的生态与路径［D］. 武汉：华中师范大学，2014：3 - 4.

③　Hoggart K, Paniagua A. What rural restructuring?［J］. Journal of Rural Studies, 2001, 17 (1)：41 - 62.

④　Long Hualou, Liu Yansui. Rural restructuring in China［J］. Journal of Rural Studies, 2016, 47：387 - 391.

村生产要素市场化改革进行了论述。

4. "三农"问题的成因及对策

龚晓莺（2006，2007）从"三农"问题对社会稳定、发展根基、和谐社会建设的影响分析，认为我国"三农"问题不仅是一个经济问题，而且是一个十分重要的政治问题。同时她基于劳动力流动的视角对"三农"问题形成原因进行探讨，运用"水桶理论""水池理论""逃跑理论""自我发展理论"等四大理论，指出"三农"问题形成原因是要素性资源单向流动。徐琴（2003）以农村经济为研究对象，运用马克思主义的立场、观点和方法，就城乡差别、"三农"问题、农村经济现代化目标进行了理论探讨和对策研究。陈池波（2002）对农村市场经济问题进行了研究，提出了农村经济发展的政策取向和行动方案。李建桥（2009）对我国新农村建设模式进行了总结分析，认为中国的新农村建设有"政府帮扶""结构转变""乡村扩张"三大模式。姚洪斌（2007）认为，新农村建设，需要产业支撑。李占才（2008）指出，建设社会主义新农村必须以农民为本，协调城乡发展，切实解决"三农"问题，让农民共享发展成果，积极参与共建。赵鲁晋（2017）研究认为新农村建设应统揽农业、农村和农民工作，以增加农民收入为中心，以改善生产生活条件为目标，以发展都市现代农业为首要任务，精心组织，科学规划，典型引路，因地制宜，突出特色，创新发展。

5. 乡村生态环境治理与乡村文明建设

梁流涛（2009）对我国农村生态环境问题的演变规律进行了研究。马永俊（2007）对乡村生态系统的演化特征、规律、问题进行了理论分析。冯亮（2016）从制度选择、有效监督、治理成本等维度对农村环境治理进行了研究。宁华宗（2014）对"乡村良性治理何以可能"进行了理论与实证分析。姚茂华（2013）建议生态建设及生态乡村建设要由国家、社会与市场协同治理来重构。杨伟兰（2017）认为新农村建设必须发挥乡村居民在农村环境治理中的作用，通过对乡村的环境教育，提高农民的生态素养，创造多元化治理平台，采用政策引导和法制建设来推动乡村居民积极参与到生态环境治理之中。

于水（2007）从乡村治理与农村公共产品供给关系的角度，对苏南与苏北的乡村治理模式进行了比较，对乡村公共产品供给效率和财政支农的效率进行了分析，建议完善农村合作组织与政府间的沟通机制和公共资金投入的长效机制。沈新坤（2008）以中国传统型社会向现代型社会的转型和乡村改革为背景，从乡村社会文化规范的变迁视角，对当代乡村社会秩序的转型和重建问题进行了研究。夏森（2009）对当代中国乡村文明进行了系统研究。李振

（2017，2015）通过"文明逻辑"这个更具"统合性"的范畴，挖掘了"四个自信"的内在逻辑统一关系，澄清了中国特色社会主义"文明运动"的最终指向，并对当前流行的"政治正确类型"的认识泛化、浅化、虚化进行彻底批判；他同时认为现代国家治理体系是一个使中国趋于现代化的概念，同时也是一个需要运用马克思主义的立场、观点和方法进行审慎反省的实践概念。

顾益康（2018）认为走中国特色社会主义乡村振兴道路必须走城乡融合发展之路、共同富裕之路、质量兴农之路；必须坚持人与自然和谐共生、绿色发展之路、文化兴盛之路、乡村善治之路；必须打好精准脱贫攻坚战和特色减贫之路。连云港市委调研组（2018）基于浙江安吉、平湖的调研，建议乡村发展要以科学规划为导入点，引领美丽乡村建设，以务实创新为着力点，建立健全推进机制，以绿色产业为切入点，加快强村富民步伐，以多元投入为核心点，汇聚各方发展要素，以环境整治为突破点，提升农村整体面貌。

6. 中国乡村发展政策研究

高儒（1990）全面系统地研究了党的农村政策，指出党的农村政策是农村一切工作的出发点和归宿。温家宝根据新时期形势和任务，曾发表文章强调"加强农村政策研究工作"的重要意义[①]。任庆国（2007）就新农村建设从政策制定到实施等环节进行了综合性、系统性研究。李棉管（2011）对新农村建设有三种主导范式进行了比较分析，其中包括林毅夫的"内需－转移"论、温铁军的"组织－市场"论和贺雪峰的"文化－秩序"论，他认为这三种范式均具有各自的理论基础和政策主张，同时也存在着共性的不足，他主张以"发展型社会政策"来推动中国的新农村建设。项继权（2017）对"新三农"问题的演变与政策选择进行了研究。周振（2019）回顾了新中国成立以来农村经营体制的历史演变，并就政策启示进行了探讨。

（二）乡村振兴的国际经验借鉴

从全球范围看，城乡发展失衡、乡村衰退是世界各国在工业化、城镇化和现代化进程中普遍面临的问题。由表 0－1 可知，以农村人口占比为例，1960～2019 年全球农村人口占比由 66.39% 下降到 44.29%。美国及欧盟成员国等发达国家和地区早在 20 世纪五六十年代就进入城镇化高级阶段，1960 年美国和欧盟国家的农村人口比重分别为 30% 和 41.32%。但此后发达国家在发展中，农

---

① 温家宝. 关于农村政策研究的几个问题 [J]. 求是，1995 (6)：2－7.

村人口仍然持续向城镇转移，2019 年美国和欧盟农村人口占比分别为 17.54%和 25.27%，受"农村空心化"的影响，部分国家和地区乡村发展活力和动力日渐衰竭。[①] 1960～2019 年日本和韩国农村人口比重分别由 36.73%和 72.29%下降到 8.30%和 18.57%。

表 0-1　　　　世界部分国家或地区农村人口比重动态变化　　　　单位：%

地区	1960 年	1970 年	1980 年	1990 年	2000 年	2010 年	2019 年
世界	66.39	63.44	60.65	56.97	53.31	48.35	44.29
中国	83.80	82.60	80.64	73.56	64.12	50.77	39.69
美国	30.00	26.40	26.26	24.70	20.94	19.23	17.54
德国	28.62	27.73	27.16	26.88	25.04	23.03	22.62
法国	38.12	28.95	26.72	25.94	24.13	21.63	19.29
英国	21.56	22.88	21.52	21.86	21.35	18.70	16.35
意大利	40.64	35.73	33.36	33.27	32.78	31.67	29.26
巴西	53.86	44.09	34.53	26.08	18.81	15.67	13.18
南非	53.38	52.19	51.58	47.96	43.11	37.78	33.14
日本	36.73	28.12	23.83	22.66	21.35	9.19	8.30
韩国	72.29	59.30	43.28	26.16	20.38	18.06	18.57
欧盟	41.32	35.98	32.41	30.63	29.17	27.03	25.27
东亚与太平洋地区	77.43	75.05	72.27	66.04	58.58	48.05	40.11
拉丁美洲与加勒比地区	50.53	42.72	35.47	29.31	24.52	21.45	19.13
中东与北非地区	65.08	57.35	50.39	45.06	41.40	37.34	34.32

资料来源：世界银行数据库，https：//data.worldbank.org.cn。

20 世纪四五十年代，美国非农业人口与农业人口可支配收入比由 1.66 扩大到 2，并且城乡基础设施和公共服务差距较大。为此，美国政府通过农业立法、构建现代制度体系和借助社会资本的方式，从改善乡村基础设施条件到培育乡村自我发展能力的多元化路径促进城乡一体化发展。[②] 在政策措施方面，通过发展农业规模经营和非农经济融合发展，加大对农民的直接经济补贴，同时，通过"工读课程计划"提高农民技能和素质，提升乡村发展价值，促进乡

[①] 张海鹏，郜亮亮，闫坤．乡村振兴战略思想的理论渊源、主要创新和实现路径 [J]．中国农村经济，2018 (11)：2.

[②] 胡月，田志宏．如何实现乡村的振兴？基于美国乡村发展政策演变的经验借鉴 [J]．中国农村经济，2019 (3)：128.

村快速发展。[①]

周应恒（2018）指出欧盟在乡村振兴过程中，更多采取的是自下而上的生态保护型发展模式。法国通过采取国土整治规划和发展生态农业等措施建立长效机制，推进乡村振兴。德国采取"乡村更新""田地重划""农业结构发展规划"等方式构建整合性乡村发展框架，促进基础设施建设、生态环境优化和乡村文化保护等。[②]

日本与韩国的乡村再造运动是政府主导的自上而下的运动，由此激发乡村发展活力。日本政府面对乡村人口的急剧下降以及引发的社会问题，1966 年提出了"过疏"这一概念，1970～2000 年被认定为过疏的乡村数由 741 个增加到 1164 个，比重更由 27% 提高到 45.8%。[③] 为此，日本政府通过国土开发计划等综合手段促进乡村振兴，一方面通过国土再造与工业下乡，解决城市工业过密与乡村人口过疏的矛盾;[④] 另一方面加大了"补助金农政"的实施力度，推动"一村一品"运动，提升乡村农副产品竞争力，促进乡村的持续发展。韩国自 20 世纪 70 年代推动"新村运动"，先后实施了侧重于改善居民生活环境和居住条件，以及以区域均衡、社会平等和产业融合为主的政策体系，通过加大乡村基础设施建设，推进农业综合开发，促进农民增收缩小城乡差距。[⑤] 经过多年持续"新村建设"，韩国城乡居民收入差距从 1972 年的 3∶1 缩小到 2004 年的 1∶0.84，基本实现了城乡经济的协调发展。[⑥]

发达国家在乡村振兴或新村建设中的主要经验有以下几点：一是注重政府引导；二是注重乡村居民的主体地位，激发内生发展动力；三是改善基础设施，强化公共服务；四是因地制宜，分类施策，促进乡村经济发展；五是完善法律法规，确保政策落地实施。

（三）绿色发展研究现状

1. 全球生态危机与人类对生态问题的反思

发展是人类永恒的主题。作为一个历史范畴，发展又随历史进程而变化，

---

①⑥　张军. 乡村价值定位与乡村振兴 [J]. 中国农村经济，2018（1）：2-10.

②　宁满秀，袁祥州，王林萍，邓衡山. 乡村振兴：国际经验与中国实践——中国国外农业经济研究会 2018 年年会暨学术研讨会综述 [J]. 中国农村经济，2018（12）：132-133.

③　饶传坤. 日本农村过疏化的动力机制、政策措施及其对我国农村建设的启示 [J]. 浙江大学学报（人文社会科学版），2007（6）：147-156.

④⑤　宁满秀，袁祥州，王林萍，邓衡山. 乡村振兴：国际经验与中国实践——中国国外农业经济研究会 2018 年年会暨学术研讨会综述 [J]. 中国农村经济，2018（12）：133.

随人类社会的发展而不断演进。农业文明的兴起促使人类形成了村庄、部落、耕地等新的社会生活形态。18世纪工业革命兴起，在资本逻辑驱使下，资本主义国家大工业生产迅猛发展，资产阶级挥舞着巨大的斧头，将"工人"与"自然"视为任意榨取与处置的对象，塑造了充满压榨和社会冲突的生产生活方式，进而引发了愈演愈烈的生态危机。20世纪西方国家相继发生的"八大公害事件"震惊世界，据此亦引发了人类对于生态问题反思。20世纪70年代，罗马俱乐部学者D.梅多斯等人在《增长极限》中指出，"人类必须考虑资源环境的终极限度，以及对人类发展和人类行为未来的影响"①。此后，罗马俱乐部提出"可持续发展观"逐渐被世界各国普遍接受。20世纪80年代，未来学家托夫勒在《第三次浪潮》中指出："过去10年内，由于地球生态状况发生了危险的改变，人们业已发起一场世界性的环境运动，这项运动不仅攻击环境污染、食品添加剂，而且迫使我们重新衡量对大自然的依赖程度。结果，我们不再认为应和自然界拼死搏斗，而是获得了一个崭新的观念，强调人与自然的和谐。"② 同期，美国学者W.艾布瑞克提出了生态农业概念，据此揭开"绿色产业"新起点，全球"绿色革命"风起云涌，"绿色制造""绿色消费""绿色生活"频见于各类报刊，"绿色现代化"成为全球发展的新趋势③。

1989年，英国学者大卫·皮尔斯等人在《绿色经济蓝皮书》中，首次提出应"通过对资源环境产品和服务进行适当的估价，实现经济发展和环境保护的统一，从而实现可持续发展"的"绿色经济"概念，尽管这一概念与现代"绿色经济"的含义差异较大，但"绿色经济"在蓝皮书发布后迅速在全球范围广泛传播。20世纪90年代，美国以"可持续发展理论和生态经济价值理论"为主题的绿色运动爆发，标志着绿色发展从"理念"向"实践"的转向④，世界各国积极寻求以"绿色发展方式"解决生态环境问题的实践路径。绿色产业、绿色技术迅速成为新产业新模式，如美国通过研发环保产业、技术和设备，加大研发投资以刺激本国绿色发展，现已成为全球最大的环保设备出口国；20世纪80年代德国成立了世界上首家"绿色银行"，欧盟各国也相继通过构建"绿色产业体系"促进绿色经济发展；韩国提出以"绿色增长"振兴经济战略；日本通过建立"低碳循环型社会"推进绿色经济发展。2010年全球绿色市场交易额达到1.2万亿美元⑤。

20世纪80年代，我国改革过程中日渐显露生态环境问题，引起了政府和

---

① 德内拉·梅多斯等. 增长的极限 [M]. 李涛，王智勇，译. 上海：机械工业出版社，2006：244.
② 阿尔文·托夫勒. 第三次浪潮 [M]. 北京：中信出版集团，2018：300.
③ 课题组. "两山"重要思想在浙江的实践研究 [M]. 杭州：浙江人民出版社，2017：47.
④ 郝栋. 绿色发展道路的哲学浅析 [D]. 北京：中共中央党校，2012：3.
⑤ 课题组. "两山"重要思想在浙江的实践研究 [M]. 杭州：浙江人民出版社，2017：49.

学界的关注。1984 年 5 月，国家将"保护改善生活环境和生态环境，防治环境受污染和自然环境被破坏"列为一项基本国策。[①] 1994 年，我国政府提出实施可持续发展战略。1995 年，党的十四届五中全会提出要"实现两个根本性转变"[②]。1998 年循环经济概念引入国内。进入 21 世纪，UNDP 发布了《2002 中国人类发展报告：绿色发展，必选之路》[③] 报告，我国政府对此给予积极响应，提出坚持走绿色发展之路。"绿色发展"亦成为学术界关注的焦点之一，国内学术对绿色发展内涵、意义和体系研究逐步深入。戴星翼（1995）从经济学的视角对绿色发展进行了解读，胡鞍钢（2005）认为"绿色发展"应当作为新一代国家发展战略的选择。牛文元（2010）指出只有在理解了生态文明追求"自然平衡、绿色发展、绿色消费、绿色社会"的前提下，21 世纪环境与发展的战略才能完美表达。白瑞（2012）认为我国绿色发展思想形成的国内外背景是"国内以及全球性气候变化、能源资源短缺等问题，迫使我国必须加快发展模式的绿色化转型，而高新科技的发展、绿色技术和信息资源的国际分享，以及政府和国民环境意识的提高则为绿色发展提供了充分的社会条件"。王永芹（2014）指出生态危机是人类发展的困境，同时呼唤全球生态保护意识。

2. 马克思生态思想研究

俄国马克思主义先驱普列汉诺夫是最早传播马克思生态观的思想家，他基于马克思自然环境理论对地理环境问题进行了深入讨论与分析。[④] 继普列汉诺夫之后，列宁基于马克思的生态自然观，提出资本主义社会"城乡对立"及对"土地肥力"的掠夺，造成"资源浪费与环境污染"，以及社会主义"劳动条件更合乎卫生，使千百万工人免除烟雾、灰尘和泥垢"[⑤] 等系列论述，是对马克思生态思想的继承与发展。此后斯大林坚定地继承和捍卫了马克思生态思想，并提出"任何一种违反自然法则的举动，稍微违反这种法则的举动，都会使事业受到破坏"[⑥] 等论述。

20 世纪 30 年代以来，针对西方国家普遍发生的生态环境灾难，国外学者试图通过对马克思主义唯物史观的研究与分析，以期探寻破解生态环境问题的路径，为缓解"生态危机"寻求理论指导。法兰克福学派的马克斯·霍克海默、赫贝特·马

① 中央财经领导小组办公室. 中国经济发展五十年大事记 [M]. 北京：人民出版社，1999：369.

② 中共中央文献研究室. 十四大以来重要文献选编（下）[M]. 北京：人民出版社，1999：1947.

③ 联合国开发计划署驻华代表处. 中国人类发展报告：绿色发展必选之路 [M]. 北京：中国财政经济出版社，2002.

④ 刘海霞. 马克思恩格斯生态思想及其当代价值研究 [M]. 北京：社会科学出版社，2016：6.

⑤ 列宁全集（第十九卷）[M]. 北京：人民出版社，1959：42.

⑥ 斯大林. 苏联社会主义诸经济问题 [M]. 北京：外国文书籍出版局，1953：7.

尔塞库、西奥多·阿多诺等对资本主义的生态批判为生态学马克思主义的创立作出重要的贡献和影响。20世纪70年代，加拿大学者本·阿格尔首次在《西方马克思主义概论》中第一次提出"生态学马克思主义"概念，这标志着"生态学马克思主义"正式登上马克思主义理论的论坛①。20世纪80年代，以奥康纳、福斯特、莱易斯等为代表的学者运用马克思主义的立场和方法，揭露了全球生态危机的根源在于资本主义制度本身，主张通过激进的生态政治变革，建立一个通过自然资源重新分配改变生活方式、实现人类自我价值的生态社会主义社会。

中国共产党自成立以来，始终坚持以马克思主义理论为指导，在国内学术界，1983年许涤新在纪念马克思逝世一百周年之际撰写的《马克思与生态经济》一文，就马克思对于生态经济学的贡献进行了分析②。20世纪80年代的研究成果包括1984年邓宏海的《马克思主义的农业理论与农业生态经济学》、1989年姜琳的《马克思主义与生态问题》及马传栋的《马克思主义是生态经济学研究的理论指南》等。20世纪90年代以来，随着我国政府对生态环境问题的日益重视，马克思恩格斯生态思想、马克思主义自然观、马克思绿色发展观成为学术界研究的焦点之一。在中国知网以"马克思"加"生态"关键词进行检索，从1992年至2020年10月19日共有学位论文786篇，期刊论文2829篇，其中核心期刊1007篇，包括1992年发表于《求是学刊》的《马克思〈1844年经济学哲学手稿〉中生态伦理思想的发轫》等文献资料，学位论文最早的是2001年解保军的《马克思自然观的生态哲学意蕴及现代意义》一文。

本书采用现代文本挖掘技术对发表在北大核心期刊和南大CSSCI检索的1007篇文章及786篇学位论文的关键词及摘要进行分析，其关键词及摘要中高频词的词频图分别如图0-1～图0-4所示。

图0-1　基于期刊论文关键词词频

图0-2　基于学位论文关键词词频

① 解保军. 生态学马克思主义名著导读［M］. 哈尔滨：哈尔滨工业大学出版社，2014：1.
② 许涤新. 马克思与生态经济学——纪念马克思逝世一百周年［J］. 社会科学战线，1983（3）：50-58.

图0-3　基于期刊论文摘要的词频　　图0-4　基于学位论文摘要的词频

近年来，国内出版的马克思生态思想的相关著作主要有陶火生的《马克思生态思想研究》、张进梦的《马克思恩格斯生态哲学思想论纲》、陈墀成等的《马克思恩格斯生态思想及其当代价值》、徐建立等的《马克思生态文明思想的当代阐释》、李宏伟的《马克思主义生态观与当代中国实践》、廖小明的《生态正义——基于马克思恩格斯生态思想的研究》、胡建的《马克思生态文明思想及其当代影响》、刘海霞的《马克思恩格斯生态哲学思想及其当代价值》、解保军的《马克思生态思想研究》、李勇强的《马克思生态人学思想及其当代价值研究》和彭曼丽的《马克思恩格斯生态思想发展史研究》等。

3. 绿色发展理念研究现状

2015年10月，党的十八届五中全会确立了包括"绿色"在内的新发展理念，国内外学者从绿色发展理念的内涵，以及其本身所涵盖的基本要素、思维层面、价值观层面展开了系列研究。主要成果包括：任理轩（2015）从基本要素视角分析阐述了绿色发展理念的基本抓手、主要原则和价值取向；庄友刚（2016）认为绿色发展理念是社会主义现代化建设的根本要求，而非质的规定，其根本立足点是促进生产力发展，其核心强调发展要符合生态自然规律；荣开明（2016）对绿色发展的要义、核心和前提进行了阐述；张乐民（2016）阐释了绿色发展的根本目标、发展重点及方法论；杜昌建（2017）通过国内关于绿色发展理念的文献梳理，发现学者们普遍认为绿色发展的根本旨归是实现人与自然的和谐相处，而这一目标的实现需要推动现有的生产方式、生活方式和思维方式绿色转换。

此外，范伟（2015）从和谐思维、底线思维和历史思维对习近平绿色发展理念的主旨进行了阐述。秦书生、杨硕（2015）从发展的前提、手段、途径、目标、要求与技术支撑等六个方面就绿色发展理念的内容体系进行了研究和阐释。肖安宝、王磊（2016）从绿色发展的目标指向、价值旨归、前提关键和实现路径四个方面论述了习近平绿色发展理念的四重要义。赵凯丽（2017）从绿色发展的前提、发展目标、技术支撑、法制保障和价值落脚点等五个维度论述了绿色发展的体系。邹巅、廖小平（2017）认为，绿色发展作为一种高级发展形态，更应强调发展的效率和质量。汪玼（2018）认为绿色发展的内含涵盖了政治、经济、文化、社会与生态等五个维度。

金瑶梅（2016）从马克思主义自然观、中国传统生态观、资本主义生态观及中国特色社会主义生态观维度阐述了中国绿色发展的理论渊源。施德军（2015）认为，我国的绿色发展以马克思主义的人与自然是一个有机整体的观念为哲学基础，历经中国共产党几代人在复杂的社会主义建设实践的探索中不断成熟和完善。方世南（2016）就习近平绿色发展理念在规律论、发展价值论和发展方法论等方面对马克思主义发展理论的继承与发展进行了阐述。杨卫军（2016）认为，习近平绿色发展理念体现了"人与自然和谐"的思想。杨莉、张卓艳（2016）认为习近平绿色发展理念是我国在生态建设中的最新创新性理论成果，绿色发展理念丰富了生态文明理论。张菊、李振（2017）认为新发展理念的形成是中国共产党人对发展问题进行的反思与纠偏，也是对当下世界各国发展中面临的全球性生态恶化、贫富分化、价值链固化问题给出的"中国方案"。王平（2017）认为，当今生态事件具有同质性、可复制性、时空弥散性、技术主义背景架构、资本逐利逻辑驱动、后果不可修复性等特质，要探索走出生态危机之路，当务之急是从文明观、世界观、时空观、财富观、制度路径等多重路径对生态虚无主义的颠倒进行二次颠倒，而中国道路、中国方案不失为一条值得尝试之路。

三、研究框架与主要内容

乡村绿色发展以马克思主义基本原理为哲学根基，贯穿了马克思恩格斯生态思想和乡村发展理论精髓，汲取了中华农耕文明的绿色智慧。中国共产党人在乡村道路的实践探索中，对马克思生态思想不断创新和发展。本书以乡村绿色发展为研究主题，基于马克思主义生态思想和乡村发展等理论基础，按照"觅乡村绿色发展之理论，思乡村绿色发展之境遇，谋人民美好生活之需要，寻乡村绿色发展之路径"的逻辑思路开展研究。

全书由导论、正文和结束语三部分构成。

导论阐述了乡村绿色发展的选题背景和意义，对乡村发展和绿色发展的研究现状进行了综述，介绍了本书主要内容、研究方法和逻辑架构。

正文部分共分为五章。第一章在对乡村生态价值与乡村绿色发展的缘起分析基础上，就乡村绿色发展内涵与外延进行了科学界定，阐释了新时代中国乡村绿色发展的现实逻辑，论述了中国乡村绿色发展的时代价值。

第二章论述了乡村绿色发展的理论渊源。中国共产党乡村绿色发展理论以马克思生态思想与乡村发展理论为哲学基础，扬弃了西方可持续发展理论，吸收了马克思主义生态学的合理要素，汲取了中华农耕文明的绿色智慧。

第三章阐释了中国共产党建党百年来，中国共产党人在乡村建设中，对绿色发展理论的基础创新。中国共产党人在乡村建设与改革中，以马克思主义生态理论和农村发展理论作为牢固的理论根基，结合中国乡村建设、改革与发展的阶段性特征，对千百年来人与自然关系不断反思与实践，提出了创新性的思想理论。绿色发展理念和乡村振兴战略作为习近平新时代中国特色社会主义思想的重要内容，是长期以来中国共产党对人类处理人与自然关系和乡村发展规律性认识的高度凝结，为新时代中国乡村绿色发展提供了的理论基础和行动指南。

第四章对中国共产党领导下的乡村绿色发展实践历程和成效进行了考察，总结了近百年来中国乡村发展和生态环境保护治理的实践经验。中国共产党自成立以来，高度重视农民在现代建设中的地位与作用，坚持运用马克思主义立场、观点和方法，解放和发展乡村绿色生产力，领导人民群众开展了伟大的乡村革命、建设和改革运动，探索了一条中国特色社会主义乡村绿色发展道路，取得显著成效和丰富经验，为新时代中国乡村绿色发展提供了宝贵的精神财富。

第五章阐述了新时代中国乡村绿色发展的三重向度和发展路径。

结束语对本书的观点和结论进行了总结，并就后期研究作出展望。

第一章　乡村绿色发展的时代呼唤

时代是思想之母，实践是理论之源。任何理论都是它所处时代的产物，任何哲学都是它所处时代的精髓。党的十九大提出实施乡村振兴战略是党中央从全局出发、着眼于实现"两个百年"奋斗目标、顺应亿万农民对美好生活的向往作出的重大决策。实施乡村振兴战略，一个重要任务就是推行绿色发展方式和生活方式，坚持人与自然和谐共生，走乡村绿色发展之路[①]。基于马克思生态思想的乡村绿色发展研究，首先要对乡村生态价值进行认真考察，探究城乡失衡与生态失衡的根源，科学把握乡村绿色发展的内涵特征，在此基础上，阐明新时代中国乡村绿色发展的现实逻辑。

一、乡村价值的时代审视

乡村与城镇作为人类文明演化信息和能量的两大载体，共同构筑了人类生存与发展的空间，谱写着人类文明的演进历史。国家统计局资料显示，改革开放以来，我国工业化和城镇化进程加速推进，农村富余劳动力同步向非农产业加速转移，2019 年末我国城镇化率已达到 60.6%。在现代化进程中，"城的比重上升，乡的比重下降，是客观规律"，但对于一个拥有 14 亿多人口的发展中国家，"不管工业化和城镇化发展到哪一步，农业都要发展，乡村都不会灭亡，城乡将长期共生并存，这也是客观规律"[②]。随着时代的发展，我国的乡村不仅具有农业生产的功能，还承载着重要的生态涵养功能，独具魅力的休闲旅游与文化体验功能。从中国的人口结构看，农民是我国人口数量最多的群

---

① 中共中央党史和文献研究院．习近平关于"三农"工作论述摘编［M］．北京：中央文献出版社，2019：111.

② 中共中央党史和文献研究院．习近平关于"三农"工作论述摘编［M］．北京：中央文献出版社，2019：44.

体，乡村是承载中华民族乡愁的精神家园。① 2020 年 6 月全国人大常委会审议的《中华人民共和国乡村振兴促进法（草案）》中，将乡村定义为"城市建成区以外具有自然、社会、经济特征和生产、生活、生态、文化等多重功能的地域综合体，包括乡镇和村庄等"②，这一定义传承了原有"乡村"要义，加注了"乡村"时代特色，在农业生产和乡民生活基础上衍生出乡村的生产价值、生活价值、生态价值、文化价值和社会价值等，使乡村的内涵更加丰富，外延紧扣根本。

（一）作为生命物质基础而存在的农业生产价值

国以民为本，民以食为天。农业是对自然资源的直接利用与再生产，农业生产成果是人类得以存在和发展的前提，是国民经济社会生产活动的物质基础，农业农村生态系统与自然生态系统具有最紧密、最直接的联系。马克思在《德意志意识形态》《1844 年经济学哲学手稿》等著作中阐明了农业的基础性地位。马克思指出，"食物的生产是直接生产者的生存和一切生产的首要的条件"③。人作为有机的生命体，其繁衍生息首先要从自然界获取维持其自然发展需要的物质资料，生命如果不是每天用食物进行新陈代谢，就会衰弱并很快死亡，而人们为了"创造历史"，必须能够"生活"，为了维持生活，必须每日每时从事"历史活动"。

新中国成立初期，国家百废待兴，基础薄弱，面对西方列强的全面封锁和满目疮痍的现实困境，解决人民群众的温饱问题成为共产党人的头等大事。为保障中国的"吃饭"问题，中国共产党领导集体从关系国民经济发展、关系社会稳定和关系国家自主的政治战略高度，把粮食问题放在一切工作的首位。毛泽东指出，"人们为着要生活，就要生产生活资料，例如粮食……人们为着要生产生活资料，就要有生产资料，例如土地、原料、牲畜"④。作为人口大国，百姓吃饭和温饱是头等大事，"全党一定要重视农业，农业关系国计民生极大"⑤。

① 中共中央党史和文献研究院. 习近平关于"三农"工作论述摘编［M］. 北京：中央文献出版社，2019：10，99.

② 中华人民共和国乡村振兴促进法（草案）［EB/OL］. http：//www. agriplan. cn/industry/2020 - 06/zy - 5695_6. htm.

③ 马克思恩格斯全集（第四十六卷）［M］. 北京：人民出版社，2003：715.

④ 毛泽东文集（第六卷）［M］. 北京：人民出版社，1999：66.

⑤ 毛泽东选集（第七卷）［M］. 北京：人民出版社，1996：199.

改革开放以后，我国农村改革取得积极成效，农业生产效率大幅提升。国家统计局资料显示，1978～1984年，我国粮食产量从约3050亿千克达到约4070亿千克，六年间粮食产量平均每年递增5.1%。1982年5月，邓小平在谈到社会经济发展经验时指出，"不管天下发生什么事，只要人民吃饱肚子，一切就好办了"①。实现农业的稳定发展，是关系国家安危的问题②。

1992年10月，江泽民在农业农村工作座谈会上强调指出，"农业是基础的思想，是马克思主义基本原理，也符合我国的基本国情"，"将来基本实现现代化以后，农业的基础地位也不会变，农业问题仍然很重要"。③进入21世纪，党中央加大了对农业、农村和农民的支持力度，提出了把解决好"三农"问题作为国民经济的"重中之重"。胡锦涛强调，"粮食生产问题，任何时候都不能放松"④，"无论经济发展到什么水平，……农业基础地位都不会变，也不能变"。⑤

党的十八大以来，习近平同志在继承历代中央领导集体的粮食安全思想基础上，提出了"饭碗论""底线论"等一系列重要思想。把饭碗牢牢端在自己手上，是习近平治国理政的基本方针之一，必须长期坚持。在现代化进程中，"坚守十八亿亩耕地红线，必须做到，没有一点点讨价还价的余地"⑥。进入新时代，我国在实现"两个一百年"奋斗目标的征程中，必须严守耕地红线，确保"谷物基本自给、口粮绝对安全"，通过"藏粮于地、藏粮于技"战略，确保粮食生产和供给，方可为中国特色社会主义现代建设提供坚实的物质基础。

新中国成立70多年来，中国共产党领导下的各级政府采取强有力的措施，确保粮食生产能力稳步提升。以占世界约9%的耕地养活了占世界20%的人口，不仅成功解决了中国人民的吃饭问题，而且城乡居民生活水平取得实质性的改善，实现了由"吃不饱"到"吃得饱""吃得好"的历史性转变。当前，面对日益错综复杂的国际关系，以及各类自然灾害和疫情的影响，我国的粮食安全基础仍不稳固。纵观美国、俄罗斯等世界强国，都有能力解决自己的吃饭问题。习近平指出，"这些国家之所以强，是同粮食生产能力强联系在一起的"，我国

① 邓小平文选（第二卷）[M]. 北京：人民出版社，1993：406.
② 中共中央文献研究室. 十三大以来重要文献选编（上）[M]. 北京：人民出版社，1991：690.
③ 江泽民文选（第一卷）[M]. 北京：人民出版社，2006：258-259.
④ 胡锦涛文选（第二卷）[M]. 北京：人民出版社，2016：413.
⑤ 胡锦涛文选（第三卷）[M]. 北京：人民出版社，2016：547.
⑥ 中共中央文献研究室. 十八大以来重要文献选编（上）[M]. 北京：中央文献出版社，2014：662-663.

"在粮食问题上不能侥幸、不能折腾，一旦出了大问题，多少年都会被动，到那时谁也救不了我们"。[①] 乡村作为生命物质基础而存在的农业生产价值是保障社会稳定、经济发展和国家安全的重要基础。

（二）作为居民生活栖息场所而存在的社会价值

马克思在《资本论》中揭示了资本主义大规模工业和大规模农业如何联手使土壤和工人陷入贫瘠的状态。马克思指出，"大土地所有制使农业人口减少到一个不断下降的最低限量，而同他们相对立，又造成一个不断增长的拥挤在大城市中的工业人口"[②]。中国作为农村人口占多数的国家，在人类繁衍与社会发展中，乡村是伴随着传统农业发展而逐渐聚集形成的生产生活空间，是以农业生产活动为主要特征的村民生活聚居场所。"故井一为邻，邻三为朋，朋三为里，里五为邑"是人类聚居形态一种客观而现实的呈现。费孝通源于"基层"的考察，认为中国农村最大的特性是"乡土性"。以农为生的人取资于土地并黏附于土地之上，从几户到几千户的村庄，聚落于田野之中，村民的生活围绕农业生产节奏而安排，日出而作，日落而息，田间生产与庭院生活不相割裂，世代定居。一块土地经过几代人繁衍，到达饱和点，过剩人口自得宣泄外出，负起锄头另辟新地[③]。

悠久灿烂的华夏农耕文明滋养和催生了庞大的人口群体，并形成了数百万大小不同的村庄。传统以家户为单位的小农经济，其农作方式以小规模人力农业生产为主，以农副业及家庭手工业为补充，家户聚于一起居住生活，既有利于生产协作，也有助于安全护卫，在土地平等继承的原则下，兄弟继承祖业，人口繁衍，村落逐渐壮大。在传统的乡村熟人社会，"恬淡自然"的劳作方式及和谐的邻里关系反映了乡村居民的生活态度与精神境界，乡村所具备的生态空间是构建居民宜居生活的理想基地。1949 年全国 89.36% 的人口聚集和生活在乡村。[④]

为了维持社会秩序，保护公民的权利和利益，服务于社会主义建设，1958年我国颁布了《中华人民共和国户口登记条例》，确立了城乡二元的户籍制度，城乡人口流动被纳入国家计划，人民公社管理制度及与户籍制度相关的粮油供

① 中共中央党史和文献研究院. 习近平关于"三农"工作论述摘编 [M]. 北京：中央文献出版社，2019：72.

② 马克思恩格斯全集（第四十六卷）[M]. 北京：人民出版社，2003：918.

③ 费孝通. 乡土中国[M]. 北京：人民出版社，2015：4.

④ 刘守英，王一鸽. 从乡土中国到城乡中国 [J]. 管理世界，2018，34（10）：128 – 146，232.

应等多项制度限制了农村居民的流动与迁徙自由。1978年我国82.08%的居民居住在乡村，比1960年的80.25%还提高了近2个百分点[①]。

改革开放初期，由于知青返城等系列历史遗留问题急需解决，城市就业压力较大，国家尚未直接开启农民进城通道。1981年国务院《关于严格控制农村劳动力进城做工和农业人口转为非农业人口通知》中提出，"严格控制农村劳动力进城做工和农业人口转为非农业人口"[②]。20世纪80年代中后期，乡镇企业对用工需求不断增加，农村剩余劳动力就业呈现"离土不离乡、进厂不进城、分业不离土"的特征，1990年我国乡村居住人口占全国人口的73.06%[③]。

1992年邓小平南方谈话之后，我国东部沿海地区的工业化、城镇化迅猛发展，制造业、建筑业和服务业对劳动力需求不断增加，在东部地区非农产业对劳动力需求的"引力"和西部地区农村内部大量剩余劳动力涌向城市就业的"推力"下，国家和地方实施了多项改革措施，作出了有利于劳动力流动的政策努力，允许并引导农民工进城务工，农村居民开始真正"离土""出村"。这一时期大规模跨省份、跨地区流动的"两栖式""候鸟式迁移"的"民工潮"也随机涌现。21世纪之初的中国流动人口已达1.43亿人，其中从乡村流出人口为8840万人，占流动人口的62%。[④] 尽管2000年中国乡村人口占比63.78%，比1990年下降了仅10个百分点，但由于城市对"农民工"的公共政策缺位，"农一代"虽然多年在外打拼，最终归宿依然是"回村返乡"。[⑤] 同时，经历家庭联产承包责任制改革、土地回归家户的"农一代"对土地具有难以割舍的情怀，深知土地和乡村对于自身及家庭的根基，挣钱盖房、告老还乡、回归农田，乡村永远是他们不变的"归宿"。

进入21世纪，"80后"和"90后"为主的"农二代"尽管拥有"农业户籍"的身份，但其"人力资本"和"社会资本"的积累主要在城市完成，并且在成长过程中既无务农经历也基本不懂农业生产，同时拥有融入城市生活的强烈期望，"入城不回村"意愿较父辈更为强烈。"城市购房""举家迁移""子女在城市入学教育"的比例显著高于"农一代"。即使出现经济形势波动，城市就业形势不好的情况，他们也不愿返乡务农。2012年，在党的十八大记者招待会上，人力资源和社会保障部代表指出：我国现在的农民工有2.5亿人，其中外出务工的农民工为1.5亿人[⑥]。2013年11月，党的十八届三中全会提出，

①③ 中国统计年鉴2021 [EB/OL]. http：//www.stats.gov.cn/tjsj/ndsj/2021/indexch.htm.
② 张平. 中国改革开放1978—2008理论篇（中）[M]. 北京：人民出版社，2009：522.
④⑤ 刘守英，王一鸽. 从乡土中国到城乡中国 [J]. 管理世界，2018，34 (10)：128-146，232.
⑥ 陈东有. 农民工就业波动分析及对策研究 [M]. 北京：人民出版社，2015：7.

逐步把符合条件的农业转移人口转为城镇居民。尽管中央和各级政府采取各项措施，加快推进城镇化进程，2019 年末我国仍然有 5.3 亿人口居住在乡村①，并且每当春节等节假日期间，近半数城市人口踏上返乡之路。

中国城市化水平在快速增长的同时，并没有遭遇第三世界常见的边缘化、失业、无家可归、贫民窟，乞讨或犯罪等综合征，彰显了乡村是中国政治、经济和社会安全的"保险阀"、化解危机的"蓄水池"的价值功能。乡村以独特生活空间和生活方式比较平稳地解决了城市化发展过程中农业与工业、资本和地产、资本与劳动力之间的关系问题，并且在乡村生活空间的价值出现风险和危机的时候，这一功能愈加凸显。2008 年由美国次贷危机引发的全球性金融危机，给中国的制造业带来前所未有的冲击，东部沿海发达地区因外贸订单毁约与减少，导致大批中小企业歇业或停产，"二千多万农民工返乡"；2020 年受新冠肺炎疫情冲击和国际经济下行影响，一度有近三千万农民工留乡返乡。在这种情况下，社会大局能够保持稳定，没有出什么乱子，关键是农民在老家还有块地、有栋房，回去有地种、有饭吃、有事干，即使不回去心里也踏实。② 全面建设社会主义现代化国家是一个长期过程，农民在城里没有彻底扎根之前，不要急着断了他们在农村的后路，让农民在城乡间可进可退。对乡村生活宜居价值审视，不仅要认识到乡村对城市的贡献，还需要认识到中国乡村具有的"保险阀"和"蓄水池"功能。

（三）作为复合生态系统而存在的生态屏障价值

在资本主义农业迅速发展的过程中，土地遭到过度开垦，土壤的肥力损耗严重，森林被大面积毁坏并且逐渐消失，从而造成各个主要国家的土地荒芜③。乡村生态系统是一个以自然村落的生活环境为中心、以自然生态系统为基础、以农业生产生态系统为主体，构成的自然生态、农业生产和社会生活交织的复合生态系统。新中国成立 70 多年来，全国城市的城区面积 20.09 平方公里，乡村面积仍占全国国土面积的 94% 以上。④ 与城市高楼、钢筋、水泥不同，乡村以村落地域为空间载体，融自然生态、农业生态和人居环境为一体，是有别于

---

① 中国统计年鉴 2021 [EB/OC]. http：//www. stats. gov. cn/tjsj/ndsj/2021/indexch. htm.

② 习近平. 论把握新发展阶段、贯彻新发展理念、构建新发展格局 [M]. 北京：中央文献出版社，2021：464.

③ 解保军. 生态学马克思主义名著导读 [M]. 哈尔滨：哈尔滨工业大学出版社，2014：123.

④ 刘垠. 森林覆盖面积达 2.12 亿公顷！中国成为全球"变绿"主力军 [EB/OL]. http：//www. stats. gov. cn/tjsj/zxfb/201908/t20190815_1691416. html.

城市的一种复合生态系统，三个系统交相辉映，相辅相成，共同构筑了人类的生态屏障功能。

其一，由森林、湖泊、河流构成的绿水青山是碳、水循环和生物多样性基础，是影响气候变化的重要因素。新中国成立以来，历代中央领导集体倡导植树造林、绿化祖国，中国人工造林面积长期居于世界首位，从 2000~2018 年，中国森林增长率达 26.90%，截至 2018 年，全国森林覆盖面积为 2.12 亿公顷，森林覆盖率为 22.08%。① 其二，绿色是农业生产的本色，从麦稻种植、渔业养殖到现代蔬菜果业等，本身蕴含着农业生态涵养，先农们在长期生产与劳作中对土地、山川、溪流的重新塑造，形成如哈尼族的梯田、黄淮海平原的田垄，规格统一、色彩鲜明的农业景观，体现农业的绿色生态之美。"日出而作，日落而息"的生活方式表达了乡村居民对自然的尊重，对人与自然和谐相处的理想追求。乡村作为绿色生态屏障和生态涵养功能的基础，有农业生产的存在，才有了绿色、循环、生态农业发展，才有了乡村居民对绿色智慧与文化的传承和发展。其三，自然恬静的宜居生活空间和错落别致的庭院屋舍，承载着人们诗性"乡愁"。其具有乡土自然本色的"地域感、民俗感、场所感和礼序感"，对生活在现代都市"钢筋水泥丛林"中的市民而言，行走于田园般乡村空间，犹如回到人的本真世界，从而浑然忘我，快乐、陶醉、充满自由感和幸福感。作为一个开放复合的生态系统，乡村生态系统既是自然生态的一部分，也是人化自然的结果。在城市化进程中，城市生态系统对乡村的生态系统具有高度的依赖性；在现代化进程中，乡村生态系统既承载着生态屏障功能，也是天然优势资源和宝贵财富，其特有的自然景观、文化环境、村落形态以及诗意般的生活空间，是乡村经济绿色发展的重要资源。

（四）作为文化根基和发祥地而存在的乡村文化价值

文化是历史发展中人类的生存方式，是人类社会历史发展过程中所创造的全部物质财富和精神财富，是审视人类社会发展和演进不可或缺的重要维度。② 乡村是中华农耕文明的载体，农耕文明根植于乡村的生产实践，文化是乡村的灵魂。在中国农耕文明史上，乡村特有的聚落风貌、农耕生产方式和民风生活习俗是农耕文化的鲜活载体，是社会和文化变迁的"化石"。如习近平所讲，

---

① 城镇化水平不断提升 城市发展阔步前进——新中国成立 70 周年经济社会发展成就系列报告之十七 ［EB/OL］. https：//baijiahao. baidu. com/s?id = 1650912362438645342&wfr = spider&for = pc.
② 刘海霞. 马克思恩格斯生态思想及其当代价值研究 ［M］. 北京：社会科学出版社，2016：81.

"乡村文化是中华民族文明史的主体，村庄是这种文明的载体"①。我国的一年二十四节气，正是先农在漫长的春播、夏耘、秋收、冬藏的生产生活实践中总结而来的规律。北京颐和园的"耕织图"向世人展现了我国人民在传承耕织方面所积累的丰富经验和中华农耕文明的文化根基。事实上，古代农耕文化的形成和传播在乡村和民间更广，并非仅限于朝廷、城市和庙堂之上。明末清初三大思想家黄宗羲、顾炎武和王夫之，都生活在乡野，这些在乡、在野的知识分子，无疑为农耕文化的创造和传播发挥了重要作用。

新时代，推进乡村绿色发展理应，深挖农耕文化蕴含的生态观念、人文精神、道德规范，并结合乡村绿色发展的时代要求，在传承与保护的基础上，促进乡村绿色文化的创新性发展，在社会主义核心价值观的引领下，践行绿色发展理念，传承勤俭节约优秀文明乡风、培育乡村生态伦理秩序，让乡村成为传承"乡土记忆"和"留住乡愁"的空间载体。

（五）作为国家基层治理体系重要组成的政治价值

乡村基层治理是国家社会治理的基础。传统中国具有"以农为本、以土为生、以村而治、根植于土"的乡土特征。"乡村治理"在历史上一直为中国最核心的议题之一。晚清之前，国家对乡村与"农政"问题的关怀与重视均体现在对农民地位的特别强调，农民在士、农、工、商的职业排序中仅次于"士"，乡村治理是国家行政的主体以及国家行政得以维系的根本。20世纪以来，我国乡村的治理模式先后经历了晚清时期的"士绅自治"、民国时期的"保甲制度"和新中国成立后的"人民公社"建制，以及改革开放以来的"村民自治"。

1983年我国农村推行了政社分开，恢复乡镇建制，自1987年开始逐步试行村民自治，1998年底，我国正式通过《中华人民共和国村民委员会组织法》②。随着我国社会经济的全面发展和城镇化的纵深推进，乡村社会政治亦发生着结构性的变化，党的十九大提出"健全自治、法治、德治相结合的乡村治理模式"。习近平强调，基层是一切工作的落脚点，"基础不牢，地动山摇。农村工作千头万绪，抓好农村基层组织建设是关键"③。乡村的基层党组织是体现共产

---

① 中共中央党史和文献研究院．习近平关于"三农"工作论述摘编［M］．北京：中央文献出版社，2019：121.

② 黛玉琴．村民自治的政治文化基础［M］．北京：社会科学文献出版社，2007：1，49.

③ 中共中央党史和文献研究院．习近平关于"三农"工作论述摘编［M］．北京：中央文献出版社，2019：185.

党人"坚持一切为了群众，一切依靠群众，从群众中来，到群众中去"最鲜活的例证，在中国革命、建设、改革与发展中发挥着极其重要的作用。在新时代乡村绿色发展中，更应充分发挥乡村基层党组织的凝聚力、战斗力，带领人民群众为农业农村现代化而不懈努力。

二、"乡村凋敝"和"生态失衡"的历史演变及成因

"务农重本，国之大纲"。中国特色社会主义进入新时代，"乡村凋敝"和"生态失衡"已成为人民美好生活需要的内在桎梏。"问题现在摆在我们面前，迫着要解决，然而要解决他，还需先认识他，所以认识问题为要。"[1]

（一）中华传统农耕文明中绿色和谐之美

魏巍华夏，万里江山，锦绣磅礴，浩荡五千年。中国的前现代社会是一个农耕社会，从采集渔猎、茹毛饮血到刀耕火种、驯养禽畜、千耦其耘、铁犁牛耕、负水浇稼、构巢筑屋，在漫长的农耕史中，华夏民族塑造了历史悠久的农耕文明。"民为国基，谷为民命"，人作为自然界的有机组成部分，自诞生以来如同其他动物，从自然中持续地获取能量，以维持自身的生存和繁衍需要。远古时期的人类对绿色的自然界充满了敬畏，自给自足的自然经济状态下，人类的生产生活方式对自然的反作用力较小。传统的农耕文明时代，供人类休养生息的自然植被繁茂、土地肥沃、供给丰饶，人口密度稀疏，农业生产以人畜为动力、铁木竹编为工具，精耕细作方式基本实现土地用养结合，即使局部过度开采引起水土流失或资源枯竭，但生态系统整体保持了动态平衡和相对稳定。

中华文明所孕育的儒家仁爱自然、道家道法自然、佛家慈爱众生等内容丰富的生态伦理与价值观，曾雄踞世界伦理高地，先哲们倡导"应时、取宜、守则、和谐"的耕作理念凝聚着先农们生产生活的高超智慧。"天人合一"的自然观、"万物并育"的生态观、"地力常新壮"的永续观，衍生出"精耕细作、用养结合、间作套种、三宜耕作"等生态化农耕方式和灿烂的农耕文化，时刻警醒着人类应投入大自然的循环系统之中，赞天地之化育，顺应自然规律，生产消费取之于自然，复归于自然，达到人与自然和谐的状态。

在人类社会演进中，我国传统的乡村社会逐步构建了一个基于"农业生产

---

[1] 梁漱溟. 乡村建设理论 [M]. 上海：上海人民出版社，2011：8.

—居民生活—畜禽养殖—废物还田"独特的物质循环经济体系（图1-1）。农业生产的秸秆、草叶等废弃物与农产品加工辅料（麦麸和糠秕）既是牲口饲料，也是农村炊事取暖的重要燃料来源，唐代陈少微的《七返灵砂论》中就有"于糠火中烧三七日"的记载。农家厨余与饲料混合既可喂养畜禽，也可与人畜粪便及各种燃烧草木灰混合堆肥，作为肥料施于田中，商代思想家伊尹倡导"教民粪种，负水浇稼"。此外，北方还有"牛羊粪生火"、南方"羊粪饲草鱼"等循环利用方式。传统社会中家用纺织品及废旧衣物大多是可被自然"消化"的棉制品，铁、铜、铝及实木所制农业生产生活用具可经多次修理或以旧翻新后重新使用，因而古代农耕时代是一个"可持续、无垃圾"的社会。①

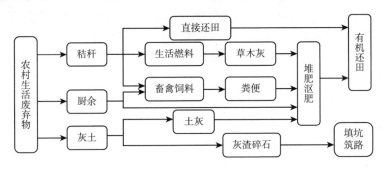

图1-1 乡村传统废弃物循环利用体系

在农业生产中，以"桑基鱼塘"为代表的农业循环系统成为重要的乡村文化遗产，其法"将泽田挖深取泥复四周为基，中凹下为塘，基六塘四。基种桑，塘蓄鱼，桑叶饲蚕，蚕矢饲鱼"，"以蚕沙、残桑为饲鱼饲料，肥大较易；且又籍塘泥为种桑肥料，循环作用"，桑鱼结合，"两利俱全，十倍禾稼"。在顺应自然和崇尚节俭的农耕文明时代，人类生产和生活所产生的各类废弃物，可被大自然有效地分解、吸收、转化，在自给自足的状态中，没有造成对外部有限资源的依赖，人类社会的实践活动在与自然系统的双向循环中没有造成死结。

在精神方面，人类心灵深处的神情与自然万物交相辉映、互相滋养，自然生态系统为人类提供了宝贵的精神源泉。唐诗宋词里的村庄，草木清新，宁静祥和，朴实自然，如"鹅湖山下稻粱肥，豚栅鸡栖半掩扉。桑柘影斜春社散，家家扶得醉人归""西塞山前白鹭飞，桃花流水鳜鱼肥""茅檐低小，溪上青青草""明月别枝惊鹊，清风半夜鸣蝉。稻花香里说丰年，听取蛙声一片。七八个星天外，两三点雨山前。旧时茅店社林边，路转溪桥忽见"，晴耕雨读，乡野

---

① 蒋培. 从生存理性到经济理性：农民垃圾处置行为的演变及其环境后果［J］. 鄱阳湖学刊，2018（8）：68-75.

明丽，民风淳朴，人情温暖。

中华民族在长期生产实践中，积极改善优化人与自然关系的理性认识与实践经验，形成了独具特色的理论与技术体系，彰显了中华民族弥足珍贵的绿色智慧与精神价值取向。

（二）"城乡发展失衡"和"乡村生态失衡"的成因

近百年来，中国共产党带领全国人民经历了波澜壮阔的革命、建设、改革和发展，取得了举世瞩目的巨大成就。改革开放 40 多年来，经过城镇化、工业化洗礼的中国社会，实现了中国从传统农业社会到现代工业社会的现实转向。乡村人口占比由 1978 年的 82.1% 降低到 2019 年的 39.4%，第一产业占 GDP 的比重由 1978 年的 27.7% 下降到 2019 年的 7.1%。[①] 然而，持续的结构变迁在推动现代工业发展与都市繁荣过程中，"乡村凋敝"与"生态失衡"等系列问题日渐显露，源于工业和城市化引发的乡村衰退成为全球的共同挑战，中国乡村在改革与发展中所积累的问题与文明的交替演进、国情、农情密不可分，并且在不同历史时期呈现出不同的阶段性特点，以绿色发展引领乡村振兴亦成为一个时代性极强的话题。

1. 新中国成立前"乡村衰败"的历史写照及成因

"重农固本是安民之基、治国之要"。在中国乡村建设和发展历程中，华夏农耕文明不仅滋养和催生了庞大的人口群体，同时形塑了当代中国以家户为单元、血缘宗族为纽带和以地为生、以村而治的乡村社会。先哲在中华农耕文明历史上形成的"食为政首""农为邦本""国以民为本，民以食为天""农伤则国贫"系列农本观念和治国方略，是华夏农耕文明所积累下来的宝贵哲理。在前现代时期，技术发明和科学发现依赖于工匠和农夫的经验，中国乡村社会因拥有更多的能工巧匠和耕织能手，农耕文明曾使中国长居世界文明的前沿。[②] 1909 年美国学者对比东亚三国的农耕体系后惊奇地发现，中国这套农耕体系经历长达 4000 多年的演化，一直确保这块土地产出足够的食物，养活如此众多人口。[③]

18 世纪，随着欧洲资本主义的兴起和商品经济的发展，西欧各国相继迈入工业化和城市化历史进程，开启了从农业文明走向工业文明、从自然经济迈向

---

① 中国统计年鉴 2021 ［EB/OL］. http：//www.stats.gov.cn/tjsj/ndsj/2021/indexch.htm.
② 林毅夫，蔡昉，李周. 中国的奇迹：发展战略与经济改革 ［M］. 上海：上海三联书店，1999：1.
③ 富兰克林·H.金. 四千年农夫——中国、朝鲜和日本的永续农业 ［M］. 程存旺，石嫣，译. 北京：东方出版社，2011：2.

市场经济的社会转型，而引以为自豪的中华农耕文明在与海洋文明、工商文明迎头相撞中拙于应对。1840 年鸦片战争后，西方列强的殖民掠夺和工商业经济对中国农耕文明和乡村社会形成冲击，几千年来差异甚微的中国城乡关系开始裂变。一方面，开埠通商口岸的兴起，城市手工业和轻工业加速发展，工商业在城市集聚，乡村成为城市原料的提供地，城乡人口流动愈发频繁；另一方面，中国乡村不仅受到外国资本的掠夺和盘剥，而且受到官僚资本的剥削和掠夺，中国乡村日渐衰败与没落。孙中山先生对此痛心疾首，提出"仆向以我国农业之不修，思欲振兴而改良之，蓄志已久"，又提出"耕者有其田，才算是彻底的革命"。① 国民政府虽然推行了"农村复兴计划"，期望通过对旧体制的改良实现乡村复兴，但更主要是阻止共产主义革命在乡村蔓延。②

20 世纪初期以晏阳初、梁漱溟等为代表的学者开启和推动中国的"乡村建设"运动，产生了著名的"邹平模式""定县模式""无锡模式"等建设模式。梁漱溟在《乡村建设理论》中，将乡村衰败归因于天灾人祸，"所谓天灾，例如长江大水灾、黄河水灾、西北连年大旱、南方江浙旱灾等"；所谓"人祸"，则包括兵祸匪乱、苛捐杂税对乡村政治属性的破坏，外国经济侵略、洋行买办对乡村经济属性的破坏，以及礼俗、制度、学术、思想的改变对乡村文化属性的改变。梁漱溟站在历史的视角，认为乡村建设一是"起于救济乡村运动"，二是"起于乡村自救运动"，三是"起于积极建设之要求"，四是"起于重建一新社会构造的要求"；他甚至断言："乡村建设运动如果不在重建中国新社会构造上有其意义，即等于毫无意义！"③ 由知识分子主导的乡村建设运动大多偏重文化教育，且缺乏下层民众的广泛支持，因而对于乡村振兴的效果并不明显。

"十月革命一声炮响，为中国送来了马克思列宁主义。"④ 马克思、恩格斯认为，"工农联盟是无产阶级政权的基础，主张建立和加强工农联盟"⑤。中国共产党一经成立，就以马克思主义先进的思想为指导，以全心全意为人民服务为宗旨，在新民主主义革命时期，中国共产党人正是由于创造性地将乡村功能异化，以农村包围城市，取得国家政权。

---

① 中共中央党史和文献研究院. 习近平关于"三农"工作论述摘编［M］. 北京：中央文献出版社，2019：12.

② 张海鹏，郜亮亮，闫坤. 乡村振兴战略思想的理论渊源、主要创新和实现路径［J］. 中国农村经济，2018（11）：2-16.

③ 梁漱溟. 乡村建设理论［M］. 上海：上海人民出版社，2011：12.

④ 中共中央党史和文献研究院. 习近平关于"不忘初心、牢记使命"重要论述选编［M］. 北京：中央文献出版社，2019：342.

⑤ 中共中央文献研究室. 十六大以来重要文献选编（下）［M］. 北京：中央文献出版社，2008：268.

在新中国成立之前，我国乡村工业相对凌弱，乡村环境污染与生态破坏主要源自生活污染和农业垦荒对生态的破坏。一方面，早期乡村人、畜、禽居于同一庭院内外虽有利于物质循环利用，但人畜在居所附近随意便溺，粪便散落于院落内外，及农村生活垃圾的随意抛撒是造成农村环境脏乱的主要成因；另一方面农村生活能源匮乏，柴草的砍伐及农业垦荒造成林地破坏和水土流失。柴草作为农村生活的主要燃料来源，其砍伐数量在古代十分惊人，五口之家的农户一年所需柴草约1800千克，相当于毁掉1.34公顷的土地植被，民众"不惜以盈丈之木供爨烧"①；与此同时，生齿日繁与移民伐木垦荒日渐频繁，生态系统屡遭破坏，不仅致使大量林木被砍伐殆尽，也导致众多野生动物失去森林等栖身之地，古有"林木伐，麋鹿尽""齐人有好猎者，旷日持久而不得兽"的记载描述。鸦片战争后，随着帝国主义的殖民入侵，西方列强除开埠修建船舶工厂外，相继建造了缫丝、制糖、铁器、面粉和棉纺等制造业工厂。19世纪60年代的洋务运动促进了民族资本的迅速发展，从1895~1913年，中国新增万元以上的民族工矿企业549家，1913~1919年又新增379家，并且在近代资本主义工业的发展过程中，许多企业是直接建在乡村或城乡接合区。如1873年南洋华侨陈启源在关东简村兴办的缫丝厂、1899年张謇在江苏南通农村创办的大生纱厂、1930年沈彬儒创办的大中砖瓦厂等。1936年外国资本在华工业投资已接近30亿元。近代中国乡村工业排污处置设施简陋甚至许多工厂污染物直接排放，尤其是矿山开采业发展直接或间接对乡村局部环境造成一定程度影响，但企业总体数量少，规模小，对乡村环境的污染与生态破坏也相对有限。②

2. 新中国成立以后城乡关系演进与乡村人居环境状况

新中国成立初期，中国共产党以"农业合作化"为主导的农村社会主义改造，重构了我国农村的生产关系，以毛泽东同志为主要代表的中国共产党人确立了重工业优先战略，开启了社会主义现代化进程，在此过程中，农业和农村以低价的农产品供应为国家工业化的原始积累提供支撑。这一时期农产品的统购统销、集体化生产合作运动、人民公社制度与城乡户籍制度，将农民"绑缚"于乡村集体土地之上，在较长时期形成了割裂的城乡二元结构，我国的城乡关系深陷于牺牲乡村和发展工业的困境与矛盾之中，乡村发展也严重滞后于城市建设。

新中国成立后到20世纪70年代末，中国乡村工业发展较为曲折。1953~

---

① 于清华，郭建. 中国农村环境污染：从古代到近代［J］. 农业考古，2013（3）：98.
② 于清华，郭建. 中国农村环境污染：从古代到近代［J］. 农业考古，2013（3）：101.

1957 年，在农业合作化运动中，社队企业作为农业社的副业附属于农业，发展缓慢，1957 年全国商品性手工业产值仅 23 亿元。1958 ~ 1959 年在人民公社化运动中，为了实现公社工业化和村社工业化，加快推进"一大二公"的过渡，1959 年社队工业产值快速增加到 190 亿元；1960 ~ 1965 年，为加强农业生产基础地位，纠正"平调风"和"共产风"，中央决定公社、大队一般不办企业，1965 年社队工业产值回落至 29.3 亿元；1966 ~ 1978 年"文化大革命"中，乡镇企业既获得过恢复良机，又受到将其作为"资本主义"的批判，在矛盾与批判中，社队企业得以缓慢恢复，1978 年乡村工业企业产值恢复到 389 亿元。[1]

总体看，这一时期社队工业企业发展较慢，对环境影响相对较小，中国乡村生产生活基本沿袭了传统的乡村生产生活模式，乡村的生产力在提升过程中交织着人与自然关系的平衡与调整，乡村的生态环境问题主要集中在人居环境问题。

3. 改革开放以后"乡村凋敝"与"生态失衡"的形成及其成因

根据我国历年的统计年鉴相关数据可知，改革开放 40 多年来，中国经济保持了 9.6% 的高增长，被称为"中国奇迹"，城镇化率从 1978 年的 17.92% 提高到 2019 年的 60.6%，成为一个城镇化进程过半的国家，实现了中国从传统农业社会到现代工业社会的现实转向。然而在城镇化和工业化进程中，古老静谧的乡村社会挟裹在工业化、城市化和现代化的漩涡中，劳动力资源和资本流失严重，承载乡土社会的村庄呈现分化，维系熟人社会的制度出现蜕变，并进一步演化为乡村的衰退与凋敝的趋势；长期依赖过密劳动投入的土地密集型农业已转向依赖化肥、农药等资本投入的集约型农业，农业面源污染日渐凸显，乡村企业的快速发展、不健全的排污处置设施、不完善的治理监管制度使得乡村生态环境出现赤字，加之环境治理中"重城市、轻农村"等因素影响，垃圾围村、环境污染、土壤退化、疾病频发等系列生态环境问题凸显，并对乡村生产和生活造成了严重负面影响，成为民心所痛。

（1）乡村凋敝源于城镇化进程中资源要素单向流动。在中国城镇化与工业化进程中，城市作为一种不同于农村的新型市民聚居方式，是人类现代文明的产物和标志，由于城乡二元制度和巨大的城乡"势差"，城市文明表现为城市强大的张力对乡村的离心力单向地把农村人、财、物等资源吸至城市，导致中国的城乡差距、地区差距、工农差距越拉越大。乡村挟裹在时代的漩涡中，以前所未有的速度被肢解得支离破碎、遍体鳞伤，与城市的繁荣所形成的反差是

---

① 编辑委员会.中国乡镇企业年鉴 1978 – 1987［M］.北京：中国农业出版社，1989：1.

乡村正处于相对衰败与凋敝状态之中。纪录片《乡村里的中国》描述了这样一个场景：村里的老树被连根拔起运往城市，一个村民愤愤地抱怨"这是挖大腿的肉贴在脸上"。[①] 中国的城乡关系在制度和市场的双重作用下，损伤了乡村，"美丽"了城市。农村"空心化"本质上是城乡转型发展过程中农村人口非农业化引起"人走屋空"，以及宅基地普遍"建新不拆旧"，新建住宅逐渐向村庄外围扩展，导致村庄用地规模扩大、闲置废弃加剧的一种"外扩内空"的不良演化过程。[②]

20世纪80年代，农村经济体制改革有效激发了农业生产效率提升，农业生产出现超常规增长，乡镇企业的异军突起为农村剩余劳动力提供了就业空间，这一时期中国乡镇工业发展延续了传统经济中"分工""分业"传统，农民就业基本特征是"分业未离土"，根据相关年份的中国统计年鉴可知，1985~1990年全国行政村数量虽然由94.06万个减少到74.33万个，但乡村户数由1.91亿户增加到2.22亿户，乡村人口由8.44亿人增加到8.96亿人，户均人口4.44人/户降低到4.04人/户。

20世纪90年代中期以后，我国城乡关系发生了颠覆性的改变。在城市化和市场化双重挟裹下，面对日益开放、充满诱惑的城市，中国农民"守土"的传统观念被打破，"背井离乡"的观念和"四处漂泊"的生活状况日益被人所接受，甚至成为向往的生活。乡村居民开始"离土""出村""进城"，离开自己热爱的土地和朝起暮栖的家园。城市源源不断吸走了乡村的资源却极少返回，乡村变得冷清荒芜，昔日热闹的劳动场景已经逝去，犹如一座座废弃的"荒园"。

1990~2019年，我国的行政村数量从74.3万个减少到53.3万个[③]，减少了29.3%，自然村量从377.3万个减少到245.2万个，减少了35.0%。根据国家统计局资料显示，我国乡村常住人口由1990年8.41亿人减少到2018年的5.64亿人，降低32.9%，乡村常住人口中从事第一产业人口由1990年的3.91亿人减少到2018年的2.02万人，占比由1990年的46.5%下降到35.8%。2006年第二次农业普查资料显示，全国农业从业人员中女性占53.2%，初中以下文化程度占92.1%，50岁以上占32.5%。2016年第三次农业普查中农业生产经营人员中55岁以上占33.6%。习近平指出，当前农业基础还比较薄弱，农民年

① 谷显明. 变革的村庄：农耕文明裂变下的乡村书写 [J]. 湖南科技大学学报（社科版），2014（9）：116.

② 项继权，周长友. "新三农"问题的演变与政策选择 [J]. 中国农村经济，2017（10）：13-25.

③ 2019年第四季度中国村委会数量为53.3万个 [EB/OL]. http://data.chinabaogao.com/gong-gongfuwu/2020/0424vz12020.html.

龄知识结构、农村社会建设和乡村治理方面存在的问题则更为突出①。村落空心化或过疏化、老年人空巢化、妇女儿童留守化、熟人社会陌生化、无主体熟人社会等成为乡村凋敝的景象。

（2）粗放型乡镇工业快速发展对乡村生态空间的侵蚀。乡村是以从事农业生产活动为主、农业文明占主导的劳动者聚居地，是生产、生活和生态的重要载体，是国家生态重要屏障。1981 年，党的十一届六中全会指出，"社会主义初级阶段主要矛盾是人民日益增长的物质文化需要同落后的社会生产之间的矛盾"。中央根据这一论断，为解放乡村生产力，提高农民的收入，满足人民物质文化需要，中央制定了系列政策，为"低、散、小"型乡镇企业开放了绿灯，我国乡镇企业也正是依赖于廉价劳动力和较低的环境外部成本得以发展，依靠低廉的生产成本与价格优势在市场上获取竞争优势。这一时期，在"户户点火、村村冒烟、镇镇有厂"的理念与作用机制下，粗放式小工厂不断向村庄进发。

1984 年党中央和国务院发出"开创乡镇企业新局面"的通知，同时将"社队企业"改为"乡镇企业"，将其范围从"乡、村"两级主体扩大到"乡、村、联合、个体"四类，乡镇企业由此得以快速发展。与此同时，中央明确指出"乡镇企业是多种经营的重要组成部分，是农业生产的重要支柱，是广大农民群众走向共同富裕的重要途径，是国家财政收入新的重要来源"②。中国乡镇工业企业数量迅速从 1984 年 90.1 万家增加至 1985 年的 398.5 万家，总由产值达3541 亿元。③ 1992 年邓小平南方谈话后，1993 年乡镇企业数量达到历史最高的918.4 万家（见图 1 – 2）。

然而经过十多年的外延扩张的乡镇工业，其"粗放式管理与低水平重复建设，产业产品结构不合理，整体素质和效益不高，能耗物耗高与环境污染严重"等问题在 20 世纪 90 年代日渐凸显，国家相继出台《乡镇企业产权制度改革意见》《关于乡镇企业建立现代企业制度的意见》《乡镇企业资产评估办法》《乡镇企业资产评估机构管理办法》《乡镇企业组建全国性企业集团试行办法》等政策，乡镇工业企业数量开始逐步回落。"十一五"时期国家加大"节能减排"考核力度，部分落后产能企业相继被淘汰，乡镇企业数量减至 300 万家左右，但乡镇工业产值平稳增长，1993～2013 年全国乡镇工业总产值年均增长速度达到 15.4%。④

---

① 中共中央党史和文献研究院. 习近平关于"三农"工作论述摘编 [M]. 北京：中央文献出版社，2019：8.

② 中共中央文献研究室. 十二大以来重要文献选编（上）[M]. 北京：中央文献出版社，1986：439.

③ 编辑委员会. 中国乡镇企业年鉴 1978 – 1987 [M]. 北京：中国农业出版社，1989.

④ 根据历年的《中国乡镇企业年鉴》整理计算.

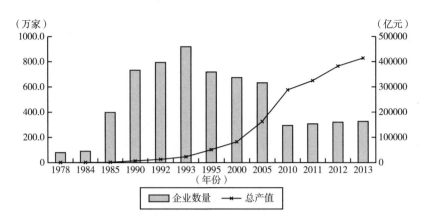

图 1 - 2 1978 ~ 2013 年全国乡镇工业企业数量与产值

注：笔者根据历年的《中国乡镇企业年鉴》加工整理。

改革开放以后，我国农村经济体制与工业化改革取得历史性成效，乡镇企业快速发展，为农业生产提供技术、转移农村剩余劳动力、增加农民收入等方面做出了重大贡献。中国乡村居民的生产和生活方式发生了巨大变化，但与此相伴的是乡村生态环境亮起"红灯"，农产品质量触碰了"底线"，乡村生活环境"脏、乱、差"，农田污染、土壤沙化、"舌尖上的安全"等日益成为制约社会经济发展和影响人们生活质量的重要因素，乡村生态环境呈现出"由点到面"、由"局部到整体"的扩散态势。

1985 年全国乡镇企业环境污染普查结果表明，产生铅、苯、汞、铬酸雾、氰化物、硫化物、粉尘、氯仿、噪声等有害物质的硫磺、造纸、电镀、土法炼焦、印染、砖瓦、水泥等七个行业的乡镇企业占乡村两级企业总数的 15% ，产值占 12% 。乡镇工业排放工业废气占全国工业废气排放量的 12.4% ；排放的工业废水占全国工业废水排放量的 10% ；排放的工业废渣，占全国工业废渣排放量的 15% 。1995 年在乡镇工业污染源中，非金属矿物制品、纺织、食品加工、金属制品、化工、机械制造等六个业的污染源数占全部乡镇工业污染源数的 65% ，产值占 53% 。乡镇工业固体废弃物排放量占全国的 89% ，工业废气中二氧化硫排放量占当年全国工业的 24% ，烟尘排放量占全国的 50% ，工业粉尘排放量占当年全国工业的 68% ；乡镇工业废水中化学需氧量排放量占当年全国工业化学需氧量排放总量的 44% ，排放量比 1989 年增加 246% 。与此同时，低水平、外延式的乡镇企业重复建设，挤占了大量农田和草地，1978 ~ 1995 年间，我国农村耕地面积年均减少 78.3 万公顷，降低 0.27%。①

（3）农业生产中大量工业品的投入使用引发了农业面源污染日渐严重。我国的农村改革是从调整农民和土地关系开启的，家庭联产承包责任极大地促进了农民生产积极性，但在家庭"小农"家庭式农业生产中，农民为提高农业生产效率，农家肥逐步被化肥、农药替代。同时，在环境外部性的经济逻辑下，秸秆焚烧、农膜残留、畜禽粪便横流在过去较长时期是乡村环境突出问题。

全国污染普查公报显示，2007 年全国农业源的化学需氧量（COD）排放量达到 1324 万吨，占全国排放总量的 43.7%。② 2017 年，农业源水污染物化学需氧量 1067.13 万吨，氨氮 21.62 万吨，总氮 141.49 万吨，总磷 21.20 万吨。加之农户对有机垃圾与粪便堆肥意愿降低，原有粪坑堆肥或露天堆肥场地空间受到限制，在养殖业的快速发展过程中，大量未经过任何处理的畜禽粪便直接排入河水，2017 年畜禽养殖业水污染化学需氧量 1000.53 万吨，其中畜禽规模养殖场水污染物化学需氧量 604.83 万吨，占 60%。③

（4）现代消费理念对乡村传统生态伦理秩序的冲击。人类在社会经济活动中的行为与所处时代环境密切相关，在传统农耕文明时代，物尽其用与废物循环是"生存理性"对其行为的支配，在市场化与城镇化进程中，"经济理性"思维方式对乡村生态文化冲击越来越大，并且体现在三个层次。

第一层次是对村民的"生态思维"的影响，乡村具有天然的土地资源和自然资源，是村民生产生活的基础，在传统的自然农业和自给自足的农业生产中，取之于自然、用之于自然；然而在市场化过程中，村民"生态意识"屈从于"经济效益"，农业生产中对化肥农业过度依赖，造成土壤板结和地力退化，农药残留增加影响农产品的品质和安全。专业化、规模化和单一化的现代农业生产方式造成种养分离，传统农业循环型生产方式被隔断，秸秆焚烧和畜禽粪便成为乡村重要污染源。受城市消费观念与现代消费理念的支配，消费主义浪潮进入乡村，大量日用生活化学品和消费品在乡村大量使用，洗涤剂、塑料袋及各类包装物已嵌入村民的日常生活之中，大量难以降解的废弃物作为垃圾被抛弃，作为个体的农户，尽管污染物和垃圾排放分散而有限，但因面广量大，形成了"垃圾靠风刮、污水靠蒸发"的尴尬局面，乡村呈现出"室内现代化、院

---

① 根据历年的《中国统计年鉴》整理计算。

② 第一次全国污染源普查公报 ［EB/OL］. https：//www.mee.gov.cn/gkml/hbb/bgg/201002/W020100210571553247154.pdf.

③ 《第二次全国污染源普查公报》全文 ［EB/OL］. https：//www.mee.gov.cn/home/ztbd/rdzl/wrypc/zlxz/202006/t20200616_784745.html.

外脏乱差"的窘相。

第二层次是村干部与企业家的"生态文化"受到冲击。改革开放以后，乡镇企业的发展过程中，村干部及乡村"能人"在"靠山吃山、靠水吃水"思维模式下，其对生态价值的认识不清，乡镇企业设备简陋、排污处置设施落后，忽视对生态环境的保护，在"经济理性"思维模式下以期从自然环境中获取更大的经济收益，乡村环境虽然受到一定程度污染，但是在就业、收入与生态的矛盾之中，生态保护屈从于经济发展；在市场化进程中，部分不良企业和企业家生态责任意识缺失，漠视人民的生命健康，并不在意企业对乡村环境的破坏，在利益追逐下，产品以次充好甚至毒化，处于分散状态的村民缺少守卫乡土的生态意识和能力。

第三层次是乡镇干部在以"GDP 论英雄"和各类经济指标考核下，对招商引资重视程度远高于环境治理，为了追求经济利益他们对辖区内破坏生态环境的生产事宜"睁一只眼闭一只眼"。在投入与治理方面，国家的财政更偏重城市，乡村的环保设施主要依赖于穷困的乡镇财政，在"企业下乡"和"城市垃圾下乡"过程中，各类环境治理的资金设备并没有随"污染"而下乡，乡村环境保护和节约资源多"言重于行"。

（三）中国乡村发展问题与资本主义国家的区别

在工业化、城市化高歌猛进的时代，许多国家都存在着以"凋敝"和"环境污染"为主调的"乡村问题"。与西方发达国家不同的是，中国共产党领导全国人民开展的革命与建设运动是在国弱民穷、生产力低下的基础上进行的，改革开放 40 多年来，中国社会经济取得了伟大成就，尽管建设、改革与发展中积累了生态环境问题及乡村发展短板的问题，但与资本主义私有制所导致的生态危机及城乡对立存在本质区别，并且在各个历史时期有其特定的表现与客观规律。

首先，从发展的目的看，资本主义社会的发展是为了资本家获取更多利润，社会主义的发展是为了满足人们的需要。在资本主义私有制社会中，"资本逻辑"驱动下的生产与消费异化是生态危机的罪魁祸首。资本主义制度产生生态危机是与生俱来的，具有天生的反生态性。一方面，资本主义制度所确立的"资本逻辑"完全而彻底地取代了"自然逻辑"，资本主义对自然天然地持一种敌对态度，将自然看作掠夺并获取利润的对象，自然的使用价值被货币化进而资本化。马克思指出，"大生产——应用机器的大规模协作——第一次使自然力，即风、水、蒸汽、电大规模地从属于直接的生产过程，使自然力变成社会劳动的因素"①。"资本逻辑"在取代"自然逻辑"的过程中，资本家不断对抗着生态与自然环境的报复，不仅运用资本对抗环境污染，并且蒙蔽了社会公众，进而使生态环境进一步恶化。另一方面，生产与消费异化成为生态危机的罪魁祸首。资本主义社会生产的目的不是为了满足人的需要，而是为了资本家的私利，为了在社会产品的大量消费中获取利润。在全社会消费主义文化盛行的激励下，循环往复的"生产—消费"成为资本循环增值的途径，同时引起生产的盲目扩张，不仅引发了经济危机而且演变为生态危机。

与资本主义私有制不同，中国共产党以"全心全意为人民服务为宗旨"，共产党领导的社会主义新中国，以满足人民的美好生活需要为价值追求，生产目的是追求使用价值而非利润。对中国乡村生态环境等问题的成因必须置于新中国成立初期与西方国家所发动的政治—军事—意识形态做斗争的语境中去理解。任何国家从传统迈向现代，乡村都是其重要的历史起点。就中国共产党来说，革命时期就经历了"从城市包围农村"向"农村包围城市"的战略转变，并且通过实践取得了革命的成功。新中国成立初期，经历多年战争摧残的新中国，生产力遭到严重破坏，工农业发展陷入崩溃的边缘，面对国际政治环境和国内经济基础，国家重构了农村的生产关系和社会关系，恢复了农业生产体系，为了尽快建立起工业体系，实行了重工业优先战略，在此过程中，农业、农村和农民为国家作出了巨大的牺牲与贡献。

改革开放以后，为了尽快解决农民的温饱乃至实现小康生活水平，党和国家在农村推行家庭联产承包责任制，极大地激发了农民生产的积极性，面对农业生产力水平低下的现实，国家对化肥的使用给予了支持政策，以快速提高粮食生产效率。乡镇企业的发展作为农民的伟大创造，为解决农民就业和提高农民收入拓宽了渠道，尽管在乡镇企业的发展中，粗放型的发展方式造成了一定程度的环境污染，但是党和国家在改革的进程中始终致力于完善制度，矫正与修复所出现的问题。周恩来在四届人大会上提出，要使农业实现机械化、水利化、电气化、化肥化、良种化。② 陈云强调："无农不稳，无粮则乱。"③ 这一时期，人民公社的集体动员能力促进了乡村农田水利建设的快速发展，乡村通过提供低价农产品保障了城乡居民的食品供应，"剪刀差"价格制度为国家工业化提供原始积累。

---

① 马克思恩格斯文集（第八卷）[M]. 北京：人民出版社，2009：356.

② 周恩来生平和思想研讨会组织委员会. 周恩来百周年纪念——全国周恩来生平和思想研讨会论文集（上册）[M]. 北京：中央文献出版社，1999：425.

③ 陈云文选（第三卷）[M]. 北京：人民出版社，1995：350.

1978 年党的十一届三中全会的召开，以邓小平同志为主要代表的中国共产党人重新确立了马克思主义的思想路线、政治路线和经济建设方针，把实现四个现代化作为党的政治路线，作出实行改革开放的重大决策。改革率先从农村突破，以解放和发展生产力为中心的农村经济体制改革，扩大了乡村自由发展空间，促进了农业生产效率提升，破除了农村剩余劳动力乡城转移障碍，确立工农产品市场化交换机制，提升农民权利和发展机会，推动了乡村社会的全面进步和发展。

20 世纪 90 年代以江泽民同志为主要代表的中国共产党人坚持把农业放在整个经济工作的首位，全面贯彻落实可持续发展战略，深化农业农村市场化改革，发展乡镇企业，振兴农村经济。历史进入 21 世纪，为了改变农村发展落后的面貌，以胡锦涛同志为主要代表的中国共产党人全面贯彻落实科学发展观，确立"重中之重"的"三农"战略，制定了"多予少取放活"的指导方针，明确了在工业化、城镇化发展中同步推进农业现代化，构建"两型"社会的战略任务。① 同时开启了社会主义新农村建设，国家出台和实施了系列惠农政策，乡村社会经济建设与百姓生活均取得实质性发展和提升。

党的十八大以来，以习近平同志为核心的党中央坚持把解决好"三农"问题作为全党工作重中之重，全面贯彻"新发展理念"，国家统筹城乡发展的力度再次加大，建设美丽乡村成为新的奋斗目标。习近平多次强调"乡村兴则国家兴，乡村衰则国家衰"。乡村是中国社会发展的根基，民以食为天，邦以农为本。2013 年中央一号文件首次提出"美丽乡村"的目标，成为继社会主义新农村建设重大发展战略之后，统筹城乡发展实践的又一重大创新。习近平指出："中国要强，农业必须强；中国要富，农村必须富；中国要美，农村必须美。"② 从社会主义新农村建设的"生产发展、生活宽裕、乡风文明、村容整洁、管理民主"到乡村振兴的"产业兴旺、生态宜居、乡风文明、治理有效、生活富裕"二十字总要求的变化，彰显了中国共产党人促进乡村全面发展的决心与意志。"产业兴旺"彰显了党对市场规律的把握，对加快乡村产业优化升级，促进产业生态化和生态产业化发展的新要求。"生态宜居"体现了中国共产党带领乡村居民建设美丽家园的时代追求。"乡风文明"是传承和弘扬中华优秀传统文化，提高乡村社会文明程度，促进村民精神共富的内在要求。"治理有效"昭示了中国共产党推进乡村治理能力和治理现代化的决心和意志。"生态富裕"

---

① 温家宝. 关于农村政策研究的几个问题 [J]. 求是，1995 (6)：2 - 7.

② 中共中央党史和文献研究院. 习近平关于"三农"工作论述摘编 [M]. 北京：中央文献出版社，2019：3.

体现了中国共产党人顺应乡村居民对美好生活的需要，为实现"共同富裕"的价值追求。新时代新的目标，充分贯穿着"人与自然和谐共美"的实质性要求。

其次，从社会价值看，资本主义国家为掩盖其内部矛盾，不仅对域外国家和地区加大生态资源的殖民掠夺，同时将生产生活废弃物输向发展中国家，将全球生态危机嫁祸于发展中国家。而中国在发展道路探寻中，坚持生态保护第一的发展理念，致力于通过制度、技术和机制的创新，加强对自然生态环境保护、对人民的生命与安全保护、对乡村居民的生产生活的保护。

18世纪以蒸汽机的发明和应用为标志，人类社会迈向工业文明时代，在工业革命为人类带来物质财富的同时，人与自然的矛盾愈加尖锐。马克思在《资本论》中指出，"资产阶级在它不到一百年的阶级统治中所创造的生产力，比过去一切时代创造的生产力还要多，还要大"①。但随着人类利用自然和改造自然的能力不断增强，过度地索取与利用破坏了自然生态平衡和修复能力，全球的生态危机出现，供养人类繁衍生息的绿色自然遭到破坏，绿色植被和森林大面积消失、生物多样性面临严重挑战，多种动植物濒临灭绝。濒危的绿色自然向人类发出了警示，如果"将工业文明的200多年放到人类5000年的历史长河中"，可以说，"200年只是短暂的片刻。相当于一个25岁的青年，在最后1年突然吸了鸦片，全身每一个细胞都产生了极其良好的自我感觉，然后，就在欢乐中死亡！所以，放眼历史，资源枯竭恐怕已经近在眼前"②。"大量生产、大量消费、大量废弃"的西方国家在工业化繁荣过程中付出了生态代价，在这里，马克思用"枯竭"二字来表明对资本家漠视资源日益减少现象的忧虑。

资本主义为掩盖其内部矛盾，不仅对域外国家和地区殖民掠夺，而且将生产生活废弃物输向发展中国家，将全球生态危机嫁祸于发展中国家，资本主义国家将其虚伪性和狭隘性发挥得淋漓尽致。当今的发达资本主义国家在很大程度上是生态帝国主义国家，即高举生态旗帜的同时将生态危机或明或暗地转嫁、转移到发展中国家，作为发展中国家，我国沿海地区乡村生态环境问题也曾深受其害。以广东贵屿镇为例，贵屿镇地处粤东低洼地，自然资源贫瘠，历史上内涝频发，农业生产缺乏保障，20世纪80年代，贵屿人废旧品的收购逐渐成为当地另一种形式上的主业，90年代初，贵屿镇开始涉及旧五金电器的拆解生意，国外各类电子废物大规模进入，从海外流入的电子垃圾不但数量大并且危

① 马克思恩格斯选集（第一卷）［M］. 北京：人民出版社，2012：405.

② 韩德强. 自由与责任［EB/OL］. http：//www. aisixiang. com/data/24281－2. html.

害严重，尤其是废旧电子产品，含大量有毒有害物质，然而在电子垃圾的拆解加工过程中，重金属不仅对工人和附近居民产生毒害，同时会渗入地下污染地下水。①

最后，从城乡关系看，资本主义私有制的作用下，城乡对立和分离日益严重。在《资本论》中马克思揭示了资本主义大规模工业和大规模农业如何联手使土壤和工人陷入贫瘠的状态。② 与资本主义国家不同，我国农村改革从"包产到户、包干到户"开启，改革的理论与实践价值在于坚持农村土地集体所有制的前提下，将土地长期分包给农户使用，家庭联产承包责任制重塑了"家庭"在农村经营中的基础性地位。在改革与发展过程中，随着农村大量劳动力进城务工以及农业企业、农业合作社和种粮大户等新型农业经营主体的发展，农村土地所有权、承包权、经营权"三权分置"成为现实所需，党中央领导全国人民积极探索在不打破我国农村家庭经营格局前提下，通过"三权分置"实现土地流转，以多种形式规模化经营引领，推动农业标准化生产、专业化经营、规模化管理，以专业化、社会化的服务组织弥补家庭经营细碎化管理的不足。2019 年末，我国城镇化达到 60.6%，比 1978 年提高了 42.7 个百分点，年均提高 1.04 个百分点，与此同时，国家持续加大农村基础设施建设、环境治理和公共基础服务的投入力度，乡村面貌焕然一新。2018 年末我国农村贫困发生率降至 1.7%，比 2012 年末下降 8.5 个百分点，成为首个实现联合国减贫目标的发展中国家。2021 年 2 月 25 日，习近平主席在脱贫攻坚总结表彰大会上庄严宣告："经过全党全国各族人民共同努力，在迎来中国共产党成立一百周年的重要时刻，我国脱贫攻坚战取得了全面胜利，现行标准下 9899 万农村贫困人口全部脱贫，832 个贫困县全部摘帽，12.8 万个贫困村全部出列，区域性整体贫困得到解决，完成了消除绝对贫困的艰巨任务，创造了又一个彪炳史册的人均奇迹。"③ 在绿色农业发展上，以化肥施用为例，从 2016 年开始，全国农用化肥总施用量和单位面积施用量逐年减少，2019 年全国化肥施用量为 5403 万吨，平均每亩施用量减少到 21.7 千克，分别比 2015 年减少 11.3% 和 9.8%。④

国家统计局的资料显示，改革开放 40 多年来，中国综合国力已位列世界第二位，农村居民人均收入由 1978 年的 151.79 元提高到 2019 年的 16021 元⑤，2019 年全国粮食总产量为 66384 万吨，比 1949 年增长 4.8 倍，年均增长 2.6%，

---

① 金瑶梅. 绿色发展的理论渊源探究 [J]. 海派经济学，2016，14（3）：122.
② 马克思恩格斯全集（第四十六卷）[M]. 北京：人民出版社，2003：918 – 919.
③ 习近平. 在全国脱贫攻坚书总结表彰大会上的讲话 [M]. 北京：人民出版社，2021：1.
④ 资料来自相关年份的《中国统计年鉴》。
⑤ 1978 年为农村居民家庭的人均总收入，2019 年为人均可支配收入。

经济作物和畜牧渔业产品产量快速增长，丰富了人民的物质生活，2018 年全国猪牛羊肉总产量 6523 万吨，比 1952 年的 339 万吨增长了 18.3 倍，年均增长 4.6%，中国以占世界约 9% 的耕地养活了占世界 20% 的人口，而且中国人民实现了由"吃不饱"到"吃得饱""吃得好"的历史性转变，改革开放所取得的巨大成就，为我国亿万农民从解决温饱到迈向全面小康奠定了基础，农业科技水平的有效提升促进了农业生产效率的显著提升和农业剩余劳动力转移，农民工为推进工业化、城镇化提供了有效支撑。"我们用几十年的实践走完了发达国家几百年的走过的工业化。"① 实践证明，马克思主义为中国革命、建设和改革提供了理论保证，使中国这个古老的农业大国创造了史上未有的发展奇迹。

三、乡村绿色发展的内涵与特征

（一）"绿色"与"发展"

1."绿色"的含义

"绿色"是自然界草和树叶茂盛时的颜色。古诗词中"春风又绿江南岸"寓意着"绿色"是生命的本色，是生命之花的绽放，是生命蓬勃发展的象征，代表着青春、生机、活力和繁荣。"天造万物始于草创之始"揭示了绿色的大自然是人类的摇篮。远古时代的绿色环境意味着生机盎然的自然生态和充足的食物水源，人类对绿色的积极感知在进化中融入大脑并影响至今，绿色象征着清新、自然与生态环境，意味着健康和无公害食品。在五彩缤纷的色彩中，位于光谱青与黄之间的绿色，是一种色调频率广阔的平衡色，寓意着和平与友善。由两根绿色橄榄枝衬托地球的联合国徽章，象征着世界和平。中国文学作品中，对"绿色"的赞美之词随处可见，充满着人类对绿色的向往与喜悦之情，表达和流露出先哲们对生命的尊重和珍惜。刘禹锡的"苔痕上阶绿，草色入帘青"浮现于人们脑海中是绿色的苔藓，绿色的草，一片绿意盎然的景象；王安石的"一水护田将绿绕，两山排闼送青来"表达了绿水青山与农业生产相依相伴的绿色景象；"芭蕉分绿与窗纱""庭竹无人绿满窗""绿玉窗前好写书"等均描绘了庭院绿窗的场景。

在歌颂绿色大自然之美的同时，人类持续通过"劳动"改造着"自然"，

---

① 中共中央党史和文献研究院. 习近平关于"不忘初心、牢记使命"重要论述选编［M］. 北京：中央文献出版社，2019：376.

随着实践水平与认识能力的不断提升，人类也越发给"自然"打上自身的印记，天然自然变为人化自然。而过度的索取超越了自然生态平衡和自身的修复能力，供养人类繁衍生息的绿色自然逐渐被摧毁，绿色植被和森林大面积消失，许多生物种群濒临灭绝，水土流失和资源枯竭日趋严重。工业革命以来，资本主义这座以"非良性黑色发展"支撑起的"物质财富高塔"，引发了全球生态灾难频发，濒危的绿色自然向人类发出了警示。恩格斯指出，"我们不要过分陶醉于我们人类对自然界的胜利。对于每一次这样的胜利，自然界都对我们进行报复"①。面对日益严峻的生态危机，人类开始寻求与自然和谐相处的"药方"，绿色思潮在全球日渐兴起，"绿色"被注入"节约资源、保护生态、减少污染、修复生态"等新的内涵。"绿色经济""绿色新政""绿色技术""绿色生产""绿色消费"等词汇开始频见于报刊和各国施政纲领文件之中。

2. "发展"与可持续发展的含义

"发展"的本意源自生物学中"发育、进化和成长"之意，同时也被用于表达"推导、推演、展开"等意义。中世纪，囿于宗教意识形态的影响，"发展"被认为是人不断反省自身的原罪以求上帝救赎，并力求抵达来世彼岸的过程。② 近代《物种起源》的发表，"发展"被赋予了"进化"的含义。在马克思和恩格斯的视野里，发展是人类社会从初级向高级演进的过程，发展的目标是实现"人的自由而全面发展"。

20世纪下半叶，随着西方发达国家经济快速增长，西方学者一度将"经济增长"视为"发展"，并将 GDP 规模与增长速度视为一个国家或地区的发展水平与发展能力的重要指标。然而随着"贫富差距"及"生态环境"问题的凸显，发展经济学理论提出"经济增长不等于发展"的命题，强调不能单纯追求经济增长而导致"有增长而无发展"的困局。发展经济学认为，经济增长是发展的物质基础和前提，但发展还应包含"关注人民生活质量的提高、关注投入产出效益改善、关注经济制度与政治制度的变革、关注生态与自然环境的保护与改善"③。

发展观是发展经济学的核心内容。早期发展经济学对发展的认知较为片面，认为发展就是 GDP 增长，是经济规模的扩大与数量的扩张。在这一发展观的指导下，许多国家在工业化过程中，都把经济增长摆在第一位，片面追求 GNP 或 GDP 的增长，从而把自身的生存和发展建立在对自然资源破坏性开发上，忽视

---

① 马克思恩格斯选集（第三卷）［M］. 北京：人民出版社，2012：998.
② 陆波. 当代中国绿色发展理念研究［D］. 苏州：苏州大学，2017：22.
③ 罗勇. 区域经济可持续发展［M］. 北京：化学工业出版社，2005：1–2.

了社会的全面协调发展，结果经济增长了，生态破坏、环境污染、犯罪率升高、贫富差距扩大等诸多问题日渐凸显。许多发展中国家同时出现了人口数量的膨胀与素质下降、食品与住房供给不足等问题，实践使各国都认识到"增长不等于发展""富裕不等于幸福"，经济增长不能完全促进社会文明进步。面对第二次世界大战后，许多国家尤其是发展中国家出现"有增长无发展"的现象，"罗马俱乐部"最早对"增长即发展"的观点提出了质疑，并尖锐地指出片面追求增长使人类陷入困境。

1972 年 6 月，经济学家芭芭拉·沃德和生物学家勒内·杜博斯执笔的《只有一个地球》报告发布，该报告被称为"人类醒悟的启蒙书"。1980 年 3 月 5 日联合国大会由 IUCN、UNEP 和 WWF 共同发表的《世界自然保护大纲》首次提出可持续发展概念，向全球发出呼吁"必须研究自然的、社会的、生态的、经济的以及利用自然资源过程中的基本关系，以确保全球的可持续发展"①。1983 年 12 月，联合国通过决议，决定成立世界环境与发展委员会（WECD）。次年 10 月该委员会正式成立，受命以"可持续发展"为基本纲领，制定"全球的变革日程"。1987 年 WECD 发布的《我们共同的未来》专题报告，对可持续发展定义和七项发展目标进行了界定。

1992 年 6 月，联合国环境与发展会议敦促各国政府和广大公众采取积极措施，共同保护人类生存环境。经过广泛的磋商，大会通过了 5 个重要文件。随后，我国政府将可持续发展战略逐步纳入我国规划文件之中。② 1997 年，党的十五大将"可持续发展战略"确定为我国"现代化建设中必须实施"的战略。2002 年党的十六大把"可持续发展能力不断增强"作为全面建设小康社会的目标之一。

2012 年 6 月"里约 + 20"峰会胜利召开，来自全球一百多个国家与地区的政府要员及五万多名各类组织代表，共同商讨了全球消除贫困以及尊重自然承载极限的可持续发展问题，达成了通过绿色新政促进人类可持续发展的共识。2015 年 9 月，来自全球的 193 个国家领导人在联合国峰会上共同通过了旨在消除贫困、保护地球、确保所有人共享繁荣的《2030 年可持续发展议程》。

1987 年，WECD 发布的《我们共同的未来》报告中，将可持续发展定义为："既能满足当代人的需要，又不对后代人满足其需要的能力构成危害的发展。"③ 该报告系统阐述了可持续发展的思想，提出七大发展目标：恢复经济发

---

① 科普中国项目组. 可持续发展 [EB/OL]. https://baike.baidu.com/item/可持续发展?fr=aladdin.
② 陶良虎，等. 美丽中国——生态文明建设的理论与实践 [M]. 北京：人民出版社，2014：48-49.
③ 李晓西. 绿色抉择 [M]. 广州：广东经济出版社，2017：23.

展；提高发展质量；满足必要的工作、食物、能源、水和卫生的需求；保护人口的可持续发展水平；保护和巩固资源基础；重新定向技术和管理的风险；将环境和经济因素共同纳入决策范畴。1991 年 11 月，国际生态学联合会（INTE-COL）和国际生物科学联合会（IUBS）联合举行的可持续发展专题研讨会将可持续发展定义为"保护和加强环境系统的生产和更新能力"，其含义为可持续发展是不超越环境系统更新能力的发展。

严格意义上讲，可持续发展理论并非一个完整或严密的理论体系，其观点主要包括资源环境的可持续性、经济发展的可持续性以及社会发展的可持续性三个方面。

第一，可持续发展强调生态资源的可持续利用及生态环境有效管理，以实现人与自然协调发展。可持续发展理论对生态环境保护和生态文明的正向价值予以充分肯定，这种价值既体现在对经济发展的有效支撑和服务层面，更体现在对人类永续生存与生命健康的支持和保障层面。一方面，充分利用资源环境为发展服务，又不对生态环境造成难以弥补和难以恢复的损害，资源环境承载力是发展的必要条件，社会经济发展需要维持一个恒定的自然资本作为其发展基础；另一方面，可持续发展强调将依赖可耗竭的化石能源发展模式转变为依赖可再生资源模式，这是可持续发展在本质上区别于传统发展观的重要标志。

第二，可持续发展以经济发展的可持续性为基础。经济发展是人类社会存在和发展所必需的物质基础，也是人类文明得以延续和生态环境得以改善的基础保障。[①] 可持续发展理论并不排斥经济发展的必要性，但是强调在经济发展中需要关注实现经济增长的各生产要素的代价，尤其是过度消耗自然资源的代价。过度消耗或沉重代价下的经济增长既不能带来经济的稳定增长，也不是人类发展的目标。只有在资源稀缺性的条件下有效配置资源，实现经济发展的目标，才能既满足当代人的需求，又不损害后代人的需求。

第三，可持续发展强调社会平稳发展和公平性。在社会发展方面，尽管全球各个国家和地区所处的发展阶段以及发展目标并不完全相同，但发展的本质均包括社会的平稳发展及与之相关的领域的同步发展，包括人类生活质量的改善、健康水平的提高和保障教育医疗的条件的平等。一个和平持久、和谐稳定的社会，是以良好的生态环境、绿色宜居的人居环境、稳定有序的人口繁衍以及和谐的社会关系为基础和标志。

可持续发展本质是要求人类从传统工业发展方式转向生态文明发展方式，意味着人类必须承认自然界具有自身的发展权，社会发展必须充分考虑自然成

---

① 课题组．"两山"重要思想在浙江的实践研究［M］．杭州：浙江人民出版社，2017：123．

本。因此可持续发展是一个有确定内涵的科学概念，除了强调协调发展等原则外，还要求资源与环境利用的代际均衡，实现资源的节约、环境的优化。乡村绿色发展就是要实现现代生态型生产、绿色发展、低碳发展并在循环发展中使乡村生态资产保值增值，实现乡村永续发展。

可持续发展理论从人类社会经济发展的可持续性出发，探索人类社会新的发展模式，并在与传统经济增长方式比较中得以凸显。自可持续发展提出以来，从初期的概念界定、理念倡导到理论探讨，可持续发展理论不断丰富和完善，尽管各流派的观点与主张比较零碎杂糅，但其核心理念中普遍体现了公平性、持续性和共同性三大方法论原则。

首先，公平性原则。从区域或国家层面，可持续发展认为世界各国同处一个地球空间，各个国家均拥有同等公平的生存权、对生态资源和社会物质的平等享有权，以及推动本国或区域全面进步的平等发展权，尽管世界各国国情国力和发展水平存在差异，但无论是发达国家还是发展中国家，各个国家都对自然资源和社会物质财富具有永久的主权和自由行使主权的平等权利，地区的发展不应以损害其他地区的发展为代价。就个体而言，可持续发展强调要消除一切形式和表现的贫困、饥饿和匮乏，让所有人平等而有尊严地生活在健康的环境之中，并充分发挥自己的潜能，可持续发展旨在创建一个没有暴力、贫困、疾病并适用于万物生存的世界，一个人人平等享有人权、尊严、安全、教育、医疗、保障和福利的公平世界。

其次，可持续性原则。该原则强调人类社会的发展要以资源环境的承载能力为限，要将人类发展的短期目标与长远利益相结合，生态资源的开发既满足当代人的需要，又不损害后代的发展能力。实现可持续发展的前提是对地球生态资源的可持续管理，永久地保护地球的自然生态资源，包括从空气到土地、从江河到地下水层、从森林到海洋生物资源。通过加强科技创新能力，实现可持续的生产和消费模式，加强对化学品安全使用的管理，提升废弃物回收利用和无害化处置水平，以及能源的使用效率，减少对人类健康和生活环境的不利影响，实现各个国家可持续、包容性和持久性的发展。

最后，共同性原则。该原则强调全球气候变暖、生物多样性丧失、全球性疾病威胁、日益频发的自然灾害、不断升级的恐怖主义与暴力事件、被迫流离失所的难民是人类社会发展面临的共同问题，世界各国应共同努力谋求全球"共赢"发展。可持续发展承认世界各国自然与文化的差异性，同时认为所有的文化和文明均可推动可持续发展，可持续发展要超越文化与历史障碍，所有国家都要积极采取行动，根据《联合国宪章》和《国际法》所赋予的权利与责任，适时调整其国内和国际政策，促进不同文化和文明的交流、理解和相互尊重，确立全球共同责任的担当，发达国家应发挥带头作用，同时要考虑发展中国家的发展水平和能力。只有各国共同努力，人类可持续发展的目标方可实现。

（二）绿色发展的内涵与特征

1. 从绿色思潮兴起到绿色新政

人与自然关系的历史是贯穿整个人类史的基本内容，中华农耕文明所推崇的"天人合一""道法自然"等哲学思想中蕴含着丰富的生态理念。同时，早在 17 世纪，威廉·配第提出"劳动创造财富的能力受自然条件制约"，并认为自然资源环境甚至决定生产力发展的观点。18 世纪，随着欧洲工业革命的兴起与发展，工业对环境的影响愈加引起人们的关注。1789 年，英国著名博物学家怀特在《塞耳彭自然史》中，描述了伦敦烟煤的燃烧对周边乡村环境的影响，并痛心地写到"3 月底时，弥望都是赤地。几乎不见麦苗，没有草痕；蔓菁也不见了，羊濒于饿死。吃的用的，全部都涨了价。因缺雨，农夫下不得种"。1854 年，美国学者梭罗在《瓦尔登湖》中从"森林已被砍伐，怎能希望鸣禽歌唱？"的视角，表达了人类对森林大肆砍伐的忧虑及对自然侵害的焦虑。1923 年，美国学者利奥波德在《西南部地区自然保护的基本原理》提出了"大地共同体"概念，这一概念的提出，警醒人类必须尊重地球这一生命有机体的事实，树立不可摧毁地球的道德观念。1966 年鲍尔丁提出，"人口与经济的无序增长会使船内的有限资源迟早耗尽，大量生产和消费中所排放的废弃物污染了船体，毒害了乘客，此时人类乘坐的飞船会坠落，社会也随之崩溃"①。

1968 年罗马俱乐部成立，标志着全球"可持续发展观"与"绿色理念"的新发展，世界各国政府与学者开始携起手来，共同研究破解环境资源与人口系列发展问题。1972 年联合国在斯德哥尔摩召开了人类环境会议，掀开了全球环境保护的序幕。1987 年 WECD 在《我们共同的未来》中提出了"可持续发展"的概念。1992 年 UNCED 通过了《21 世纪议程》这一纲领性文件，并提出实施可持续发展战略，并将其视为全球的行动。2002 年联合国开发计划署发表的《2002 中国人类发展报告：绿色发展，必选之路》中首次提出了"绿色发展"的概念，2009 年 3 月，联合国环境规划署（UNEP）发布了题为《全球绿色新政》的报告，确定了经济复苏、减少贫困、减少排放和遏制生态退化的目标，阐释了绿色新政的政策，该文件成为联合国绿色新政的纲领性文件。

---

① 李晓西. 绿色抉择 ［M］. 广州：广东经济出版社，2017：21.

2. 中国共产党绿色发展理念的确立

马克思、恩格斯阐明了人与自然的辩证统一。中国共产党自成立以来，坚持以马克思主义理论为指导，在革命、建设、改革与发展中，倡导人民在乡村建设实践中要合理利用自然、保护自然，实现人与自然的和谐相处。中国的传统文化推崇"天人合一"生态伦理思想，加上对马克思和恩格斯等生态思想的继承与发展，绿色发展理念逐步成为全民共识。1973 年 8 月，我国第一次全国环境保护会议召开，揭开了中国环境保护事业的序幕。

从世界范围看，中国是一个人均生态财富较低的国家，在工业化和城市化进程中，资源环境问题逐步显现。20 世纪 80 年代末环境主义思潮在中国开始兴起。20 世纪 90 年代我国政府与学术对生态环境愈加重视和关注。1997 年 5 月，《生态文明观与中国可持续发展走向》提出"21 世纪是生态文明时代，生态文明是继农业文明、工业文明之后的一种先进的社会文明形态"。[①]

进入 21 世纪，面对日益加剧的人口、资源和环境压力，中央提出了科学发展观，中国政府对联合国开发计划署发表的《2002 中国人类发展报告：绿色发展，必选之路》积极响应。2007 年，党的十七大会报告提出建设"生态文明"的要求；2011 年 3 月国家"十二五"规划纲要中"绿色发展"独立成篇，并提出了明确发展目标。2012 年党的十八大将生态文明纳入"五位一体"的战略布局。2015 年 10 月党的十八届五中全会召开，"绿色发展"被确立为指导我国当前和未来较长时期经济社会发展的五大理念之一。习近平强调："必须坚持节约优先、保护优先、自然恢复为主的方针，坚定不移走生产发展、生活富裕、生态良好的文明发展道路。"[②] 乡村振兴必须坚持绿色发展理念，走"生产、生活、生态"融合协调发展道路。

3. 中国绿色发展的内涵与特征

2002 年，联合国开发计划署首次提出"绿色发展"的概念。"所谓绿色发展之路，就是强调经济发展与保护环境的统一与协调，即更加积极的、以人为本的可持续发展之路"；并强调指出，与西方国家发展道路不同的是，中国无须经历西方走过的"高消耗资源、高污染排放"的发展历程，也不必等待达到高收入水平阶段再实施绿色发展战略，而是可直接进入"绿色发展"阶段。[③]

---

① 贾卫列. 绿色发展知识读本［M］. 北京：中国人事出版社，2018：1 - 3.

② 中共中央宣传部. 习近平新时代中国特色社会主义思想学习纲要［M］. 北京：学习出版社，2019：169.

③ 胡鞍钢，门洪华. 绿色发展与绿色崛起——关于中国发展道路的探讨［J］. 中共天津市委党校学报，2005（1）：28.

2008 年，联合国环境规划署提出实施"全球绿色新政"，呼吁"发展绿色经济"，促进全球经济从"褐色"向"绿色"转变，并将"绿色经济"定义为"可促成提高人类福祉和社会公平，同时显著降低环境风险与生态稀缺的经济"。这一定义揭示了绿色发展既关注人类福祉和社会公平，又关注生态危机的现实指向①。

相对于可持续发展而言，绿色发展理念具有鲜明的中国语境与发展背景，从"两山"理念的提出、"五大发展理念"的确立，再到党的十九大报告对"绿色发展"的独立论述以及习近平生态思想的形成，绿色发展作为事关我国发展全局的一个重要理念，体现了党对新时代我国经济社会发展规律认识的深化。习近平强调，"绿色发展的核心要义就是要解决好人与自然和谐共生的问题。推动形成绿色生产方式和生活方式，是发展观的一场深刻的革命"②。

郇庆治在《生态文明及其建设理论的十大基础范畴》中认为，对"生态文明"概念性界定有两个基本维度，一是"文明"，二是"生态"。③ 对绿色发展的概念性界定同样也有两个基本维度，一是着眼于"发展"，发展是解决我国一切问题的基础与关键。④ 二是着眼于"绿色"，即发展中的绿色意蕴。

第一，绿色发展以实现"人与自然和谐共生"为核心要义。第二，绿色发展以"绿水青山就是金山银山"为基本内核，揭示了"保护生态环境就是保护生产力，改善生态环境就是发展生产力"的辩证统一关系，为马克思生态思想注入新的内涵。第三，绿色发展强调以"绿色惠民、利民、为民"为发展目的。治政之要在于安民，安民必先惠民。良好生态环境是最普惠民生的福祉，绿色发展着眼于破解中国改革与发展中的突出生态环境问题，以满足人民美好生活的需要。第四，绿色发展要以"绿色低碳循环"为原则，全社会对绿色发展理念的认同度、践行力，对中国生态文明建设的最终实现具有关键性作用。第五，绿色发展强调以"严密法制观"为重要抓手，强调通过制度创新和法制完善，让法制成为刚性约束。第六，绿色发展强调"全球共同体建设"，以"共谋全球生态文明建设"彰显大国担当，构建更加平等的绿色发展国际治理体系。

当今世界，科技革命与产业变革加速推进，在经济全球化助推下，生态环境问题已超越了国土疆界及民族保护主义狭隘性，成为世界各国必须面对和解

① 颜文华. 绿色发展内涵与乡村旅游景区绿色发展指数研究 [J]. 林业经济, 2015, 37 (8)：25.
② 中共中央宣传部. 习近平新时代中国特色社会主义思想学习纲要 [M]. 北京：学习出版社, 人民出版社, 2019：171.
③ 郇庆治. 生态文明及其建设理论的十大基础范畴 [J]. 中国特色社会主义研究, 2018 (4)：16–17.
④ 中共中央宣传部. 习近平新时代中国特色社会主义思想学习纲要 [M]. 北京：学习出版社, 人民出版社, 2019：109.

决的共同危机。无论是西方发达国家还是发展中国家都应协同配合,共同拯救地球这一人类唯一的家园,中国是可持续发展战略的积极响应者、维护者和实施者。与此同时,新时代中国的绿色发展理念既吸收了可持续发展观的精华,同时是对资本主义可持续发展生态观的历史性超越。①

(三) 乡村绿色发展的科学内涵

乡村是社会发展的根基,是村民生产生活的空间,是生态涵养的主体区。绿色是乡村的底色,生态是乡村最大的发展优势;发展是中国共产党执政兴国的第一要务。人类社会诞生以来,乡村发展如同一条永不停息的河流,在与自然的物质循环中,承载着人类社会从低级到高级、从野蛮到文明、从简单到复杂的螺旋式上升。从狭义的角度理解,乡村绿色发展就是以习近平新时代中国特色社会主义思想为指导,牢固树立和践行"绿水青山就是金山银山"的发展理念,让良好生态成为乡村振兴的支撑点,严守乡村生态保护红线,推动乡村自然资本增值,推行绿色生产方式和生活方式,走生产发展、生活富裕、生态良好的文明发展道路,实现乡村生态振兴。

从广义的角度,新时代中国乡村绿色发展以习近平新时代中国特色社会主义思想为理论指导,以党对"三农"工作的领导为统领,贯彻新发展理念,构建人与自然和谐共生的乡村发展新格局。按照乡村振兴战略的"二十字"目标要求,坚持农业农村优先发展的原则,健全以绿色生态为导向的农业政策支持体系,建立绿色低碳循环的农业产业体系,构建科学适度有序的农业空间布局体系;统筹山水林田湖草系统治理,严守乡村生态保护红线,加强乡村人居环境整治,推动农业面源污染防治,完善乡村生活基础设施,传承和普及绿色生态文脉;发挥村规民约的规范作用,形成美丽乡村的公序良俗,构建共建共治共享的现代社会治理格局;以生态惠民、生态利民、生态为民为价值取向,普惠民生福祉,让乡村全面振兴成为现代化国家的标志、美丽中国的底色。

1. 乡村绿色发展的核心要义是人与自然和谐共生

绿色发展,就其要义来讲,是解决好人与自然和谐共生的问题②。马克思阐明了人与自然的辩证关系,中华农耕文化强调人与天地万物和谐统一,人类

---

① 金瑶梅. 绿色发展的理论渊源探究 [J]. 海派经济学, 2016, 14 (3): 121 – 122.
② 中共中央宣传部. 习近平新时代中国特色社会主义思想学习纲要 [M]. 北京: 学习出版社, 人民出版社, 2019: 171.

生产生活顺应自然规律，应时、取宜、守则。习近平指出："自然是生命之母，人与自然是生命共同体，人类必须敬畏自然、尊重自然、顺应自然、保护自然。"① 乡村是宇宙化育万物之地，乡村是自然的、天然的而非人为的自然物、自然美。"自然富贵出天姿，不待金盘荐华屋"。生态环境是人类生存和发展的根基，人的命脉在田，田的命脉在水，水的命脉在土，土的命脉在林和草，乡村是承载人类生命物质保障的重要场所，生态是统一的自然系统，是相互依存、紧密联系的有机链条。乡村是社会、经济、自然的复合生态系统，其本质特征具有生态的可修复性、可平衡性及可循环性，但只有人与自然彼此和谐、生产生活生态彼此协调，乡村生态系统才可良性循环和动态平衡。

2. 乡村绿色发展的精神实质是转变生产生活方式

"良好生态环境是农村最大优势和宝贵财富。要守住生态保护红线，推动乡村自然资本加快增值，让良好生态成为乡村振兴的支撑点。"② 乡村绿色发展就是要以乡村资源环境承载力为基础，转变生产生活方式，建设美丽乡村。习近平多次指出，"我们既要绿水青山，也要金山银山""宁要绿水青山，不要金山银山"，而且"绿水青山就是金山银山。"乡村的生态环境不仅是一种资源，更是一种特殊的资本，是一笔巨大的无形资产，要把生态环境作为一种资本来经营，正确处理眼前和长远的关系，转变生产生活方式，实现生态保护与乡村发展的双赢。

以绿色发展引领乡村振兴是一场深刻革命。推行绿色生活方式是乡村绿色发展的内源性动力，并且与乡村居民的生活息息相关。推动形成绿色生活方式，需要普及绿色生态意识，形成全民绿色节约的行动自觉。倡导环境友好型消费，涵盖了绿色借鉴的食、衣、住、行等消费方式，传承勤俭节约的优良传统，抵制和反对奢侈之风，倡导和践行绿色、文明、健康、低碳的消费模式和生活方式。

3. 乡村绿色发展的价值归旨是普惠民生福祉

重构乡村生态空间是增进人民福祉的重要举措。为中国人民谋幸福，为中华民族谋复兴，是中国共产党人的初心和使命，是改革开放的初心和使命，同样也是乡村绿色发展的初心和使命。"治国有常，而利民为本"，治政之要在于安民，安民必先惠民。习近平强调，"生态环境是关系党的使命宗旨的重大政治

---

① 中共中央宣传部. 习近平新时代中国特色社会主义思想学习纲要［M］. 北京：学习出版社，人民出版社，2019：167.

② 中共中央党史和文献研究院. 论坚持全面深化改革［M］. 北京：中央文献出版社，2018：403.

问题，也是关系民生的重大社会问题"①。以生态惠民、利民、为民为价值取向的乡村绿色发展，彰显了中国共产党人对普惠民生福祉的关切。随着乡村居民生活水平的提高，人们对生态环境的期盼与要求越来越高，乡村居民需要干净的水、清新的空气、安全的食品、优美的环境，乡村绿色发展要还乡村以"松月夜生凉，风泉满清听"的诗意栖居，"湖上一回首，山青卷白云"的旷然而视，以及"夕阳度西岭，群壑倏已暝"的怡然而行，同时要形成宜居宜业宜游的乡村发展空间，才能让乡村居民有获得感和幸福感。

4. 乡村绿色发展的驱动力源于技术创新

绿色技术创新是提高乡村自然资源利用效率、破解乡村环境问题的根本手段。推进乡村的绿色发展必须以农业清洁生产技术、绿色食品的加工技术、资源的综合利用技术、废弃物的回收与循环利用技术、污染物的无害化处置技术等为支撑，要以绿色技术创新的完善推动绿色生产方式的转变，让绿色技术创新成为绿色发展的依托与动力之源，不断提高乡村资源利用效率，实现生态资产的保值与增值。习近平指出，要加快开发低碳技术，推广高效节能技术，提高新能源和可再生能源比重，为亚洲各国绿色发展和可持续发展提供坚强的科技支撑②。进入高质量发展阶段，我国农产品的供应必然由数量保障向高质量绿色健康食品保障转变，推进绿色技术创新的核心与关键是建立和完善协同创新机制，让绿色技术创新引领乡村构建绿色循环低碳产业体系，为城乡居民提供健康、绿色、安全的生态产品与服务。

5. 乡村绿色发展内生动力源于乡村绿色生态文化

农耕文明是中华文明的主体，推进乡村绿色发展，首先，要传承和弘扬优秀传统农耕文化，并据此加强对乡村绿色发展理念、生态伦理和科教的宣传教育，培育乡土生态文化，拓展绿色生态产品供给。在中国改革开放以来的工业化、城市化进程中，农民进城、乡土文化也进城的现象一直持续不断，为城市文化输入了源泉。只要自然存在，农业存在，乡村文化就会不断地产生。其次，要发挥乡村基层组织、基层干部和乡贤在绿色文化培育中的引领作用，发挥村规民约的规范效应，形成文明的乡村公序良俗。进而提高乡村居民的生态意识和价值认同，为美丽乡村建设和乡村绿色发展提供内在动力。

6. 乡村绿色发展的保障源于乡村基层治理体系和生态法制

健全现代乡村治理体系是乡村绿色发展的基本保障。新时代的乡村不只是

① 中共中央宣传部.习近平新时代中国特色社会主义思想学习纲要［M］.北京：学习出版社，人民出版社，2019：168.
② 杨宏伟.贯彻落实五大发展理念［M］.北京：人民出版社，2017：152.

单一的城乡劳动力的生产场所，还是一个生生不息的社会。村民历来被视为国家主人、社会主体，以"农耕"和"熟人"为基础的乡村社会底色，基层治理体系和治理能力现代化是推进乡村绿色发展、改善乡村民生的根本保障。2020年9月，在庆祝第三个"中国农民丰收节"时，习近平强调，"各级党委和政府要切实落实好党中央关于'三农'工作的大政方针和工作部署，在全社会形成关注农业、关心农村、关爱农民的浓厚氛围，让乡亲们的日子越过越红火"①。在推进乡村绿色发展过程中，广大乡村居民应紧密团结在党的周围，从"自然生态、乡村生态、人居环境"等生态空间，从"主体视域、空间场域、时间段域"等领域，从"自治、法治、德治"等维度构建现代绿色治理体系。

（四）乡村绿色发展的目标

1. 新时代中国乡村绿色发展目标确立的依据

党的十九大报告指出："中国特色社会主义进入新时代"②。"进入新时代"是中国共产党人在科学把握世情、国情、党情和民情深刻变化的基础上，作出的事关全局性的战略考量。这一科学论断，赋予中国共产党的历史使命、理论遵循和目标任务以新的时代内涵。习近平强调"新时代是中国特色社会主义新时代，而不是别的什么新时代"③。新时代同改革开放以来的发展历程一脉相承，站在新的历史起点，以习近平同志为核心的党中央在全面分析国际国内环境和我国发展条件的基础上，提出了"从2020年到本世纪中叶，在全面建成小康社会基础上，分两步走全面建设社会主义现代化强国"的战略安排。新时代的科学内涵、时代意蕴为深刻理解和把握中国乡村绿色发展的时代特征，科学制定中国乡村绿色发展发展目标提供了时代坐标和基本依据。

党的十九大报告提出要实施乡村振兴战略，这是党中央从解决我国社会主要矛盾出发，从亿万乡村居民对美好生活向往出发，从党和国家事业全局出发，作出的重大决策。习近平指出，到2020年全面建成小康社会，最突出的短板在"三农"，到2035年基本实现社会主义现代化，大头重头在"三农"，到21世

---

① 习近平向全国广大农民和工作在"三农"战线上的同志们致以节日祝贺和诚挚慰问［EB/OL］. http：//www. npc. gov. cn/npc/c30834/202009/04fa45ddca5b4f8ea9c64cdac0017e66. shtml.

② 习近平. 决胜全面建成小康社会 夺取新时代中国特色社会主义伟大胜利［M］. 北京：人民出版社，2017：10.

③ 中共中央宣传部. 习近平新时代中国特色社会主义思想学习纲要［M］. 北京：学习出版社，人民出版社，2019：15.

纪中叶建成社会主义现代化强国的基础也在"三农"。①

2018年1月，中央和国务院在《关于实施乡村振兴战略的意见》中提到的乡村振兴战略的阶段性目标和任务，总体上也是分三个阶段②。中央在乡村振兴的时间表与路线图中清晰描绘了对乡村绿色发展的要求，指明当代中国乡村绿色发展的根本着力点。

2018年5月，在全国生态环境保护大会上，习近平总书记提出了美丽中国建设"三步走"的战略目标。党和国家对生态文明建设既有清晰的时间表，又有明确的线路图，是建设天蓝、地绿、水清美丽乡村的根本遵循，是新时代中国乡村绿色发展的行动指南。

2020年10月26～29日召开的党的十九届五中全会清晰勾勒了到2035年基本实现社会主义现代化的远景目标，其中涉及乡村绿色发展的目标包括"广泛形成绿色生产生活方式，生态环境根本好转，美丽中国建设目标基本实现"。③

2. 新时代中国乡村绿色发展的目标

进入新时代，人民对美好生活的需要既包括安全食品的物质需要，也包括社会公平和谐的精神需要，还包括美好生态环境的期盼，乡村的经济发展水平、社会秩序状况和生态环境质量是实现人民美好生活需要的基础。按照人类的需要层次，从基本需求层次看：一是关乎"喝一口洁净的水"的水环境安全问题，二是关乎"吸一口新鲜空气"的大气环境安全问题，三是关乎"吃一口放心食物"的土壤环境安全及持久性有机污染物治理问题。从高级需要层面看：生态审美的需要、生态文化的需要、生态民主的需要等，都是随着收入水平的上升不断递增的需要，要及时满足人民的这些需要。乡村绿色发展就是要围绕乡村生态经济繁荣、社会和谐稳定、生态环境优美的目标，使民众充分享受到经济福利、社会福利和生态福利。只有解决这些人民群众的重大关切，人民群众才会有安全感，才会有获得感，才会有幸福感。

乡村绿色发展要以习近平新时代中国特色社会主义思想为指导，走中国特色社会主义乡村绿色发展道路，发挥乡村在保障粮食安全和安全农产品供给、保护生态环境和承载生态屏障、传承中华农耕文明与绿色智慧方面的特有功能，建立乡村现代绿色经济体系，完善乡村治理体系，增进居民生态福祉，让美丽乡村成为美丽中国的底色，成为现代化强国的标志。

① 中共中央党史和文献研究院. 习近平关于"三农"工作论述摘编［M］. 北京：中央文献出版社，2019：11.
② 中共中央国务院. 关于实施乡村振兴战略的意见［M］. 北京：人民出版社，2018：5-6.
③ 中共十九届五中全会在京举行［N］. 人民日报，2020-10-30（1）.

具体而言，到 2035 年乡村绿色发展取得实质性进展，形成乡村绿色发展制度框架、经济体系和政策体系，至此，科学适度有序的乡村发展空间布局基本形成，绿色低碳循环的现代乡村产业体系基本建立，乡村生态环境实现根本好转，基本实现天蓝地绿水清的生活空间、美丽乡村建设基本实现宜居、宜业、宜游，建立起符合绿色发展理念、人文精神、道德规范的公序良俗，形成共建、共治、共享的现代乡村治理格局，全面建立以绿色生态为导向的农业政策支持体系和生态法制体系。到 2050 年，社会主义现代化强国建成之际，全面建成天蓝水澈、海清岛秀、土净田洁、低碳循环、绿色和谐、诗意逸居的美丽乡村，乡村生态经济高度繁荣发达，安全优质的生态产品能够满足人民美好生活的需要，绿色消费引领乡村生活新风尚，城乡居民社会与生态福祉实现均等化、公平化。乡村绿色发展成为现代化强国的底色，美丽乡村成为美丽中国的标志，中国特色社会主义乡村绿色发展道路成为"绿水青山就是金山银山"的国际典范，成为向世界展示新时代中国特色社会主义制度优越性的窗口，进而为世界乡村绿色可持续发展提供"中国智慧"和"中国方案"。

四、以绿色发展引领乡村振兴的现实逻辑

（一）乡村绿色发展合乎中国共产党执政兴国的初心与使命

中国共产党近百年的发展史，就是中国共产党团结带领全国各族人民，为实现中华民族伟大复兴而不懈奋斗的历史。从新民主主义革命的胜利，到新中国的成立，到社会主义制度的建立，到改革开放和全面建成小康社会，再到全面建设社会主义现代化国家，中国共产党是中华民族伟大复兴事业的引领者、推动者、实践者，是中华民族走上现代化道路的政治保障。新中国成立初期，中国共产党就将实现"四个现代化"作为建设社会主义强国的任务和目标。改革开放后，党对我国社会主义现代化建设作出战略安排。党的十三大、十四大、十五大、十六大，都提出到 21 世纪中叶基本实现现代化。新中国经过 70 多年的发展，社会经济已经迈上一个更高台阶，迎来了现代化的光明前景。党的十九大立足中国特色社会主义新时代，高瞻远瞩地擘画了到 21 世纪中叶之前中国发展的战略安排。

习近平总书记强调，我国是农业大国，重农固本是安民之基、治国之要[1]，

---

[1]　中共中央党史和文献研究院. 习近平关于"三农"工作论述摘编［M］. 北京：中央文献出版社，2019：20.

实施乡村振兴战略，是我们党"三农"工作一系列方针政策的继承和发展，是亿万农民的殷切盼望①。在实现"两个一百年"奋斗目标征程中，加快推进农业农村现代化是中国共产党执政兴国的历史使命。面对快速推进的工业化、城镇化过程中出现的我国农业农村发展的短板问题，习近平总书记强调，"没有农业现代化，没有农村的繁荣富强，没有农民安居乐业，国家的现代化是不完整、不全面、不牢固的"，"如果只顾一头、不顾另一头，一边是越来越现代化的城市，一边却是越来越萧条的乡村，那也不能算是实现了中华民族的伟大复兴"②。在现代化进程中，要充分发挥农民的"首创精神"，调动全社会力量，推动乡村绿色发展。新时代乡村绿色发展之路深植于中国的国情，既是中国共产党执政兴国的使命要求，也合乎中国共产党领导中国人民在全面建成小康社会基础上，建设现代强国的规律要求。

（二）乡村绿色发展合乎人民对美好生活需要提升规律要求

"任何哲学只不过是在思想上反映出来的时代内容。"③ 党的十九大聚焦于"人民对美好生活的需要"，勾绘了新时代中国特色社会主义的宏伟蓝图，如今党领导全国人民开启建设现代化国家的新征程。"美好生活"与"人的全面发展"紧密关联，是马克思关于"人的现实关系和观念关系的全面性思想的中国话语解读"。④ 实现农业农村现代化和满足人民美好生活目标，与建设现代化强国实现中华民族伟大复兴的中国梦紧密相连，是中国共产党一以贯之的永恒追求。

"人们为了能够'创造历史'，必须能够生活。但是为了生活，首先就需要吃喝住穿以及其他一些东西。"⑤ 需要是人在生存与发展的客观条件下，由自身内在的满足感与不足感交织所产生的生理与心理的状态反馈。马斯洛将人的需要分为"生理、安全、归属与爱、尊重、自我实现的需要"五个等级。改革开放40多年来，中国人民不仅稳定解决了温饱，全面建成小康社会也将如期实

①　中共中央党史和文献研究院. 习近平关于"三农"工作论述摘编 [M]. 北京：中央文献出版社，2019：14.

②　中共中央党史和文献研究院. 习近平关于"三农"工作论述摘编 [M]. 北京：中央文献出版社，2019：32，10.

③　马克思恩格斯全集（第四十一卷）[M]. 北京：人民出版社，1982：211.

④　马纯红."美好生活"的理论基础、价值意蕴及其实践向度 [J]. 湘潭大学学报（哲学社会科学版），2019（6）：150.

⑤　马克思恩格斯选集（第一卷）[M]. 北京：人民出版社，2012：158.

现，人民实现了从"吃得饱"向"吃得好"的转变；进入新时代，人民不仅需要更丰富的物质生活，同时需要更多元的精神享受和更优质的生态产品服务。人民生产决定生活，进而决定人类创造历史的伟大目标，以绿色发展引领乡村振兴，促进乡村社会经济及生态全面协调发展合乎人民对美好生活需要提升规律的要求。

在马克思视野里，美好生活不是空中楼阁，也不是镜花水月，而是以"现实的人"为主体的实践追求①。马克思在揭示了西方资本主义社会工人生存异化的基础上，明确指出"资本逻辑"是"现实的个人"在实践基础上实现美好生活的现实障碍，全面异化的生产、消费和劳动的资本主义社会，社会贫富差距不断拉大，生态危机日趋严重，不可能也无法满足人民美好生活的需要。而无产阶级政党是为绝大多数人民谋利益的使命型政党，承载着为人民创建美好生活的历史使命，人民群众是美好生活的缔造者，共产党领导人民追求美好生活代表着人类发展的社会方向。当然，人民追求的美好生活，离不开艰辛的劳动和实践活动，必须建立在高度发达的社会生产力基础之上。新时代人民对美好生活的期盼既包含需要层次的提升，又包含需要的广泛性的拓展。乡村绿色发展以生态效益、经济效益、社会效益等综合效益的最大化为目标，从全局利益、长远利益、根本利益为出发点。宁要生态效益，不要对生态有危害的经济效益，要把生态效益转化成经济效益。从终极目标看，乡村绿色发展就是为了提高人民的社会福祉和幸福感。为了生活，必须发展；为了追求美好生活，必须选择绿色发展道路，美好生活是绿色发展的根本目的和价值诉求。

（三）乡村绿色发展合乎中国特色生态文明建设规律要求

理解与阐发社会主义生态文明理念或话语理论的关键在于，不能脱离中国特色社会主义现代化建设和中国特色社会主义理论这一更宏大也更为重要的背景和语境②。就绿色发展而言，自习近平同志 2005 年在安吉余村提出"绿水青山就是金山银山"这一重要论断起，党和政府一直高度重视其重要性。党的十八大报告提出了"着力推进绿色发展、循环发展、低碳发展"；2015 年党的十八届五中全会将绿色发展确立为指导我国当前和未来社会经济发展的五大理念之一，提出"坚持走生产发展、生活富裕、生态良好的文明发展道路"。2017

---

① 刘歆等．幸福的理论渊源、科学内涵及实践向度——基于马克思主义的视角 ［J］．社科纵横，2019，34（12）：32.

② 郇庆治．作为一种转型政治的"社会主义生态文明"［J］．马克思主义与现实，2019（2）：29.

年党的十九大报告在"基本方略"论述中，提出坚持新发展理念、坚持人与自然和谐共生——"树立和践行绿水青山就是金山银山理念，形成绿色发展方式和生活方式"、坚持推动构建人类命运共同体——"构筑尊崇自然、绿色发展的生态体系"；在生态文明建设和美丽中国建设的战略部署中，提出"我们要建设的现代化是人与自然和谐共生的现代化"，"绿色发展"是作为其中之一单独论述。党的十九大报告所强调的"社会主义生态文明建设""人与自然和谐共生的现代化""绿色发展"，实际上都是对当代中国目标追求的"中国特色社会主义现代化发展"作为一个有机整体的分别性表述，而且它们之间是相互促进、互为条件的，都是对"生态文明及其建设"这一伞形"元哲学"术语或范畴的一种次级性描述或表达。①

聚焦到乡村绿色发展，进入新时代，我国社会发展的不平衡不充分最为突出地表现在乡村。"乡村凋敝"和"生态失衡"已成为人民美好生活需要的内在制约因素。就发展目标的规划而言，到2035年"城乡区域发展差距和居民生活水平差距显著缩小，基本公共服务均等化基本实现"，"推动农业农村农民与国家同步基本实现现代化"，到2050年"让亿万农民在共同富裕的道路上赶上来，让美丽乡村成为现代化强国的标志、美丽中国的底色"。② 由此可见，乡村绿色发展在相当程度上已经成为我国生态文明建设的主要内容或现实进路，是中国共产党的一种绿色政治意识形态话语以及在此引领下的乡村发展的生态变革进程。

中国乡村绿色发展思想根植于中国特色社会主义深入推进的发展沃土，依托于党中央治国理政的实践创新，是对资源环境约束与乡村发展矛盾"立足时代之基、回答时代之问的科学理论"。习近平总书记强调必须坚持以问题为导向，破解中国发展难题，新时代以绿色发展引领乡村振兴正是中国乡村发展问题导向驱动和实践关切形成与发展的理论，合乎中国特色社会主义生态文明建设规律的要求。③ 中国乡村绿色发展的指导思想根本以马克思主义基本原理为基础和蓝本，以习近平新时代中国特色社会主义思想为指引，解决当代中国乡村发展面临的时代性和阶段性问题，其核心理念是以绿色发展理念引领乡村振兴，合乎尊重自然、顺应自然，保护自然的生态文明建设理念。

与西方国家发展道路不同，资本主义在"资本"逻辑驱使下崇尚"黑色发

---

① 郇庆治.作为一种转型政治的"社会主义生态文明"[J].马克思主义与现实，2019（2）：25.

② 中共中央党史和文献研究院.习近平关于"三农"工作论述摘编[M].北京：中央文献出版社，2019：11.

③ 课题组."两山"重要思想在浙江的实践研究[M].杭州：浙江人民出版社，2017：161.

展"方式，归根结底是反人性、反绿色、反生态的。如马克思指出的："完全违反自然的荒芜，日益腐败的自然界，成了他的生活要素。他的任何一种感觉不仅不再以人的方式存在，而且不再以非人的方式因而甚至不再以动物的方式存在。"① 资本主义的发展方式造就社会发展不均衡，并由此引发的经济危机进而演变为全球生态危机，其根源在于资本主义是一种"无休止地持续掠夺与扩展"的制度，其私有制的内在本质无法"说服"和"限制"资本增长，使资本主义"变绿"、使其"生态化"的尝试注定会失败。

从传统农耕社会到现代中国的发展历程可见，中国始终崇尚"天人合一"生态伦理，中国共产党领导的当代中国是社会主义国家，在遏制"资本的野蛮"和发挥"资本的文明"方面具有较强的掌控力。进入新时代，中国共产党把"绿色发展理念"和"乡村振兴战略"纳入国家发展战略规划之中，新时代中国乡村绿色发展具备生态文明建设的基础和条件，习近平强调，我们已到了必须加大生态环境建设力度的时候了，也到了有能力做好这件事情的时候了，现在温饱问题稳定解决了，保护生态环境应该而且必须成为题中应有之义。②同时，中国特色社会主义所具有的制度优势、后发优势、文化优势和经验借鉴优势为乡村绿色发展提供了有力支撑。在绿色文化方面，华夏农耕文明中的绿色智慧与马克思主义所设想的价值目标与社会发展方向不谋而合。中国共产党的领导在促进人的全面发展中具有强有力的调控能力和掌控能力，为全球生态治理贡献中国智慧与中国力量的责任感，亦是推进乡村绿色发展的优势和动力。

（四）乡村绿色发展合乎经济与生态协调发展规律要求

在《资本论》中，马克思将劳动生产力分为"自然生产力"和"社会生产力"，并强调指出"劳动的自然生产力，即劳动在无机界发现的生产力"，马克思认为自然界本身蕴藏着有助于物质财富生产的能力。习近平的"两山"理论继承了马克思"自然生产力"思想，并科学阐释了"经济发展"与"生态环境"的辩证统一关系，强调"保护生态环境就是保护生产力、改善生态环境就是发展生产力"，在人与自然关系方面必须"尊重自然、顺应自然、保护自然"。"绿水青山"代表优美的生态环境及与之相关的优质的生态产品和服务；

---

① 马克思恩格斯全集（第三卷）[M]．北京：人民出版社，2002：341．
② 中共中央党史和文献研究院．习近平关于"三农"工作论述摘编 [M]．北京：中央文献出版社，2019：109．

"金山银山"代表经济发展及社会物质财富。在乡村绿色发展研究中，"绿水青山"可理解为乡村生态环境及生态产品与服务，"金山银山"可理解为乡村经济产出及居民收入，本书通过数理模型，阐释乡村绿色发展合乎"生产生活生态"协调发展的规律性。

乡村居民的效用取决于经济收入生态环境。假设乡村生态资产初始禀赋数量为 $\bar{Q}$，乡村通过消耗利用生态资源获取得的收入为 Y_1；通过非消耗性利用获得的经济产出 Y_2，包括乡村休闲旅游等；不依赖生态资源的经济产出为 Y_3。假定乡村居民对生态资源的期望数量为 Q，则可供消耗性利用的生态资源的数量为 $(\bar{Q} - Q)$。

这里，$Y_1 = Af(\bar{Q} - Q)$，表示资源消耗与经济产出之间的转换关系；$Y_2 = Bg(Q)$，表示非资源消耗或绿水青山可带来的经济收入（主要体现为生态旅游等）；Y_3 包括社会福祉及居民的其他收入（如外出务工等）。乡村的总效用可设定为 $U(Y, Q) = U(Y_1 + Y_2 + Y_3, Q)$，表示经济收入和生态环境为居民带来的效用。设定生产函数和效用函数均满足新古典经济学的一般假设[1]，即 $f' > 0$，$f'' < 0$，$g' > 0$，$g'' < 0$，$U'_Y > 0$，$U''_Y < 0$，$U'_Q > 0$，$U''_Q < 0$，$U''_{YQ} < 0$。

效用最大化可表示为：$\max U(Y, Q) = U(Af(\bar{Q} - Q) + Bg(Q) + Y_3, Q)$

效用最大化时生态均衡值 Q^* 必须满足：

$$\frac{\partial U}{\partial Q} = \frac{\partial U(Y, Q^*)}{\partial Q} + \frac{\partial U(Y, Q^*)}{\partial Y}[-Af'(\bar{Q} - Q^*) + Bg'(Q^*)] = 0$$

以生产可能性边界表示生产函数，以无差异曲线表示效用函数，结合图 1-3 进行分析。

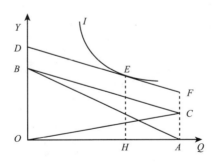

图 1-3　乡村生态与经济均衡分析

① 王会，姜雪梅，陈建成，宋维明."绿水青山"与"金山银山"关系的经济理论解析 [J]. 中国农村经济，2017 (4): 6.

图1-3中，横轴 Q 代表乡村生态资源的数量，纵轴 Y 代表各类经济产出的数量。曲线 AB 表示通过消耗生态资源可获取经济收入的生产可能性边界，这里经济收入以减少生态资源为代价，因而斜率为负，斜率的绝对值大小反映了单位生态资源消耗所获得的经济收益。图中曲线 OC 表示非消耗性生态资源的经济产出的生产可能性边界，反映了优美的乡村生态和人文环境可获得的经济收入（如乡村休闲旅游），环境越好产出越大，因而斜率为正，并且随着社会的进步，城乡居民对生态旅游产品的需求越来越高，单位生态资本所能换取的经济产出越来越高。在一定时期，以曲线 BC 表示消耗性和非消耗性乡村自然生态资源的经济总产出，曲线 DF 反映包括其他的经济产出 Y_3 的全部生产可能性边界，曲线 I 为乡村的效用函数无差异曲线。

在特定时期的技术及社会发展条件下，乡村最优生态资源数量取决于乡村效用最大化的均衡点，即图1-3中生产可能性边界 DF 和最高无差异曲线 I 相切的点 E。此时，乡村最优生态资本数量是 E 点对应的横坐标值，乡村经济社会产出为 E 点对应的纵坐标值。

从动态变化分析，随着社会发展，科技进步和居民收入日趋多元化，乡村最优生态资本的数量变化包含如下因素。

其一，无差异曲线表示经济产出对资源环境的边际替代率，等于综合生产可能性边界上二者之间的边际转换率。在社会进步与发展中，居民对生态环境的重要性认知程度越高、资源环境对经济的约束力越强，生态环境与经济收入越重要，乡村效用的无差异曲线愈加趋向于垂直于 Q 轴（如图1-4所示，生产可能性边界 DF 与最高无差异曲线 I' 相切的点由 E 向右方移动至 E'），生态资本保留数量就越高。

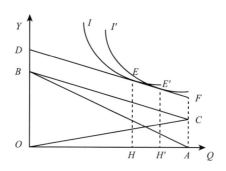

图1-4　生态认知变化与均衡分析

其二，乡村不依赖于生态资源的其他社会福祉及经济收入 Y_3 越高，则最优生态资本的要求与保留数量越高。如图1-5所示，BD 越大，生产可能性边界

DF 向上移动到 $D'F'$，与最高无差异曲线 I' 相切的点由 E 向右上方移动至 E'，表明生态资本保留数量 OH 增加到 OH'，乡村最大效用也随之提高。

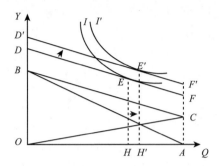

图 1–5　Y_3 变动对生态与经济均衡影响

其三，生态资源的非消耗性利用技术水平越高，乡村的最优生态资源期望数量就越高。随着城乡居民收入和消费水平提高，优质的生态产品和乡村休闲旅游成为消费时尚，利用非消耗性的乡村生态资源可转换的经济产出效率也较高。如图 1–6 所示，曲线 OC 移动至 OC'，生产可能性边界 DF 向上移动到 DF'，与最高无差异曲线 I' 相切的点由 E 向右上方移动至 E'，表明生态资本保留数量 OH 增加到 OH'，乡村最大效用也随之提高。

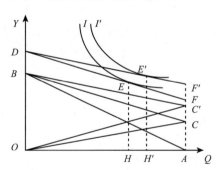

图 1–6　Y_2 产出效率变动的均衡分析

五、乡村绿色发展的时代机遇

（一）国际形势与战略机遇

从国际形势与战略机遇看，习近平指出"我国发展仍处于并将长期处于重要战略机遇期"①。

第一，和平与发展仍是当今时代主题，经济全球化是不可逆转的时代潮流，共求合作、共谋发展是世界人民的共同愿望，我国现代农业、农产品加工、乡村工业和生态服务业发展为世界提供了丰富的物质产品和非物质服务，乡村市场的吸纳能力和消化能力在世界上独一无二，当代中国正处于从大国走向强国的关键时期，"时与势在我们一边"②，为我国深化改革，解放和发展乡村生产力带来了新机遇。

第二，全球新一轮的科技革命和产业变革迅速发展，这与我国乡村经济的转型升级及结构优化交汇融合，为建立现代绿色乡村经济体系和推动乡村高质量发展提供了蓬勃动力。

第三，全球科技日新月异，创新成果层出不穷，为乡村绿色技术创新能力提升带来了新机遇，粮食种业、种植技术、食品加工技术、废弃物循环利用技术等都是粮食安全与食品安全的基础，不掌握核心技术就会被"掐脖子""牵鼻子"，因此我们要坚持自主创新，推动关键核心技术的创新与突破，并为乡村绿色发展提供新动能和新优势。

第四，全球气候变化和生态危机成为全人类的共同挑战，世界各国都在积极探索环境治理途径，同时，也期待中国成为生态文明的引领者，为世界提供绿色发展的中国方案，这为我国乡村绿色发展提供了战略机遇。

第五，城乡发展不平衡不协调是世界各国共同面临的现实问题，当前，全球城乡治理体系变革处于重要时期，为我国完善乡村基层治理体系，统筹城乡发展，提高城乡一体化水平提供了战略机遇。

（二）国内条件与发展机遇

从国内条件与战略机遇分析，当代中国正处于近代以来最好的发展时期。

第一，习近平生态文明思想的形成为新时代中国乡村绿色发展提供了理论依据与实践指南。

第二，中国特色社会主义制度优越性和党对"三农"工作的领导，为乡村绿色发展提供了政治保障。中国特色社会主义制度坚持党的全面领导，坚持马

---

① 中共中央宣传部. 习近平新时代中国特色社会主义思想学习纲要 ［M］. 北京：学习出版社，人民出版社，2019：65.

② 中共中央宣传部. 习近平新时代中国特色社会主义思想学习纲要 ［M］. 北京：学习出版社，人民出版社，2019：66.

克思主义立场观点方法，坚持科学社会主义基本原则，是具有鲜明特色、系统高效的制度，是具有明显的制度优势、强大自我完善能力的先进制度，是中国发展前进的根本制度和保障。"党政军民学，东西南北中，党是领导一切的"，农村基层党组织是农村各个组织和各项工作的领导核心，习近平总书记强调，"党管农村工作是我们的传统，这个传统不能丢"。① 实现乡村绿色发展、改变农村面貌、帮助农民群众过上好日子既需要党和政府的好政策，也需要基层干部领导群众不懈努力，有了"农村党组织"这一条，无论抓稳定还是抓发展，都有力量、有后劲。②

第三，乡村振兴战略实施和生态文明建设为乡村绿色发展提供了时代机遇。习近平总书记强调，实施乡村振兴战略是中国特色社会主义进入新时代做好"三农"工作的总抓手，要准确把握"三农"工作新的历史方位，把党中央提出的实施乡村振兴战略意图领会好、领会透。③ 进入新时代，中央从"短板""重头""基础"多个维度阐释了乡村振兴的重要意义，提出了坚持"农业农村优先发展"的总方针，强调要把解决好"三农"为题作为全党的重中之重，要求在干部配备、人才保障、资本投入和公共服务等方面合力推动乡村振兴，补齐乡村发展短板，缩小城乡差距。党的十九大将"坚持人与自然和谐共生"作为新时代基本方略之一，并提出"建设生态文明是中华民族永续发展的千年大计"。中共十九届五中全会提出"广泛形成绿色生产生活方式"，"生态环境根本好转，美丽中国建设目标基本实现"。这一系列的目标既依赖于乡村绿色发展的实践进路，又为乡村绿色发展提供了现实机遇。

第四，良好生态是乡村绿色发展的有力支撑点。百里不同的地域文化特色和生态资源是乡村绿色发展基础，习近平总书记强调，良好生态是农村最大的优势和宝贵财富，要守住生态红线，推动乡村自然资本加快增值，让良好生态成为乡村振兴的支撑点。④ 在乡村生态振兴中，全国各地乡村的资源禀赋不同，文化也存在差异，尽管没有现成的经验和模式可照搬照抄，但是搞新农村建设要注重乡土味道，体现农村特点，保留乡村风貌，不能照搬照抄城镇建设那一

① 中共中央党史和文献研究院. 习近平关于"三农"工作论述摘编［M］. 北京：中央文献出版社，2019：187.

② 中共中央党史和文献研究院. 习近平关于"三农"工作论述摘编［M］. 北京：中央文献出版社，2019：188.

③ 中共中央党史和文献研究院. 习近平关于"三农"工作论述摘编［M］. 北京：中央文献出版社，2019：6.

④ 中共中央党史和文献研究院. 习近平关于"三农"工作论述摘编［M］. 北京：中央文献出版社，2019：111.

套，要注重地域特色，尊重文化差异，以多样化为美，突出村庄的生态涵养功能，保护好林草、溪流、山丘等生态细胞，打造各具特色的现代版"富春山居图"。

第五，我国正处于正确处理工农关系、城乡关系的历史关口，改革开放 40 多年来，我国社会生产力显著提高，国家经济实力、科技实力、综合国力显著提升，2020 年我国 GDP 已突破 100 万亿元，粮食产量连续七年稳定在 6500 公斤以上，在迈向全面建设社会主义现代国家的新征程中，我国已具备了支撑城乡发展一体化的物质技术条件，到了工业反哺农业、城市支撑农村的发展阶段。①

---

① 中共中央党史和文献研究院. 习近平关于"三农"工作论述摘编 [M]. 北京：中央文献出版社，2019：188.

第二章　新时代乡村绿色发展的理论渊源

"每一个时代的理论思维，包括我们这个时代的理论思维，都是一种历史的产物，它在不同的时代具有完全不同的形式，同时具有完全不同的内容"①。新时代以绿色发展引领乡村振兴，必须要有正确的理论指导，马克思主义理论的内在特质不仅是时代精神的精华，也是整个人类精神的精华，它占据着科学真理的制高点，描述了社会主义的光明前途、为人类社会的发展进步指明了方向，因此唯有马克思主义才能担当起中国特色乡村绿色发展这一理论。乡村绿色发展以马克思生态思想与乡村发展理论为其理论根基，有鉴于此，本书首先从唯物主义基本立场出发，阐述了马克思生态思想和乡村发展理论。

一、马克思生态思想

（一）马克思生态思想的唯物主义基础

对马克思生态思想进行阐发，首先需要明辨的一个根本性问题是：马克思是否具有系统的生态思想？马克思生态思想立论基础是什么？马克思生态思想对当代生态环境问题解决是否具有指导意义？对这一问题的解答，不同的学者在不同的历史阶段给出了不同的答案。

早期的生态学马克思主义者在对马克思生态思想的认知与理解上，曾不同程度地批评和指责马克思思想中缺乏生态意识。② 一方面，许多人诟病马克思从未写过一部论述生态问题的著作，更没有使用过"生态"二字，并且其著作中的生态观点与其著作主体内容之间缺乏系统的联系；另一方面，马克思的批

---

① 马克思恩格斯选集（第三卷）［M］. 北京：人民出版社，2012：873.
② 解保军. 生态学马克思主义名著导读［M］. 哈尔滨：哈尔滨工业大学出版社，2014：99.

65

评者认为马克思最终没有将对自然的掠夺等问题融入其价值理论，同时认为"马克思对自然科学技术对环境的影响不感兴趣，因而不具备研究生态问题所需要的真正的理论基础"①。在对马克思的这些批评当中，马克思的唯物主义遭到了质疑。②"马克思便被指认为是一个人类中心主义的代表人物，并与反生态立场相勾连，进而认为马克思是抵制生态中心主义的。"③ 一些学者从马克思的博士论文出发，认为马克思所崇拜的普罗米修斯是一个"代表人类利益说话的人"，从而认定马克思早在其博士论文中就已将人类中心主义的立场表露无遗。他们同时认为，"在马克思的视野内，自然只是经过人类实践改造的第二自然，因此马克思思想从根本上是排斥自然的"④。为此，早期的生态学马克思主义理论的出发点就是"拾遗补缺"，目的是用生态学来"修正"和"完善"马克思主义。⑤

事实上，对马克思的生态思想的扭曲和颠倒式的理解，导致"马克思生态思想解读上的严重失真，进而使马克思生态思想被完全遮蔽"⑥。以福特斯为代表的生态学马克思主义理论家在后期的研究中，对马克思生态思想的唯物主义基础进行了探究，从生态学的视角对马克思著作开展了系统研究，福斯特指出，"马克思的世界观是一种深刻的、真正系统的生态世界观，而且这种生态观来源于他的唯物主义"⑦。

1. 对伊壁鸠鲁唯物主义的传承

"人们普遍认为费尔巴哈的唯物主义是马克思唯物主义的理论渊源。但在福特斯看来，古希腊哲学家伊壁鸠鲁的原子唯物主义哲学思想才是马克思唯物主义思想的真正来源，并对马克思生态思想的形成产生了直接的影响"⑧。伊壁鸠鲁是德谟克利特原子唯物主义的忠实继承者，他对原子唯物主义的主要贡献在于对德谟克利特原子唯物主义的重要补充。马克思在其博士论文中就伊壁鸠鲁的自然哲学新贡献进行了阐发。伊壁鸠鲁的唯物主义表达了一种反目的论、反神创论的哲学特质，强调任何东西都来源于自然的进化。

马克思对伊壁鸠鲁唯物主义的传承主要体现在以下几个方面：就本体论的立场和观点而言，马克思承认自然在先的唯物主义，这一观点与伊壁鸠鲁

---

① 陈誉瑶. 论福斯特对马克思唯物主义哲学生态意蕴的建构 [J]. 青年与社会, 2019 (8): 158–159.

② 福斯特. 马克思的生态学：唯物主义与自然 [M]. 北京：高等教育出版社, 2006: 12.

③⑥ 王平. 马克思思想的生态关怀向度及其启蒙意义 [J]. 哲学动态, 2019 (10): 28.

④ 王平. 马克思思想的生态关怀向度及其启蒙意义 [J]. 哲学动态, 2019 (10): 29.

⑤ 解保军. 生态学马克思主义名著导读 [M]. 哈尔滨：哈尔滨工业大学出版社, 2014: 100.

⑦ 福斯特. 马克思的生态学：唯物主义与自然 [M]. 北京：高等教育出版社, 2006: 前言.

⑧ 解保军. 生态学马克思主义名著导读 [M]. 哈尔滨：哈尔滨工业大学出版社, 2014: 103.

相契合。与此同时，马克思在自然观上，赞同伊壁鸠鲁提出的自然守恒法则，即事物在某一方面的增长是以另一方面的损失为代价，伊壁鸠鲁同时强调自然界中的任何东西都不可能归于无。在生活方式上，马克思对伊壁鸠鲁崇尚和追求的"灵魂宁静，主张生活方式的俭朴，而非过于追求物质财富"表示赞同。在对决定论的批判上，马克思认为伊壁鸠鲁自然哲学所具有的独特辩证性和革命精神，为"非决定论"创造了可能①。这种"非决定论"对于生态学的价值意蕴，就在于为"人"与"自然"的和谐共处提供了重要理论基础。

2. 对黑格尔辩证法与唯心主义自然观的继承与批判

马克思生态思想不仅传承了伊壁鸠鲁唯物主义理论基础，同时马克思在对黑格尔唯心主义自然观批判中，将黑格尔辩证法的合理内核纳入生态思想体系之中，从而辩证地阐发了"人与自然"的关系。在哲学史上，黑格尔是辩证法的集大成者，《哲学全书》所包括的逻辑学、自然哲学和精神哲学等三大部分系统阐述了其辩证法思想。其中，逻辑学是纯理念的科学，它从绝对的东西，即存在中展开，结束于绝对的理念，绝对理念就是自在自为的真理，就是直接的理念，也即是自然。自然哲学的理念是理念的异在科学，作为理念外在表现的自然，它是理念自我否定的存在，具有个别的外观，但它最终要扬弃自身而成为精神，精神才是自然的真理。精神哲学是理念由"异在的自然"回归"自身的科学"，精神扬弃自然这种外化的理念，途径主观精神、客观精神，达到绝对精神自身。②

马克思认为，黑格尔辩证哲学的重要性在于"他在唯心主义观点所可能的范围内找到了超越康德'自然之物'的两难困境的出路"③。黑格尔将人类与外部世界分离的对象化和异化，通过历史中精神的发展而得到克服，正是这一矛盾和超验的过程，以及消除异化的过程，才构建了辩证法的本质。④ 然而，黑格尔所认为的"理念先于自然存在""自然界的本质在于精神""精神外化为自然界"以及自然发展的终极目标就是精神等命题，马克思对此进行了批判。在马克思看来，黑格尔颠倒了理念与自然的关系，在黑格尔那里将"物质实在/存在"置于理念思维之下，导致了唯心主义以及对唯物主义的否定，因此黑格尔的辩证法要真正具有意义，就必须"将其置之于唯物主义之中"⑤。

---

① 解保军. 生态学马克思主义名著导读［M］. 哈尔滨：哈尔滨工业大学出版社，2014：104.
② 吴诗佑. 马克思早期虚无主义批判思想研究［D］. 上海：同济大学，2020：66.
③④ 福斯特. 马克思的生态学：唯物主义与自然［M］. 北京：高等教育出版社，2006：5.
⑤ 福斯特. 马克思的生态学：唯物主义与自然［M］. 北京：高等教育出版社，2006：6.

在对黑格尔进行批判的同时，马克思也对其合理成分进行了吸收，马克思公开承认"我是这位大思想家的学生"①。马克思的博士论文虽起始于左翼黑格尔派的观点，但却因为提出了唯心主义与唯物主义之间的冲突，从而超越了左翼黑格尔派。

3. 对费尔巴哈唯物主义与人本主义自然观的扬弃

早在 1833 年，费尔巴哈就在他的《从培根斯宾诺莎的现代哲学历史》中，把唯物主义作为反对实证主义宗教的有力武器。1841 年在《基督教的本质》中，费尔巴哈论证道，"人类通过自己的想象创造了上帝"②。1842 年，在《关于哲学改造的临时纲要》中，"他与黑格尔的自然哲学体系实现了决裂，费尔巴哈坚持认为物质世界本身是现实存在的，包括其中的人类及其对世界的感觉"③。他将自然界和人作为哲学的出发点，鼓励人们"观察自然，观察人"，并说"在这里你们可以看到哲学的秘密"。④ 在费尔巴哈看来，"黑格尔哲学所引以为豪的自我意识仅仅是被异化的自我意识，因为它是从人性，也就是真正的感知世界中抽象出来的，事实上，人类是有自然意识的，但自然是人类的基础"。⑤

费尔巴哈在反对黑格尔的过程中，同时为融合哲学批判和自然科学的唯物主义构建了一个框架，他指出"一切科学必须以自然为基础"⑥。在马克思看来，费尔巴哈的批判具有决定性意义，马克思正是通过费尔巴哈彻底地摆脱了唯心主义。

马克思在对费尔巴哈自然观研究过程中，同时发现费尔巴哈唯物主义是一种旧唯物主义。首先，在马克思看来，费尔巴哈没有将人的实践活动本身理解为对象性的活动，仅仅把理论的活动看作是真正人的活动，他不了解"革命的""实践批判的"活动的意义。对此，马克思将他的唯物主义自然观建立于实践基础之上，把"抽象的人"发展成为"社会的人"，坚持了彻底的唯物主义立场。⑦ 其次，费尔巴哈肯定了自然的客观性和物质性，却割裂了自然与历史的统一。马克思和恩格斯在《德意志意识形态》中指出："当费尔巴哈是一个唯物主义者的时候，历史在他的视野之外……在他那里，唯物主义和历史是

① 资本论（第一卷）［M］. 北京：人民出版社，2004：22.
②③ 福斯特. 马克思的生态学：唯物主义与自然［M］. 北京：高等教育出版社，2006：78.
④ 费尔巴哈. 费尔巴哈哲学著作选集（上卷）［M］. 北京：商务印书馆，1984：12.
⑤ 福斯特. 马克思的生态学：唯物主义与自然［M］. 北京：高等教育出版社，2006：79.
⑥ 福斯特. 马克思的生态学：唯物主义与自然［M］. 北京：高等教育出版社，2006：71.
⑦ 刘海霞. 马克思恩格斯生态思想及其当代加之研究［M］. 北京：社会科学出版社，2016：34.

彼此完全脱离的。"① 马克思认为完全自在的、独立于人的实践与历史的自然是不存在的。

4. 马克思生态思想根植于他的唯物主义基础之上

按照罗伊·布哈斯卡对唯物主义的总结概括，理性的唯物主义包含三种主要形态，即"本体论、认识论和实践唯物主义"。福斯特指出"马克思的唯物主义自然观既接受了本体论，同时接受了认识论"②。马克思的实践唯物主义形成过程之中，"从来没有放弃他对唯物主义自然观——属于本体论和认识论范畴的唯物主义——总负责"③。马克思从来不否认自然是客观的、第一性存在。自然先在性是唯物主义得以出发的前提，这一点对马克思来讲是毋庸置疑的。与此同时，马克思始终将唯物主义置于"自然历史过程"之中，始终强调社会历史的辩证关系特征和社会实践对人类社会的根源性。因此任何将唯物主义与自然和自然物理科学相分离的企图从一开始就遭到反对。④ 在马克思看来，一门自然科学要完全成为科学，它一定是唯物主义，因而马克思的研究始终坚持与自然科学的发展保持一致。马克思在实践概念的基础上创立了实践唯物主义，"但这种唯物主义从来没有同他思想中固有的那种深刻的唯物主义自然观相分离。正是这一本体论和认识论的支撑，保证了马克思的生态思想不是偶然的、零散的和不成体系的，而是一种深刻的、真正系统的生态世界观"⑤。

福斯特认为，"马克思对生态的见解通常都是相当深刻的，这些见解并不只是一位天才瞬间闪烁的火花。相反，他在这方面的深刻见解来源于他对 17 世纪的科学革命和 19 世纪的环境所进行的系统研究，而这种系统研究又是通过他对唯物主义自然观的一种深刻的哲学理解而进行的"⑥。马克思的生态思想根植在他的唯物主义基础之上，这也就决定了马克思的生态思想不仅具有系统性，而且具有连贯性。当人类面对生态环境危机的现实困境时，许多社会科学理论被用于对环境问题展开讨论，在福斯特看来，由于缺乏马克思唯物主义和辩证法的分析视野，使得社会科学对环境问题的研讨仅仅局限于抽象争论之中，这对破解环境和社会问题起不到任何作用。⑦ 马克思生态哲学思想所具有的唯物主义理论内蕴及其关于自然进化和历史演进的辩证法，对解决生态环境和社会问题无疑具有超乎寻常的巨大理论力量。

---

① 马克思恩格斯全集（第一卷）[M]．北京：人民出版社，2002：158.
② 福斯特．马克思的生态学：唯物主义与自然 [M]．北京：高等教育出版社，2006：2-3.
③④ 福斯特．马克思的生态学：唯物主义与自然 [M]．北京：高等教育出版社，2006：8.
⑤ 王平．马克思思想的生态关怀向度及其启蒙意义 [J]．哲学动态，2019（10）：28.
⑥ 福斯特．马克思的生态学：唯物主义与自然 [M]．北京：高等教育出版社，2006：20.
⑦ 解保军．生态学马克思主义名著导读 [M]．哈尔滨：哈尔滨工业大学出版社，2014：105.

（二）马克思生态思想的主要内容

1. 人与自然的辩证关系

（1）自然对人类的先在性和优先性。

人与自然的关系是人类社会最基本的关系。每一个体的人来源于自然，最终又复归于自然，在这一往复循环的历史长河之中，人与自然之间便形成了难以割裂的历史性联系。"历史本身是自然史的即自然界生成为人这一过程的一个现实部分。"[1] 马克思通过对人类历史演进与自然的演变规律的考察，阐明了自然对人类的优先存在性地位。"人本身是自然界的产物，是在自己所处的环境中并且和这个环境一起发展起来的。"[2] 在《1844 年经济学手稿》中，马克思指出，"自然界，就它自身不是人的身体而言，是人的无机的身体。人靠自然界生活，……人是自然界的一部分"[3]。由此可见，在人类历史过程中，自然对人的产生、生活和发展具有本原地位，是人类的生存之源和发展之本，离开了自然界，人类也将不复存在。

"人作为自然存在物"[4]，从自然界脱胎出来，又通过自然繁衍成长，人是有机体，而自然是无机体，人类社会的生产活动，是在自然物质存在的基础上进行的，倘若没有自然界，人什么也不能创造。人类正是通过对自然的劳动实践生产出自己赖以生存的产品。马克思关于自然对于人的优先存在性和本原性论述为新时代中国乡村绿色发展提供了理论前提，习近平指出，"自然是生命之母，人与自然是生命共同体，人类必须敬畏自然、尊重自然、顺应自然、保护自然"[5]，保护自然就是保护人类。

（2）实践是人与自然关系的中介。

马克思和恩格斯立足于实践的唯物主义立场，将自然、人类和社会历史统一于实践之中，建立了以实践为基础的人化自然观。马克思指出，"被抽象地理解的，自为的，被确定为与人隔开来的自然界，对人来说也是无"[6]。人对于自然界也是不可或缺的，缺乏人类足迹的自然不过是一片蛮荒之地。自然对人类

① 马克思恩格斯全集（第三卷）[M]. 北京：人民出版社，2002：308.
② 马克思恩格斯全集（第二十六卷）[M]. 北京：人民出版社，2014：39.
③ 马克思恩格斯全集（第三卷）[M]. 北京：人民出版社，2002：272.
④ 马克思恩格斯全集（第三卷）[M]. 北京：人民出版社，2002：324.
⑤ 中共中央宣传部. 习近平新时代中国特色社会主义思想学习纲要 [M]. 北京：学习出版社，人民出版社，2019：167.
⑥ 马克思恩格斯全集（第三卷）[M]. 北京：人民出版社，2002：335.

的先在性和本原性是人类生存的基本前提，但只有以实践为中介结合并统一起来的人与自然才能使人的社会生活从抽象的可能性成为具体的现实性。"在人类社会的形成过程中生成的自然界，是人的现实的自然界。"① 马克思承认存在于人类历史之前及存在于人类实践活动之外的自在自然的先在性和优先性，在人类历史之前，自然本身存在自身的历史演进。人类社会形成以后，在实践的历史作用下，自然历史逐步渗入人类社会演进之中。在历史发展的不同阶段，人与自然的关系呈现出不同的特征，马克思和恩格斯在对原始宗教自然观、古代朴素自然观和近代机械自然观考量的基础上，把实践视为不可或缺的中介，将人与自然的关系结合在人类社会发展的历史进程之中，强调自然是人得以存续的前提，自然又是人类活动的结果，在实践中不断生成变化。

（3）人与自然的关系实际表现是人与人的关系。

马克思的生态思想始终坚持"自然视角"与"社会视角"的有机统一，既高度重视人与自然的"生态关系"，又详尽剖析了人与人的"社会关系"，甚至在人与自然的矛盾冲突这一表象下挖掘出隐含着的人与人的矛盾。② 人与自然既相互联系，同时又相互制约，而只有在人类社会中"自然界对人来说才是人与人联系的纽带，才是他为别人的存在和别人为他的存在，只有在社会中，自然界才是人自己的人的存在的基础，才是人的现实的生活要素。只有在社会中，人的自然的存在对他来说才是自己的人的存在，并且自然界对他来说才成为人"③。劳动所体现的人与自然、人与社会和人与自身的关系实际上是人类存在的"具体展现"，马克思科学地阐明了人的"需要"与人的"劳动"之间的辩证关系。从人的需要来讲，劳动是实现需要的手段，劳动又改造着自然。马克思强调人与自然关系的社会性质，自然界为人类提供生存资料成为人与人联系的纽带，如果自然环境被破坏，就等于割断了这一纽带，"一切生产都是个人在一定社会形式中并借这种社会形式而进行的对自然的占有"④。现代人类社会所凸显的生态环境问题看似是"人与自然"关系的矛盾冲突，但事实上是"人与人"之间矛盾冲突的结果，因而实现人与自然和谐共生实质难以绕开"人与人"之间的社会关系。

（4）自然界对人类活动具有制约性。

马克思和恩格斯强调在实践活动中，人与自然是能动性和受动性辩证统一

---

① 马克思恩格斯全集（第三卷）[M]. 北京：人民出版社，2002：307.

② 金瑶梅. 绿色发展的理论渊源探究 [J]. 海派经济学，2016，14（3）：117.

③ 马克思恩格斯全集（第三卷）[M]. 北京：人民出版社，2002：301.

④ 马克思恩格斯全集（第三十卷）[M]. 北京：人民出版社，1995：28.

的关系。人类对自然不是无力无为，而是通过实践活动这一纽带改造自然，改造人类自身。人类对自然的每一次成功改造都是对自然规律的认知与利用，同时人类的社会实践又受制于自然自身规律制约。因而人类对自然利用和改造的能动性是以对自然规律认识和受动性为前提的，实践越深入，受动性越强，认知也愈加深刻，人与自然的冲突不断出现又不断被解决，正因为能动性与受动性的辩证统一，人的受动性并不意味着只能消极地受制于自然，而是通过对自然规律认知的提高，利用自然规律，化"受动"为"主动"，正是人类的实践活动使人与自然之间的历史性和解成为可能，而"对实践的唯物主义者，即共产主义者来说，全部问题都在于使现存世界革命化，……特别是人与自然界的和谐"①。马克思主义以实践为中介的人化自然观是新时代绿色发展的哲学根基。

2. 马克思生态思想中"物质变换"理论

马克思的自然观建立在对人与自然的物质变换及相互依赖关系基础之上。在《资本论》中，马克思采用"新陈代谢"② 这一概念定义劳动过程，将其"置于整个分析系统的中心"，并指出资本主义生产关系和城乡对立使人与自然以及社会之间合理的物质交换出现断裂，因而生产者应"合理地调节他们和自然之间的物质变换"③。

（1）劳动是人与自然的物质变换过程。

马克思指出，"劳动首先是……人和自然之间的物质变换的过程"④。马克思认为，人与自然之间是需要与被需要、满足与被满足的关系。人作为有机的生命体，其繁衍生息需要从自然界获取维持其自然发展需要的物质资料和生存空间，同时将生产加工和消费后的废弃物返还于自然界，以实现自然自身演进的需要。马克思指出，"实际劳动就是为了满足人的需要而占有自然因素，是促成人和自然之间的物质变换的活动"⑤。马克思同时强调，人类从自然获取的物质，其使用价值本身以自然的物质为基础，而且自然物质通过人类的社会劳动被改变了形态。

人类作为自然界的存在物，为了生存就需要获取对其自身生活有用的自然物质，就要使其自身自然力运动起来，从自然获取各类动植物及鱼类产品，劳

---

① 马克思恩格斯选集（第一卷）［M］．北京：人民出版社，2012：155.
② "新陈代谢"（德语是 Stoffw echsel，英语是 metabolism）一词，在中译本《马克思恩格斯全集》中分别译为"新陈代谢"和"物质变换"。参见陈学明《马克思"新陈代谢"理论的生态意蕴》45 页注释。
③ 福斯特．马克思的生态学：唯物主义与自然 ［M］．北京：高等教育出版社，2006：158.
④ 马克思恩格斯全集（第四十四卷）［M］．北京：人民出版社，2001：207－208.
⑤ 马克思恩格斯全集（第四十七卷）［M］．北京：人民出版社，1979：39.

动作用于其赖以生存的自然并改造着自然。在人类劳动实践中，人根据自身的需要，有目的地"使劳动对象发生预定的变化"①，自然物质经过形式变化所形成的产品的使用价值是为了契合人的需要的物质产品。

人类实践活动本质是人与自然循环往复的"物质变换"活动，即人类通过劳动不断从自然获取自身所需要的物质资料，同时又将消费后的废弃物复归自然的过程，在此循环往复过程中，不仅自然界进行物质变换，同时自然物发生形式变化。在这一过程中，恩格斯洞察到人与动物的本质区别在于："动物仅仅利用外部自然界，……而人则通过他所作出的改变来使自然界为自己的目的服务，来支配自然界"②。人类是自然的最高级动物，劳动实践使人与自然的"物质变换"成为可能，人类作为社会存在物又具有能动性。在《资本论》中，马克思解释道，"上衣、麻布以及任何一种不是天然存在的物质财富要素，总是必须通过某种专门的、使特殊的自然物质适合于特殊的人类需要的、有目的的生产活动创造出来。因此，劳动作为使用价值的创造者，……是人和自然之间的物质变换即人类生活得以实现的永恒的自然必然性"③。人类和自然界之间的相互依存的关系，通过劳动这一纽带实现物质变换，把生产、生活、生态交织融合为一个有机整体。

（2）资本主义社会撕裂了人与自然合理的物质变换。

工业革命以来，建立在化石能源大量消耗基础的资本主义工业化生产，对自然资源索取的速度超越了资源再生能力和界限，生产生活中大量的废弃物排放超越了自然生态环境的自我净化能力，不仅造成土壤和水系污染，而且对大气层带来生态破坏。先进生产力带给人类物质享受的同时，也造就了自然生态和人类自身生存环境的多重危机，直接危及自然生态和人类可持续发展。马克思借助生物学中"新陈代谢"这一概念分析了人与自然、人与人之间的物质变换过程。马克思从资本主义社会私有制的本质出发，指出了其生产方式造成不合理物质交换过程并进而导致生态系统循环和新陈代谢断裂现象，回答了生态危机产生的根本原因。事实上，人与自然以及人与人的物质变换是一个大循环系统，良性的物质变换与新陈代谢可以实现人类生产与自然生态的协调发展，可以促进人与自然的和谐共生。但是，资本主义的过度生产与大量废弃的生产生活方式，不仅造成了生态资源的浪费，而且导致了人与自然及人与人之间的物质新陈代谢的断裂，自然生态因被过度掠夺消耗而日渐匮乏，生态系统的新

---

① 马克思恩格斯全集（第四十四卷）［M］. 北京：人民出版社，2001：209.
② 马克思恩格斯选集（第三卷）［M］. 北京：人民出版社，2012：997-998.
③ 马克思恩格斯全集（第四十四卷）［M］. 北京：人民出版社，2001：56.

陈代谢与自我修复能力被撕裂，而且受资本的逻辑驱使，社会系统中物质循环被扰乱，人与自然的平衡遭到破坏。

"新陈代谢概念为马克思提供了一个表述自然异化概念的具体方式。"① 马克思运用"断裂"的概念，揭露了资本主义社会人对自然的物质异化。② 在对工业化农业大生产的分析中马克思指出，"大工业和按工业方式经营的大农业……，前者更多地滥用和破坏……人类的自然力，而后者更直接地滥用和破坏土地的自然力"③。在《资本论》第一卷中，马克思进一步阐释道，"同是盲目的掠夺欲，在后一种情况下使地力枯竭，而在前一种情况下使国家的生命力遭到根本的摧残"④。

资产阶级视自然为人类奴役的对象，尚未顾忌自然生态的承载能力与自然修复能力，借助工业革命的巨大生产力，为追求和满足于剩余价值的贪欲，对自然资源肆意掠夺和过度开采，生产中大量未经处理的废气、废水、废渣直接排放于自然界，不仅造成了自然物质资源的匮乏，生态系统新陈代谢功能的紊乱，而且加剧了人类自身生存环境的破坏与持续恶化。在《资本论》第三卷中马克思观察到，"在利用这种排泄物方面，资本主义经济浪费很大；例如，在伦敦，450万人的粪便，就没有什么好的处理方法，只好花很多钱用来污染泰晤士河"⑤。盲目的掠夺和物质交换的断裂，使自然资源枯竭，使自然的生命力遭到根本摧残。

在社会物质交换与消费领域，资本家虽具有较强的购买力和消费能力，但资产阶级比重较小，总体消费能力有限。占人口比例最大的无产阶级，理应是消费的主力群体，但异化劳动从工人那里夺去了他们的生产对象，他们仅获得维持自己生活资料的工资，生活贫困且购买力较弱。资本主义社会资本家大量生产与无产阶级相对较弱的社会消费能力之间的尖锐矛盾，必然导致产品生产过剩和商品的积压。但即使商品因无法销售而长期积压，受资本逻辑的本性使然，资本家宁愿将过剩商品倾倒和销毁，也不愿让工人阶级受惠。资产阶级对过剩产品的"非消费"处置方式造成社会经济系统中物质循环的断裂，不仅是对自然资源的浪费，而且对自然循环造成恶劣的影响。

在全球物质交换的层面，资本主义国家对殖民地国家的领土、资源和土壤疯狂地掠夺，以支持西方殖民国家的工业化。在马克思看来，在资本主义社会，

① 福斯特. 马克思的生态学：唯物主义与自然 [M]. 北京：高等教育出版社，2006：158.
② 福斯特. 马克思的生态学：唯物主义与自然 [M]. 北京：高等教育出版社，2006：181.
③ 马克思恩格斯全集（第七卷）[M]. 北京：人民出版社，2009：918.
④ 马克思恩格斯全集（第四十四卷）[M]. 北京：人民出版社，2001：276-277.
⑤ 马克思恩格斯全集（第四十六卷）[M]. 北京：人民出版社，2003：115.

过度生产使"物质变换"在质与量、时与空等方面都难以维持平衡，自然生态系统的物质循环与新陈代谢系统被扰乱。劳动异化不仅使工人的身心健康受到伤害，而且使社会系统中物质循环遭到明显破坏。资本主义社会的大生产从自然界获得生产生活资料，然而复归于自然的却是各类废弃物与污染物，在此过程中，自然系统新陈代谢因断裂而使得生态环境遭受毁灭性的破坏，自然和人自身的"生态贫困"必然无法避免。

3. 马克思对"资本逻辑"的生态批判

马克思、恩格斯所处的时代正处于工业革命的上升期，工业革命引发的生态破坏和环境污染问题已逐步显露。马克思洞察到资本的逐利性与生态环境之间的矛盾，通过对资本主义生产方式的逻辑考察和理性审视，马克思阐明了人类的生态困境与建立在过分强调人的主体性和征服自然的人文意识基础上的资本主义生产方式密不可分。尽管马克思所处的时代有关自然或者外部条件的理论阐述不是建立在自然稀缺性或有限性的思想基础上，但他们把人与自然的矛盾置于资本主义生产与整个生态系统之间的基本矛盾这一高度加以认识。①

马克思指出"资本一出现，就标志着社会生产过程的一个新时代"②。尽管资本主义社会在历史上曾经起过革命性作用，资本的问世极大地促进了人类社会生产力的提升和社会进步，但对致力于财富增长的资本主义社会而言，"资本主义生产过程的动机和决定目的，是资本尽可能多地自行增殖"③。资本主义社会所导致的生态危机，根源在于资本与自然关系矛盾的恶化。在剩余价值和利润驱动下的资本主义生产，正是以对自然的征服与掠夺换取资本的增殖为追求。正如马克思所述，"资本来到世间，从头到脚，每个毛孔都滴着血和肮脏的东西"④，正像贪得无厌的农场主靠掠夺土地来提高收获一样，"市场总是在扩大，需求总是在增加"⑤，疯狂掠夺自然引起的恶果必然导致生态危机的发生。在揭示生态危机得以产生的根源性的基础上，马克思阐明了资本主义社会经济危机的产生进而引发生态危机的历史必然性。

马克思在《资本论》中通过对资本主义的生产方式的分析，认为自然界的各种资源就是生产力，就是资本的天然生产力，是资本主义生产过程中资本增殖不可或缺的重要支撑条件。⑥ 并且他认为"自然力，像一切生产力一样，表

---

① 詹姆斯·奥康纳. 自然的理由——生态马克思主义研究［M］. 南京：南京大学出版社，2003：124.

② 马克思恩格斯全集（第四十四卷）［M］. 北京：人民出版社，2001：198.

③ 马克思恩格斯全集（第四十四卷）［M］. 北京：人民出版社，2001：384.

④ 马克思恩格斯全集（第四十四卷）［M］. 北京：人民出版社，2001：871.

⑤ 马克思恩格斯选集（第一卷）［M］. 北京：人民出版社，2012：401.

⑥ 刘海霞. 马克思恩格斯生态思想及其当代加之研究［M］. 北京：社会科学出版社，2016：67.

现为资本的生产力"①。在马克思看来，劳动即人的自然力和天然的自然力都是物质财富的源泉。自然生产力是自然界给予人类的无偿馈赠，自然力能作为要素加入生产但"不费资本分文"，也就是说，它是作为无偿馈赠的自然力加入生产的，但人类对自然力的运用取决于社会生产力水平。在资本主义社会，由于"生产资料集中在相对地较少数人"②，自然生产力加入生产会给资本家带来超额利润。在《资本论》第三卷中，马克思以资本家利用自然瀑布作为动力而非蒸汽动力为例，分析指出超额利润首先应该归功于瀑布的自然力；其次，自然力的利用提高了劳动生产力，如马克思所讲"如果说一种自然力如瀑布的利用，在这里创造出超额利润，那么，这不可能只是由于这样一个事实：在这里一种自然力的利用引起了劳动生产力的提高"③；再其次，"自然力……是超额利润的一种自然基础"④；最后，"这种自然力是一种可以垄断的自然力，就像瀑布那样，只有那些支配着特殊地段及其附属物的人才能够支配它"⑤。正是由于资本家对自然力的垄断占有，并将其转化为资本的内源性生产力，进而导致其成为资本的力量与自然界相抗衡。

马克思认为，现代科技发展和工业革命共同变革了整个自然界，科学技术是一把"双刃剑"，不仅可以发展生产力，为人类掠夺自然提供有效途径，资本家为克服经济危机以获取更多的利润，必然通过发展科技以提高劳动生产率，结果又加大了对自然的征服和掠夺。⑥ 在资本主义社会，科技进步成为资本控制自然和改造自然的利器，为实现资本的增殖，资本主义创造出了"对自然界和社会联系本身的普遍占有"⑦。资本主义所推崇的"人类中心主义"，实质上是反自然规律的"掠夺性"自然价值观，他们把"自由视为技术支配自然的机械结果，是一种社会安排的结果。在这种社会安排中，鼓励个体追求他/她的个人兴趣却毫不顾及对范围更广的自然与社会的影响。……我们现在的社会秩序已陷入人类自由与自然关系的机械论圈套，这与生态规律直接形成冲突"⑧。如今由资源过度消耗、废弃物对生态环境污染等引发的全球生态危机已远超马克思和恩格斯所处时代，人类必须从根本上改变"人类中心主义"的观点，改变

---

① 马克思恩格斯全集（第四十六卷）［M］. 北京：人民出版社，2003：843.
② 马克思恩格斯全集（第四十七卷）［M］. 北京：人民出版社，1979：191.
③ 马克思恩格斯全集（第四十六卷）［M］. 北京：人民出版社，2003：725.
④ 马克思恩格斯全集（第四十六卷）［M］. 北京：人民出版社，2003：728.
⑤ 马克思恩格斯全集（第四十六卷）［M］. 北京：人民出版社，2003：726.
⑥ 徐民华，刘希刚. 马克思主义生态思想研究［M］. 北京：中国社会科学出版社，2012：23.
⑦ 马克思恩格斯全集（第三十卷）［M］. 北京：人民出版社，1995：390.
⑧ 福斯特. 生态危机与资本主义［M］. 上海：上海译文出版社，2006：44.

对自然的抽象理解，树立和践行绿色发展理念，保护自然环境，达致人与自然的和谐共生。

马克思从资本主义社会资本追逐利润的本性的阶级根源出发，揭示了私有制的本质特征是人类社会生态危机产生的根源，指出资源的无节制攫取和对利润的无限度追求，造成生产过程与自然过程的对立。近代科技的迅猛发展使资本家陶醉于征服自然的"伟大胜利"之中，然而"不以伟大的自然规律为依据的人类计划，只会带来灾难"①，因而解决问题的方法就是推翻旧制度，建立新制度。

4. 马克思对资本主义农业的生态批判

受李比希农业思想的影响，马克思从"资本逻辑"与"新陈代谢断裂"的视角对资本主义农业的生态问题展开批判。马克思指出"李比希的不朽功绩之一，是从自然科学的观点出发阐明了现代农业的消极方面"②。马克思对资本主义农业的生态批判是在对李比希土壤化学理论的详细考察的基础上产生的，马克思比李比希高明的地方在于，他注重批判理论的重构，提出了资本主义农业"新陈代谢断裂理论"。③

首先，资本主义原始积累过程，是以牺牲和破坏农业生产的自然条件为前提的。在马克思看来，资本主义的诞生是以破坏、掠夺和剥削土地肥力为前提。马克思在《资本论》中描述资本主义原始积累的进程中就指出，对农业生产者即农民的土地的剥夺历史过程和资本主义农场主即工业资本家的产生是同步的。马克思注意到，18世纪后期资本主义的"圈地运动"在政府的强制法令庇护下"合法化"，萨特伦德夫人通过士兵强制执行"圈地运动"，将不愿离开家园的农民的村庄破坏和烧毁，把大片土地占为己有。恩格斯也指出，"他们不是把荒地变为可耕的土地，而是……把人赶走，使……土地荒芜"④。资本家自始就将自然资源作为榨取利润的对象，而在他们的心中，早已将农民与土地的联系忘却了。资本家所看中的是土地的经济价值，对土地的生态价值漠然视之。

其次，"资本逻辑"造成了资本主义农业"新陈代谢的断裂"。在马克思看来，资本家对资本的贪婪与生俱来，资本的天职就是获取利润，在对待农业和农业生产方面，资本的逻辑同样是只要有利可图，资本就敢闯入人与自然的禁

---

① 马克思恩格斯全集（第三十一卷）[M]. 北京：人民出版社，1972：251.
② 马克思恩格斯全集（第四十四卷）[M]. 北京：人民出版社，2001：580.
③ 解保军. 生态学马克思主义名著导读 [M]. 哈尔滨：哈尔滨工业大学出版社，2014：113-116.
④ 马克思恩格斯选集（第三卷）[M]. 北京：人民出版社，1995：520.

区。马克思认为在资本家眼里的货币利益，都与维持人类需要的农业生产相矛盾①。大规模的工业化农业生产模式导致了人与土地的疏离与异化，破坏了农业可持续发展的自然条件。资本主义农业生产仅仅将土壤的肥力视为其获取利润的外在条件。就城乡的物质交换而言，大批的农产品在输送到城市过程中，实际上同时将土地的肥力养料输送到城市之中，而城市的有机肥料难以回归土壤，而且工业废料造成土壤的污染，造成有机肥料物质循环的断裂。就国际大循环而言，资本主义对被殖民国家的土地和自然资源的掠夺更肆无忌惮，就像"英格兰间接输出爱尔兰的土地已达一个半世纪之久，可是连单纯补偿土地各种成分的东西都没有给爱尔兰的农民"②。

最后，马克思察觉，在资本主义迅速发展的过程中，土地日渐荒芜，肥力严重下降，同时森林遭遇大面积破坏。"两岸树木伐尽，因而造成……小河在多雨时期……就泛滥，在干旱年头就干涸"③。恩格斯同样指出，"毁灭了森林，……这些地方今天竟因此而成为了不毛之地"④。同时，马克思谴责资本家将森林与植被好的区域建成其享乐的"跑马场"和"狩猎场"。

5. 马克思生态思想的理论归宿是实现"两个和解"

（1）实现"两个和解"是人类社会价值目标。

马克思通过对资本主义社会的生态批判，为人类发展指明了方向：人类与自然的和解以及人的自由全面发展。马克思和恩格斯从"人性"和"制度"的本质揭示了资本主义生态环境产生的根源⑤。在马克思视野里，要立足于社会关系去认识和协调人与自然的关系，认清生产活动对生态环境的影响，必须"对我们的直到目前为止的生产方式，以及同这种生产方式一起对我们的现今的整个社会制度实行完全的变革"⑥。恩格斯在《政治经济学批判大纲》中提出"我们这个世纪面临的大变革，即人类同自然的和解以及人类本身的和解"⑦。在资本主义私有制社会内部根本不能也无法破解人与自然矛盾，要彻底解决人类社会的生态危机，就要变革社会制度，实现"共产主义"⑧。

---

① 马克思恩格斯全集（第四十六卷）［M］．北京：人民出版社，2003：697．

② 马克思恩格斯全集（第四十四卷）［M］．北京：人民出版社，2001：808．

③ 马克思恩格斯全集（第三十四卷）［M］．北京：人民出版社，1972：25．

④ 马克思恩格斯选集（第三卷）［M］．北京：人民出版社，2012：998．

⑤ 黄茂兴，叶琪．马克思主义绿色发展观与当代中国的绿色发展［J］．经济研究，2017，52（6）：17-30．

⑥ 马克思恩格斯全集（第二十六卷）［M］．北京：人民出版社，2014：770．

⑦ 马克思恩格斯全集（第一卷）［M］．北京：人民出版社，1956：603．

⑧ 马克思恩格斯全集（第三卷）［M］．北京：人民出版社，2002：297．

　　马克思把实现人类同自然的和解以及人类本身的和解确立为正确处理人、自然、社会三者关系的最高价值目标，并围绕这个目标提出了"使自然界真正复活""使自然矛盾真正解决"的历史使命。马克思、恩格斯在《德意志意识形态》中，沿着"两个和解"的实现即共产主义这一思路，立足实践主体立场，从生命的生产出发，系统分析了"实践的唯物主义即共产主义"这一核心命题，论证了"两个和解"的实现既是一种价值理想，又是一种历史的必然。① 当代中国乡村绿色发展及其实践体现了共产党人为实现社会经济发展与生态环境的改善，从矛盾对立趋向协调统一的历史进步。马克思关于"两个和解"的思想为新时代乡村振兴为什么要走绿色发展道路提供了理论依据。

　　（2）人类要按照美的规律塑造自然。

　　马克思认为"植物、动物、石头、空气、光等等，一方面作为自然科学的对象，一方面作为艺术的对象，都是人的意识的一部分，是人的精神的无机界，是人必须事先进行加工以便享用和消化的精神食粮"②。因此，人类要在自然的人化的基础上，调整人与自然的关系，把人对自然的单向度的改造关系转化为情感性、诗性的审美关系，在这种关系中人与自然和谐相处，在更高境界中实现各自的完满与融合。人与动物的区别在于人是具有审美情趣的类。马克思指出"人也按照美的规律来构造"③。

　　从马克思的"人也按照美的规律来构造"这一命题出发，优美的自然环境既是生态财富，又是人类的精神财富。绿色是生命的象征，是大自然的底色，人类只有按美的规律建立起人的尺度与物的尺度相统一的绿色发展方式，生态文明才能实现；人类社会的发展必须摒弃损害和破坏生态环境的增长模式，加快形成节约自然和保护环境的空间格局、产业结构、生产方式、生活方式，依靠绿色循环低碳技术发展，实现人类生产生活废弃物减量化、资源化和无害化处置，把经济活动、人的行为限制在自然资源和生态环境能够承受的限度内，才能给自然生态留下休养生息的时间和空间，并且要通过简约适度、绿色低碳的生活方式，构筑尊崇自然、绿色发展的生态体系，构造清洁美丽的自然世界。

---

① 李维意. 略论马克思恩格斯"两个和解"思想 [J]. 理论导刊，2011（5）：52.

② 马克思恩格斯全集（第三卷）[M]. 北京：人民出版社，2002：272.

③ 马克思恩格斯全集（第三卷）[M]. 北京：人民出版社，2002：274.

二、马克思农村发展理论

（一）农业是人类生存物质基础

人类"创造历史"的前提是"能够生活"，但要生活，首先就生产满足吃、住、穿、行等的生活资料，在马克思看来，这是一切人类生存的第一个前提，也是一切历史的第一个前提，而"食物的生产是直接生产者的生存和一切生产的首要的条件"①。"劳动起初只作为农业劳动出现"②，食物的生产首先的和基本的是依靠农业。恩格斯在《家庭、私有制和国家起源》中指出，"农业是整个古代世界的决定性的生产部门，现在它更是这样了"③。在工业化日渐发达时代，所有劳动者要依靠农副产品生活，在恩格斯看来，这是尽人皆知的事实，人类"必须先保证自己有食物，然后才能考虑去获取别的东西"④。

马克思指出，"农业劳动（这里包括单纯采集、狩猎、捕鱼、畜牧等劳动）的这种自然生产率，是一切剩余劳动的基础"⑤。他强调"超过劳动者个人需要的农业劳动生产率，是全部社会的基础"⑥。在人类社会演进过程中农业是最原始的产业，而农业劳动生产率的不断提升为社会分工创造了条件。在早期发展的低级阶段，人类仅仅为了自身的生产消费而进行劳动生产，偶尔发生的商品交换行为仅是个例，也仅限于"偶然的剩余物"。正是在劳动生产率提升的前提下，生产的产品才有了剩余，手工业和商业才得以从农业中相继分离出来。

马克思同时指出，正是得益于农业生产效率的提升，物质生产和精神劳动才得以分化。"社会为生产小麦、牲畜等等所需要的时间越少，它所赢得的从事其他，物质的或精神的生产的时间就越多"⑦。在马克思看来，如果没有农业劳动生产率的提高，如果没有丰富剩余产品的提供，教育和文化领域的非物质生产部门也难以为继。

---

① 马克思恩格斯全集（第四十六卷）［M］．北京：人民出版社，2003：715．
② 马克思恩格斯文集（第一卷）［M］．北京：人民出版社，2009：182．
③ 马克思恩格斯选集（第四卷）［M］．北京：人民出版社，2012：165．
④ 马克思恩格斯全集（第十二卷）［M］．北京：人民出版社，1998：354．
⑤ 马克思恩格斯全集（第四十六卷）［M］．北京：人民出版社，2003：713．
⑥ 马克思恩格斯全集（第四十六卷）［M］．北京：人民出版社，2003：888．
⑦ 马克思恩格斯全集（第三十卷）［M］．北京：人民出版社，1995：123．

（二）现代化大农业生产取代小农生产方式是历史必然趋势

在《资本论》中，马克思明确指出，"合理的农业所需要的，要么是自食其力的小农的手，要么是联合起来的生产者的控制"①。恩格斯同时指出，"新发明的农业机械，日益使小规模的经营变成一种过时的、不再有生命力的经营方式"②。马克思和恩格斯认为，"耕者有其田的小农生产方式"与"公有共耕的联合生产方式"的共同点是生产者和所有者具有同一主体性，因此均可以被农民所接受，但在工业革命的过程中，农业生产资料的日趋昂贵和农业生产条件的不断恶化亦成为社会发展的必然规律，并且农业生产率低于工业生产率的客观事实，使联合起来的生产成为历史的必然。个体农业生产被大农业生产所取代是"资本主义生产方式占支配地位的社会形式中的发展趋势"③。

马克思通过对英国农业资本原始积累的过程考察，认为在资本主义工业革命过程中，农产品的商品化和市场化不仅塑造了农业资本家，而且发达的商品经济使农业现代化成为可能。在工业革命的过程中，由大土地所有者及大租佃农转变而成的农场主，同时也是农产品商品化经营的企业家，他们为了榨取更多的剩余价值，不断通过农业机械化、良种化及化肥的普及化提高农业生产效率，降低生产费用。马克思指出，"农业和工业在它们对立发展的形态的基础上的联合，创造了物质前提"④。

马克思认为，"雇佣劳动，也像奴隶劳动和农奴劳动一样，只是一种暂时的和低级的形式，它注定要让位于带着兴奋愉快心情自愿进行的联合劳动"⑤。马克思更进一步指出，实践证明，只要资本家和地主还保持着政治特权和经济垄断，不管合作劳动在原则上多么优越，在实际上多么有利，都不能使工人群众得到解放。因此，"夺取政权已成为工人阶级的伟大使命"⑥。在《论土地国有化》中，马克思揭示了资产阶级政权下的弊病，指出在无产阶级掌握政权的条件下，土地的国有化将对劳动和资本的关系彻底改变，资本主义的农业生产方式将最终消灭，土地国有化越来越成为社会发展的必然要求，"无产阶级掌握政权的条件下，土地国有化将彻底改变劳动和资本的关系，并最终消灭工业和农

---

① 马克思恩格斯全集（第四十六卷）［M］. 北京：人民出版社，2003：137.
② 马克思恩格斯全集（第二十五卷）［M］. 北京：人民出版社，2001：583.
③ 马克思恩格斯全集（第二十六卷）［M］. 北京：人民出版社，1972：441.
④ 马克思恩格斯全集（第四十四卷）［M］. 北京：人民出版社，2001：578.
⑤ 马克思恩格斯选集（第三卷）［M］. 北京：人民出版社，2012：9.
⑥ 马克思恩格斯全集（第二十一卷）［M］. 北京：人民出版社，2003：3.

业中的资本主义生产方式"①。由此可见，土地国有化是促进无产阶级解放最终促成人类解放的必然途径。"

（三）通过"农业合作社"和"教育"对"小农"进行改造

在无产阶级获取政权后，关于对小农改造的问题，马克思和恩格斯不赞同"直接把小私有转化为公有制"，也不赞同实行"小块土地永久保存"的所有制方式，同时也不赞成"等待小农的破产之时候，再建立公有制"的观点。② 马克思和恩格斯指出，劳动者合作社是走向共产主义的经济模式中的一种可行选择。恩格斯在《法德农民问题》中，指出"当我们掌握了国家政权的时候，……我们对于小农的任务，首先是把他们的私人生产和私人占有变为合作社的生产和占有"，"以便在这种合作社内越来越多地消除对雇佣劳动的剥削，并把这些合作社逐渐变成一个全国大生产合作社的拥有同等权利和义务的组成部分，……，而我们的职责就是要尽力使他们也易于过渡到新的生产方式"③。

关于如何推行农业合作社，马克思、恩格斯高度重视农民在无产阶级革命中的地位和作用，因此不主张通过"暴力"或"剥夺"的方式，而应通过示范引导和提供社会帮助，在自愿的原则基础上逐步开展合作化运动。马克思同时指出，"促进土地的私有制向集体所有制过渡，让农民自己通过经济的道路来实现这种过渡；但是不能采取得罪农民的措施"④。

在马克思看来，生活在农村中的广大农民群众是个非常复杂的阶级，由于他们从事一家一户的小生产经营活动，这种简单的、分散的、落后的生产方式决定了他们在道德观念和行为习惯上形成了一些局限性。这就是，在农民阶级身上特有的小生产思想意识和道德习惯，即小农意识。⑤ 在社会主义改造过程中，必须加强对农民开展教育，引导农民对社会主义的认同感，进而自发地走社会主义道路。恩格斯对农村中的不同阶级和阶层的状况作了科学分析，提出了区别对待的原则，"我们对于小农的任务，……，不是采用暴力，而是通过示范和为此提供社会帮助"⑥。对于农业生产中的大农和中农，尽管有雇工和剥削行为，但也不能对其实行暴力，而要将其联合到合作社，以便在合作社内逐步

① 马克思恩格斯选集（第三卷）［M］．北京：人民出版社，2012：5.
② 高岳峰．马克思主义农村发展理论与社会主义新农村建设［D］．武汉大学，2014：30.
③ 马克思恩格斯选集（第四卷）［M］．北京：人民出版社，2012：370，374.
④ 马克思恩格斯选集（第三卷）［M］．北京：人民出版社，2012：338.
⑤ 许蓉．列宁农村建设思想研究［M］．北京：人民出版社，2016：16.
⑥ 马克思恩格斯全集（第二十九卷）［M］．北京：人民出版社，2020：606.

消除剥削行为，并逐步过渡到新的生产方式。对于大土地所有者则实行剥夺，把他们的大地产转交给已经在耕种着这些土地并将组织成合作社的农业工人使用。恩格斯还着重阐述了科学社会主义的基本原则，指出社会主义的任务就在于把生产资料转交给生产者公共占有，因此共产党人"必须以无产阶级所拥有的一切手段来为生产资料转归公共占有而斗争"①。

（四）解放和发展生产力是实现城乡融合发展的基础

马克思和恩格斯按照历史唯物主义视野下生产力与生产关系的客观规律，在分析和解释城乡分离、城乡对立的原因的同时，论述了无产阶级取得政权后，通过消灭私有制，解放和发展生产力，城乡必然走向协调发展的客观规律。

一方面，城乡分离是生产力提升和社会分工的必然产物。马克思和恩格斯在《德意志意识形态》中指出，"一个民族内部的分工，首先引起工商业劳动同农业劳动的分离，从而也引起城乡的分离和城乡利益的对立"②，"物质劳动和精神劳动的最大的一次分工，就是城市和乡村的分离"③。

另一方面，由于资本主义私有制的特性，城乡对立在资本主义社会不能消灭，相反，它必然使这种对立日益尖锐。废除资本主义的私有制是消灭城乡对立和城乡差别的前提，只有彻底消灭阶级对立和阶级差别，消除资本主义私有制和社会分工，使大工业在全国尽可能平衡地分布，把农村和工业结合起来，才能促使城乡对立逐步消灭，从而使社会全体成员的才能得到全面的发展，这是社会发展的历史必然④。

马克思和恩格斯强调，社会主义国家要想缩小城乡差别，国家应成为消除城乡对立最强有力的杠杆⑤，国家要为联合生产提供各类援助，以改善农业的生产基础设施。国家要给农村农业生产提供便利，"从社会资金中抽拨贷款来建立大规模生产（贷款不一定或者不主要是货币，而可以是必需的产品：机器、人造肥料等等）及其他各种便利"⑥。

---

① 马克思恩格斯选集（第四卷）［M］. 北京：人民出版社，2012：490.
② 马克思恩格斯选集（第一卷）［M］. 北京：人民出版社，2012：148.
③ 马克思恩格斯选集（第一卷）［M］. 北京：人民出版社，2012：184.
④⑤　高岳峰. 马克思主义农村发展理论与社会主义新农村建设［D］. 武汉大学，2014：32.
⑥ 马克思恩格斯选集（第四卷）［M］. 北京：人民出版社，2012：371.

三、中华农耕文明的绿色智慧与生态思想

中华民族的绿色智慧，具有源远流长的华夏农耕文明的基础。先哲们以人的生命活动为起点，构筑的"天人合一""道法自然"等哲学思想蕴含着丰富的生态理念，农耕文化中"桑基鱼塘"等循环农作方式凸显了古人质朴睿智的绿色智慧，陶渊明笔下的"采菊东篱下，悠然见南山"寄托了人类对安宁祥和、公平自由的绿色田园生活的向往。中华传统的生态伦理思想和绿色智慧对当下生态文明语境下乡村绿色发展具有深刻的启迪和警示意义，新时代乡村绿色发展理念也是对传统文化中绿色智慧的继承与发展。

（一）"天人合一""天人一体"的生态伦理思想

华夏农耕文明传承五千年，历代先哲们将人类起居活动与宇宙万物密切联系，他们主张人是自然的一部分，人与天地万物共生共荣，在与自然的相处中，保持自然万物的生态系统平衡。其中，儒家的"天人合一"和道家的"天人一体"思想是最集中体现，表达了先哲们的天人合德、共存共荣的生态伦理观和绿色价值观。

首先，人与天地万物和谐统一，共存共荣。如《易传》所讲"乾知大始，坤作成物"[①] 意为：乾为天，代表时间，故知天地之大始，坤为地代表空间，故能作成万物；乾为天昭然运行于上而昼夜攸分，坤为地浑然化为万物。"天地絪缊，万物化醇；男女构精，万物化生"，则表达了以下哲理：天地二气缠绵交密，互相会和，使万物感应，精纯完固；万物之中，雌雄男女，形体交接，阴阳相感，遂得以生生不息。"古者包羲氏之王天下也，仰则观象于天，俯则观法于地，观鸟兽之文与地之宜。近取诸身，远取诸物，于是使作八卦，以通神明之德，以类万物之情"意即：治理天下，上则观察日月星辰天象，下则观察万物运动法则，观察鸟兽羽毛之色彩及山川水土的地利，就近取象于周边环境，远处取象于宇宙万物，于是创作出八卦，以融会贯通神明的德性，参赞天地的化育，以类比万物的情状。以此启示人们体察天地间一切的撰作营为，通达造化神明自然的德性。八卦中"乾为天，坤为地；震为雷，巽为风；坎为水，离

---

① 《易传·系辞传》。

为火；艮为山，兑为泽"① 共同组成支撑地球生命系统和生态系统的物质形态和气象条件，"有天地，然后万物生焉"，八种物质形态交相呼应，共存共荣，是世间万物产生的根源和生存发展的生态环境，任何一种物质或气象失去阴阳平衡都会导致自然系统失去平衡。

其次，以老子和庄子为代表的道家思想崇尚"天人一体"的自然整体思想。与儒家思想不同，道家注重"道法自然"，以"道"为基础，强调万物皆源于此。"道，可道也，非恒道也。名，可名也，非恒名也。'无'，名天地之始；'有'，名万物之母。故，常'无'，欲以观其妙；常'有'，欲以观其徼。此两者，同出而异名，同谓之玄。玄之又玄，众妙之门。"② 自然界的万物虽然表面上看起来千姿百态，各有各的特质，但它们因为共同诞生于"道"，并复归于"道"，而具有某种内在的同质性与同构性。所谓"道生一，一生二，二生三，三生万物。万物负阴而抱阳，冲气以为和"③。这里并非把一、二、三看作具体的事物和具体数量，而是表达了"道"生万物从少到多，从简单到复杂的一个过程，即整个宇宙生成演变相互统一，构成了以"道"为内在根源的一个统一体，这就是"冲气以为和"，表明人与自然的相互融合与统一。此外，庄子所述"天地与我并生，而万物与我为一"④，也包含了"天人一体"的和谐伦理思想。

（二）"顺应自然""效法自然"的生态和谐思想

在农耕文明的演进中，靠天地为生的先农对自然充满敬畏之情，强调天体运行、世事万物皆有其自身运行规律和变化规律，人类劳作应尊重自然、敬畏自然、顺应自然规律，以求人与自然和谐相处。儒家讲究顺应天时，道家讲究顺应万物的生长规律。《易传》认为"天道，地道，人道"三者本质是一道，人道以天道地道为依据，"万物资生，乃顺承天。坤厚载物，德合无疆"⑤。"夫'大人'者，与天地合其德，与日月合其明，与四时合其序，与鬼神合其吉凶。"⑥ 告诫君子以养成自身的品德作为行为的目的，每天应该落实在行动上，德行与天地相配合，生成万物，光明与日月相配合，普照一切；政令与四季相配合，井然有序；赏罚与鬼神相配合，吉凶一致，即人类的一切实践活动必须

---

① 《易传·系辞传》。
②③ 《道德经》。
④ 《庄子·齐物论》。
⑤ 《易传·彖传》。
⑥ 《易传·文言传》。

顺应天地日月四时之变化。"日往则月来，月往则日来，日月相推而明生焉。寒往则暑来，暑往则寒来，寒暑相推而岁成焉"，孔子曰："天何言哉？四时行焉，白一物生焉，天何言哉?"① 这里的"天"意指自然，大自然滋养万物生长，而四时节气有着自己的运行规律，不以人的意志为转移，无须人进行价值评判。孟子的"不违农时，谷不可胜食也"②，告诫人们在发展过程中，要实现和满足人民对美好生活的需要，必须要遵循自然规律。荀子的"草木荣华滋硕之时，则斧斤不入山林，不夭其生，不绝其长也……春耕、夏耘、秋收、冬藏，四者不失时，故五谷不绝，而百姓有余食也"③ 强调季节本身尤其自身的特点和规律，适时耕作，准时收获，则国富民强。

道家认为，"道"生万物的过程中，人要效法天地之道，顺应自然。"故道大、天大、地大、人亦大，域中有四大，而人居其一焉。人法地，地法天，天法道，道法自然。"④ 这里，老子通过层层递进逻辑关系，告诫人类要顺应和遵循自然界中万物运行的规律，正所谓"知常，不知常，妄作，凶"，如果人类违背自然规律，那么其行为就会遭到自然的惩罚。庄子倡导护养生命的主宰亦即人的精神要顺从自然的法则，要安时而处顺。⑤

（三）"变通发展""循环利用"的永续发展思想

在中华农耕文明的历史进程中，从采果狩猎到刀耕火种，从驯畜家纺到农耕细作，先农们在顺应自然的同时，通过系列创新发明和变通生产生活方式以改善民生。如易传中所述"古包羲氏，作结绳而为罔罟，以佃以渔；包牺氏没，神农氏作，斫木为耜，揉木为耒，耒耨之利以教天下，盖取诸益。日中为市，致天下之民，聚天下之货，交易而退，各得其所，盖取诸噬嗑。神农氏没，黄帝、尧、舜氏作，通其变，使民不倦，神而化之，使民宜之。"⑥ 正如《易》中所述"易穷则变，变则通，通则久"。从远古时期"教民养六畜，以充牺牲"，到"结绳为网，捕鸟打猎"，神农氏发明了农业生产器具，教会先农定居一处从事农业生产，以安居乐业；华夏农民在繁衍生息演进中，逐步形成了男耕女织，聚村而居的生活方式；此外"大禹治水""后稷稼播"等在中华农耕文明

---

① 《论语》。
② 《孟子》的梁惠王篇。
③ 《荀子》的王制篇。
④ 《道德经》。
⑤ 金瑶梅. 中国传统自然观视域中的绿色发展理念 [J]. 黑龙江社会科学，2018（2）：3.
⑥ 《易传·系辞传》。

的演进中作出了卓越贡献。

明末著名农学家徐光启所著的《农政全书》对中国传统农业生产经验进行了总结，是我国农业技术史上的一部不朽巨著，与《氾胜之书》《齐民要术》《王祯农书》并称为四大农书。内容基本囊括了古代农业生产和人民生活的各个方面，且其中贯穿着先农变通发展的基本思想，如"取之有度，用之不竭"，又如《礼记》中所述，"春三月，山林不登斧，以成草木之长；夏三月，川泽不入网罟，以成鱼鳖之长"。管仲强调"山林虽近，草木虽美……禁发必有时。江海虽广，池泽虽博，<u>鱼鳖虽多，网罟必有正</u>"[①]。古代人类深知自然界资源虽丰富多样，但也需要合理利用，并且要顺应生物的生长繁育规律，要将捕捉、猎获控制在自然平衡修复的限度之内。"禁发必有时""网罟必有正"与当今社会所实行的季节性封山育林、江海禁捕等生态保护政策如出一辙。

在以农立国的中国传统社会，持续稳定的种植粮食作物是中华民族繁衍生息的基础。为合理利用资源，明代中叶我国出现了最早的人工生态农业，促进农业循环利用，提高了生产效率。早期人们为防止水害通常把低洼地填平，而江苏常熟有一名为谈参之人[②]，反其道而行之，将低洼地挖成鱼塘，掘出土堆砌为堤岸，堤岸种果树，塘边种植蔬菜，塘边养猪，猪粪喂鱼，堤外种稻，水塘排灌，旱涝保收，这一循环方式由于占地少获利多，从而得以广泛推广，各地居民通过变通借鉴，形成各类"桑基鱼塘""蔗基鱼塘""果基鱼塘"等循环型农业。这种"农—桑—鱼—畜"紧密结合的农业生态系统，是中国农民在农业生产中的伟大创造，既合理有效利用资源，又能多业多举平衡发展，产生了较高的生态和经济效益。1992 年，联合国教科文组织将"桑基鱼塘"称为"世间罕有美景、良性循环典范"[③]。

---

① 《管子》的八观篇。

② 文明演进之生态农业 [EB/ OL]. https：//www. ciae. com. cn/detail/zh/4471. html.

③ 王嘉斌，等. 浙江湖州桑基鱼塘系统入选全球重要农业文化遗产 [N]. 光明日报，2017 – 11 – 25 (6).

第三章 中国共产党百年乡村
建设的生态观

中国共产党在乡村建设、改革与发展中以马克思生态思想和农村发展理论作为牢固的理论根基，对千百年来人与自然关系不断反思与实践，结合乡村发展阶段性特征，在新民主主义革命时期、社会主义革命和建设时期、改革开放和社会主义现代化建设时期等各个阶段，对马克思主义的乡村发展理论与生态思想不断创新发展，尤其是中国特色社会主义进入新时代，习近平总书记关于以绿色发展引领乡村振兴战略的重要论述，为新时代乡村绿色发展提供了理论遵循。

一、新民主主义革命时期

中国共产党百年乡村建设与奋斗历程，在某种程度上可以概括为一部求索中国自身乡村发展道路的艰难探索史，其中新民主主义革命时期，以毛泽东同志为主要代表的中国共产党人，在中国农村革命与乡村建设中，把马克思主义基本原理同中国具体实际相结合，开辟了农村包围城市、武装夺取政权的正确革命道路，形成了一系列独创性经验，构成了中国乡村生态建设与保护求索之路的重要一程。

（一）确立乡村在新民主主义革命中的战略地位

在《矛盾论》中，毛泽东指出，"在复杂的事物的发展过程中，有许多的矛盾存在，其中必有一种是主要的矛盾"，"捉住了这个主要矛盾，一切问题就迎刃而解了"[①]。中国共产党人科学分析和把握革命与发展的阶段性特征和社会主要矛盾，制定了乡村社会在各个阶段的发展战略。在新民主主义革命时期，

---

① 毛泽东选集（第一卷）［M］. 北京：人民出版社，1991：320 – 322.

以毛泽东同志为主要代表的中国共产党人，坚持以时间、地点、条件的转移为原则，从中国的特殊国情和乡村实际出发，把马克思主义理论与中国革命具体实践相结合，形成了以农村包围城市的具有中国特色的新民主主义革命道路。[①]这一独特的道路是中国共产党和人民在经历了严重挫折并在实践中不断摸索和经验总结的基础上形成的。在实践中，毛泽东根据民族主要矛盾和战时环境条件提出"必须把落后的农村造成先进的巩固的根据地"[②]，毛泽东同时强调"农业生产是我们经济建设工作的第一位"[③]。在毛泽东看来只有"发展农村经济，保证战时生产品的自给"[④]，才能保证革命战争中粮食供应，才能为其他各项革命与建设提供物质基础。农业生产是解决粮食问题的基础，而且是日常用品生产的基本原料，森林和畜产的培育与增值，既是农业的重要组成部分，也是革命建设物质保障的前提。

（二）兴修水利，植树造林，加强乡村生态治理与保护

1927年大革命失败后，党的工作中心转移到农村，中国共产党人把马列主义同中国的革命实践相结合，提出"土地问题是中国农村问题的核心"[⑤]。1931年，中华苏维埃共和国临时中央政府成立，自此，在中国共产党领导下的苏区人民开启了以土地革命为主的乡村政治、经济、生态与文化建设。中国共产党在红色区域领导农民开展土地革命以后，面临如何大力发展农业生产问题。为此，在苏区，各级政府的土地委员会均设水利局，专门管理开沟渠、修堤坝等水利事业。1935年10月，中央红军抵达陕甘宁根据地，由于地处黄土高原，干旱少雨，极大地影响着农业生产，这一时期，中央加大了对无定河、大理河、洛河、葫芦河等水域修治，为农业灌溉提供了条件。

20世纪早期革命时期，毛泽东就开展了系列农村调查，对乡村生态环境治理与保护，尤其是对山林的分配与保护制度作了详尽的考察，其生态思想主要体现在1919年的"要研究造林问题"[⑥]、1928年的"山林分配法"[⑦]、1930年的

---

① 史春风. 论十大关系导读 [M]. 北京：中国出版集团，2012.
② 毛泽东选集（第二卷）[M]. 北京：人民出版社，1991：635.
③ 毛泽东选集（第一卷）[M]. 北京：人民出版社，1991：130.
④ 毛泽东选集（第二卷）[M]. 北京：人民出版社，1991：356.
⑤ 夏淼. 当代中国乡村文明建设研究 [D]. 兰州：兰州大学，2009：119.
⑥ 中共中央文献研究室，国家林业局. 毛泽东论林业（新编本）[M]. 北京：中央文献出版社，2003：1.
⑦ 中共中央文献研究室，国家林业局. 毛泽东论林业（新编本）[M]. 北京：中央文献出版社，2003：2.

"寻乌的山林制度"①"没有树木易成水旱灾"②"分山林"③、1932 年的"中华苏维埃共和国中央政府人民委员会关于植树运动的决议案"④ 等系列论述中。

二、社会主义革命和建设时期

（一）运用"重点论"确立乡村建设的战略地位

新中国成立初期，经过多年战乱的乡村社会和环境遭到严重破坏，面临百废待兴的局面，以毛泽东同志为主要代表的中国共产党人，基于社会主要矛盾变化确立乡村在革命与建设中战略地位，运用唯物主义的辩证思维，在乡村建设中统筹兼顾，注重平衡发展，分析了乡村建设所面临的国际形势和国内发展条件，厘清内因与外因，阐释乡村建设与生态平衡发展的条件与依据。

1949 年 3 月，党的七届二中全会在西柏坡召开，毛泽东指出，"在抗日战争以前，农业和手工业占百分之九十左右。这是帝国主义制度和封建制度压迫中国的结果"⑤。毛泽东强调，"城乡必须兼顾，……决不可以丢掉乡村"⑥。

毛泽东对社会主义新农村建设的理论思考中，坚持运用马克思主义理论分析新中国的乡村建设问题。新中国成立初期，基于"工人阶级与资产阶级的矛盾是国内的主要矛盾"，毛泽东强调这一时期的社会主义的工业化和社会主义的农业改造这两件事同等重要，绝不能孤立和割裂起来，不能只强调社会主义的"工业化发展"。⑦ 这为土改后的中国乡村社会土地私有制向社会主义农业集体经济发展提供了理论支撑。在国民经济恢复时期，面对中国"一穷二白"的基础条件，毛泽东从经济规律的高度认识乡村发展的战略，他深刻认识到农业的恢复和发展是其他各行业恢复和发展的先决条件，他强调，"农业生产是农村中

---

① 中共中央文献研究室，国家林业局．毛泽东论林业（新编本）［M］．北京：中央文献出版社，2003：3.

② 中共中央文献研究室，国家林业局．毛泽东论林业（新编本）［M］．北京：中央文献出版社，2003：7.

③ 中共中央文献研究室，国家林业局．毛泽东论林业（新编本）［M］．北京：中央文献出版社，2003：8.

④ 中共中央文献研究室，国家林业局．毛泽东论林业（新编本）［M］．北京：中央文献出版社，2003：14.

⑤ 毛泽东选集（第四卷）［M］．北京：人民出版社，1991：1430.

⑥ 毛泽东选集（第四卷）［M］．北京：人民出版社，1991：1427.

⑦ 毛泽东选集（第四卷）［M］．北京：人民出版社，1991：1428.

压倒一切的工作，农村中的其他工作都是围绕着农业生产而为它服务的"①。这一时期，土改运动全面推进，农民摆脱了封建枷锁，解放了生产力，在自愿互利原则的基础上逐步发展农业劳动互助生产，国家实施对农业税负减征、发放农贷、疏导供销、推广技术、奖励丰产等系列政策措施，这些都大力促进了农业生产的恢复与发展。

随着我国农村集体化改革和社会主义改造的完成，1956年9月，中共八大指出，社会主义改造基本完成后，全党的工作中心，就应该进一步转移到集中力量发展社会生产力。毛泽东在1956年在《论十大关系》中首先对农业、轻工业和重工业关系进行了全面阐述，他从我国是一个农业大国的实际情况出发，提出我国的经济建设要农、轻、重协调发展。作为一个农业大国，我国乡村人口当时占总人口的80%以上，农业既是工业的基础，又为轻工业提供原料，更是重工业的重要市场。毛泽东强调，"发展工业必须和发展农业同时并举"②。1959年的庐山会议上，毛泽东提出安排国民经济要以农、轻、重为序的思想，他指出，"过去安排是重、轻、农，这个次序要反一下，现在是否提农、轻、重？要把农、轻、重的关系研究一下"③。次年8月10日，中央强调指出："农业是国民经济的基础，粮食是基础的基础。"④ 毛泽东用"手中有粮，心中不慌，脚踏实地，喜气洋洋"形象而生动的语言讲了农业和粮食的极端重要性⑤。

（二）运用唯物主义的辩证思维阐释乡村生态平衡发展的客观要求

社会主义农村经济体制既是人类社会基本矛盾运动的必然结果，也是中国共产党人根据历史现实条件作出的必然抉择。新中国的农村社会形态的建立以实现人民群众美好生活利益诉求为目的，蕴涵着实现人类彻底解放的价值追求与理想，代表着人类历史和生产力发展的必然趋势。但不可否认的是，新中国的乡村社会是建立在生产力水平和文化水平都相对比较落后的客观条件之上的，因而促进生产力发展，增加社会物资财富，是无产阶级和广大人民群众物质利益的根本保证，也是解决社会基本矛盾的根本途径。

① 毛泽东文集（第六卷）[M]. 北京：人民出版社，1999：273.
② 毛泽东文集（第七卷）[M]. 北京：人民出版社，1999：241.
③ 毛泽东文集（第八卷）[M]. 北京：人民出版社，1999：78.
④ 中共中央文献研究室. 建国以来重要文献选编（第十三册）[M]. 北京：中央文献出版社，1996：516.
⑤ 中共中央党校教务部. 邓小平文集（第二卷）辅导教材 [M]. 北京：人民出版社，1994：167.

1. 节约资源、综合利用，实现人与自然和谐相处

马克思和恩格斯关于人与自然和谐相处的思想与系列论述，阐明了人与自然的辩证统一。毛泽东坚持以马克思主义的自然观为理论指导，倡导人民在乡村建设实践中要合理利用自然。毛泽东强调，"人最初是不能将自己同外界区别的，是一个统一的宇宙观。随着人能制造较进步工具而有较进步生产，人才能逐渐使自己区别于自然界，并建立自己同自然界对立而又统一的宇宙观"①。自从人类开始从事农业劳动实践活动，人类社会才得以与"自然界"相区分。"人与自然"同时具有"能动性"和"受动性"的辩证统一关系。在毛泽东看来，"如果对自然界没有认识，或者认识不清楚，就会碰钉子，自然界就会处罚我们，会抵抗"②。"人去压迫自然界，拿生产工具作用于生产对象，自然界这个对象要作抵抗，反作用一下，这是一条科学"，"自然界有抵抗力，这是一条科学。你不承认，它就要把你整死"③。毛泽东基于"实践的唯物主义"原则，以实践为基础阐述了人与自然的对立统一关系，强调并重视人在自然生态保护中的因素，在他看来，"天上的空气，地上的森林，地下的宝藏，都是建设社会主义所需要的重要因素，而一切物质因素只有通过人的因素，才能加以开发利用"④。他同时强调"森林是很宝贵的资源"⑤，"为保护森林和树木发育，在春夏之时，禁止随意财阀，免伤树木之发育"⑥。1958 年，《全国农业发展纲要》提出，"在十二年内，尽可能地把国有森林全部经营管理起来。必须保护和爱惜森林资源，加强防火工作，防治虫害和病害，制止滥伐和采伐当中浪费木材的现象，并且及时更新采伐迹地，恢复森林"⑦。

面对我国农业生产基础薄弱与资本积累严重不足的客观现实，毛泽东立足国情，强调节约是社会主义经济的基本原则之一，倡导人们勤俭节约，并将勤俭节约思想贯穿于各个领域。1955 年 12 月，《勤俭办社》的按语中指出，"勤俭经营应当是全国一切农业生产合作社的方针，不，应当是一切经济事业的方针"⑧。1957 年 1 月 27 日在省区市党委书记会议上毛泽东强调，"农业发展起来

---

① 毛泽东文集（第三卷）[M]. 北京：人民出版社，1996：83.
② 毛泽东文集（第八卷）[M]. 北京：人民出版社，1999：72.
③ 毛泽东文集（第七卷）[M]. 北京：人民出版社，1999：448.
④ 毛泽东文集（第七卷）[M]. 北京：人民出版社，1999：34.
⑤ 毛泽东文集（第七卷）[M]. 北京：人民出版社，1999：383.
⑥ 中共中央文献研究室，国家林业局. 毛泽东论林业（新编本）[M]. 北京：中央文献出版社，2003：12.
⑦ 中央档案馆. 中共中央文件选集（第二十八册）[M]. 北京：人民出版社，2013：66.
⑧ 毛泽东文集（第六卷）[M]. 北京：人民出版社，1999：447.

了，就可以为发展工业提供更多资金。……要勤俭办社，逐步增加一点积累"①。"我国农村劳动力多、农民有勤劳节俭的优良传统和精耕细作的丰富经验，农业经济有很大的潜在力量。"② 1959 年 12 月毛泽东在《读苏联〈政治经济学教科书〉的谈话》中指出："把厉行节约，积累大量的物力和财力，当成只是在极为困难的情况下要做的事情，这是不对的。难道困难少了，就不需要厉行节约了吗?"③ 勤俭节约、艰苦朴素是中华民族的优良传统，"俭，德之共也；侈，恶之大也"，"人无俭不立，家无俭不旺，党无俭必败，国无俭必亡"④。

　　资源综合利用的思想在华夏农耕文明史上源远流长，明代中叶"桑基鱼塘"堪称农业综合利用的典范。以毛泽东同志为主要代表的中国共产党人在带领全国人民恢复农业生产和建设乡村过程中继承了资源综合利用思想，要求合作社在农业生产中综合利用农家肥，合理利用土地，合理灌溉，合理密植，精耕细作，力保丰收，在生活中开发可再生能源和加强废旧物资循环利用。1958 年中央八届二次会议通过的《全国农业发展纲要（第二次修正草案）》提出"城乡的粪便、可做肥料的垃圾和其他杂肥尽量利用起来"⑤。资源的稀缺性尤其是乡村能源的短缺使毛泽东较早意识到发展可再生能源与废旧资源综合利用的重要意义。1958 年，他指出："工厂、矿山、机关、学校、部队都自己搞电站，水、火、风、沼气都利用起来，解决了不少问题。"⑥ 到 1979 年时我国农村建有沼气池 700 多万个，使用的人口达 3000 多万。根据当时农业发展水平测算，仅以用作燃料部分的秸秆以及人畜粪便等作为发酵原料，每年即可制造沼气 1300 多亿立方米，除供农村燃料需要外，一部分还可作为生产用的动力。⑦除此之外，党中央还强调废品废料的循环利用。1958 年 7 月 7 日周恩来对废旧物资回收利用工作的亲笔题词："抓紧废物利用这一环节，实行收购废品，变无用为有用，扩大加工，变一用为多用，勤俭节约，变破旧为崭新，把工农商学兵连成一片，密切协作，为全面地发展生产服务"⑧。

　　新中国成立时，我国乡村的自然生态系统遭受严重破坏，1949 年《中国人民政治协商会议共同纲领》中明确提出"保护森林"⑨。面对经过多年战乱摧残

---

①　毛泽东文集（第七卷）［M］. 北京：人民出版社，1999：199 – 200.

②　中央档案馆. 中共中央文件选集（第二十八册）［M］. 北京：人民出版社，2013：53.

③　毛泽东文集（第八卷）［M］. 北京：人民出版社，1999：128.

④　曹前发. 毛泽东生态观［M］. 北京：人民出版社，2013：61.

⑤　中央档案馆. 中共中央文件选集（第二十八册）［M］. 北京：人民出版社，2013：60.

⑥　毛泽东文集（第七卷）［M］. 北京：人民出版社，1999：446.

⑦　刘贵访. 论社会生产力［M］. 北京：人民出版社，1988：198.

⑧　国务院法制局. 中华人民共和国现行法规汇编（1949 – 1985）［M］. 北京：人民出版社，1987：516.

⑨　中共中央国务院. 建党以来重要文献选编（第二十六册）［M］. 北京：中央文献出版社，2011：765.

的村庄和颓废的荒山，毛泽东号召人民植树造林，绿化乡村，以实现生态平衡。1955 年 10 月毛泽东在中共七届六中全会上提出："绿化荒山和村庄"①。1955 年 12 月，毛泽东在《征询对农业十七条的意见》中提出，"在一切可能的地方，均要按规格种起树来，实行绿化"②。1958 年 4 月，毛泽东在《中共中央国务院关于在全国大规模造林的指示》中再次强调，要"绿化一切可能绿色的荒山"③。同年在北戴河，毛泽东提出"农村、城市统统要园林化，好像一个个花园一样"④。对于乡村绿化，毛泽东不仅强调要植树造林，而且要讲求实效，"真正绿化，……要粮食到手，树木到眼，才能算数。要比措施，比实绩"⑤。

毛泽东不仅强调乡村绿化的重要性和实效性，而且将乡村绿化与发展置于包括农、林、牧、渔在内的大生态系统中，提出"农林牧副渔"五业综合平衡和乡村园林化设想。1959 年毛泽东给新华通讯社社长吴冷西的信中写道："农、林、牧三者互相依赖，缺一不可，要把三者放在同等地位。"⑥ 乡村绿化发展不仅要园林化，还要有田园化，田园化就是耕作地，园林化就是耕作地和林业结合起来，基于此他提出了耕作"三三制"的绿色园林化发展设想。⑦ 此后，毛泽东多次强调农林牧副渔综合平衡问题，1959 年在会见秘鲁议员团时，他讲到"农业也要综合平衡，农业包括农、林、牧、副、渔五个方面"⑧。毛泽东认为社会主义乡村发展中农、林、牧、副、渔五个方面是互相联系的有机综合体，"所谓农者，指的农林牧副渔五业综合平衡。……农林牧副渔五大业都牵动了，互相联系，缺一不可"⑨，"在副业渔业方面，也要精益求精，千方百计地争取高额丰产"，"到处搞些小水库，养些鱼，也美观，乡村就像花园一样"⑩。《十

---

① 毛泽东文集（第六卷）[M]. 北京：人民出版社，1999 年. 475.

② 毛泽东文集（第六卷）[M]. 北京：人民出版社，1999：509.

③ 中共中央文献研究室. 建国以来重要文献选编（第十一册）[M]. 北京：中央文献出版社，1995：244 - 245.

④ 中共中央文献研究室，国家林业局. 毛泽东论林业（新编本）[M]. 北京：中央文献出版社，2003：51.

⑤ 中共中央文献研究室，国家林业局. 毛泽东论林业（新编本）[M]. 北京：中央文献出版社，2003：48.

⑥ 毛泽东文集（第八卷）[M]. 北京：人民出版社，1999：101.

⑦ 中共中央文献研究室，国家林业局. 毛泽东论林业（新编本）[M]. 北京：中央文献出版社，2003：61.

⑧ 中共中央文献研究室，国家林业局. 毛泽东论林业（新编本）[M]. 北京：中央文献出版社，2003：68.

⑨ 中共中央文献研究室，国家林业局. 毛泽东论林业（新编本）[M]. 北京：中央文献出版社，2003：70.

⑩ 中共中央文献研究室，国家林业局. 毛泽东论林业（新编本）[M]. 北京：中央文献出版社，2003：62 - 63.

五年社会主义建设纲要四十条》明确提出，到 1972 年，中国整个乡村园林化①。"风起绿洲吹浪去，雨从青野上山来"的名句寄托了毛泽东对绿水青山和美丽乡村的宏伟蓝图。

2. 兴修水利、保持水土，实现农业生产和生态平衡发展

梁漱溟在《乡村建设理论》中，将中国乡村衰败归因于天灾人祸②。长江和黄河滋养了华夏农耕文明，但长江水灾和黄河泛滥给中国乡村社会尤其是对农业带来了巨大的财产损失，乡村社会时常受水患之苦，对长江、黄河和淮河流域的江河治理始终是中国历史上的难题。新中国成立之初，我国水灾频发，对农业农村生产造成严重威胁。1950 年夏淮北地区连降大雨，百姓受灾惨重，毛泽东在听取汇报后，提出并督促治理淮河。次年 5 月中央治淮视察团赴工地检查工作，毛泽东题词"一定要把淮河修好"③。这一题词表达了中国共产党人治理江河的决心和信心。1952 年，毛泽东题词："为广大人民的利益，争取荆江分洪工程的胜利"④。黄河泛滥在我国历史上时常发生，平均每年就有四次决口，新中国成立后不久我国就开展了引黄灌溉齐卫工程。1952 年毛泽东在河南视察黄河期间，对河南省委领导叮嘱道："要把黄河的事情办好。"⑤ 官厅水库修建与治淮工程、荆江分洪工程、引黄灌溉齐卫工程是新中国成立后四大水利工程之一，1954 年 4 月，毛泽东在水库竣工前夕，亲自视察了工地。水利工程既是农业的命脉，又关系着乡村社会的繁荣与发展，更关系着人民的安危与福祉，毛泽东对水利的关心和重视是一以贯之的。新中国成立以后的江河治理与水利兴建有力保障了农业生产的恢复和乡村社会的发展，改善了民生，造福了人民。

在绿化乡村、兴修水利，推进乡村农业生产过程中，毛泽东同时要求各级政府处理好"开荒"与"水土保持"的关系。1955 年，他指出，"必须注意水土保持工作"⑥。1955 年 11 月 1 日对离山县委报告按语中，他指出，"离山县委的这个水土保持规划，可以作黄河流域各县以及一切山区做同类规划的参

---

① 中共中央文献研究室，国家林业局. 毛泽东论林业（新编本）［M］. 北京：中央文献出版社，2003：64.

② 梁漱溟. 乡村建设理论［M］. 上海：上海人民出版社，2011：10.

③ 逄先知，金冲及. 毛泽东传（上）［M］. 北京：中央文献出版社，2003：95.

④ 逄先知，金冲及. 毛泽东传（上）［M］. 北京：中央文献出版社，2003：97.

⑤ 逄先知，金冲及. 毛泽东传（上）［M］. 北京：中央文献出版社，2003：100.

⑥ 毛泽东文集（第六卷）［M］. 北京：人民出版社，1999：466.

考"①。在《看，大泉山变了样子》一文的按语中，他指出，"一切有水土流失问题的地方，……问题是要全面规划，要加强领导。……用心寻找当地群众中的先进经验，加以总结，使之推广"②。

3. 清洁卫生、减少疾病，促进人口与社会经济平衡发展

新中国成立后，毛泽东深感乡村卫生条件与生活环境对人民群众健康的影响与危害，提出"面向工农兵、预防为主、团结中西医三项原则开展全国卫生防疫工作"③。1950年中央转发卫生部《关于全国防疫工作给中共中央的报告》时，毛泽东强调"要将卫生工作和救灾防灾工作同等看待，而决不应该轻视卫生工作"④。1957年10月9日，毛泽东在《关于农业问题》中再次强调，"要来个竞赛，硬是要把这些东西灭掉，人人清洁卫生"⑤。1958年中央八届二次会议通过的《全国农业发展纲要（第二次修正草案》提出"在一切可能的地方，基本上消灭危害人民最严重的疾病。……积极开展群众的经常性的爱国卫生运动"⑥。

在关注乡村环境卫生与健康的同时，毛泽东也洞察到人口过快增长对社会经济发展带来的诸多不利影响。毛泽东提倡计划生育要逐步推广，逐步达到普遍计划生育。⑦

（三）农民是农业生产与乡村建设的主体和根本力量

首先，尊重农民的主体地位。1956年毛泽东在《论十大关系》中指出"什么是国内外的积极因素？在国内，工人和农民是基本力量"⑧，在他看来，农民占中国人口的80%，革命与建设正是有了农民的支持才取得了胜利，新中国的建设同样要尊重农民的主体地位。乡村建设需要依靠亿万农村人民，农村建设好、发展好，也可以为国家工业化提供基本条件。土地改革完成后，在关于合作社民主管理问题上，毛泽东强调，"要给农民一些自己活动的时间，就是要有

---

① 中共中央文献研究室，国家林业局. 毛泽东论林业（新编本）［M］. 北京：中央文献出版社，2003：31.

② 中共中央文献研究室，国家林业局. 毛泽东论林业（新编本）［M］. 北京：中央文献出版社，2003：32.

③ 新华日报社. 中华人民共和国大事记（1949—2004）［M］. 北京：人民出版社，2004：23.

④ 毛泽东文集（第六卷）［M］. 北京：人民出版社，1999：176.

⑤⑦ 毛泽东文集（第七卷）［M］. 北京：人民出版社，1999：308.

⑥ 中央档案馆. 中共中央文件选集（第二十八册）［M］. 北京：人民出版社，2013：71.

⑧ 毛泽东文集（第七卷）［M］. 北京：人民出版社，1999：23.

一点自由，如同我们每天都要有一点自由一样。我们这些人没有一点自由能活下去吗？我就不相信。比如你们回到家里就可以随便谈谈，跟你们的夫人、小孩讲一点笑话。整天要板起一副面孔，那又何必呢？如果每天二十四小时都板起一副面孔，我看只要一个星期，所有的人都要死光的"①。

其次，要维护农民的切身利益，调动农民的积极性。在《论十大关系》中，毛泽东指出，"苏联的办法把农民挖得很苦。……把农民生产的东西拿走太多，给的代价又极低。他们这样来积累资金，使农民的生产积极性受到极大的损害"②。为人民谋利益，是共产党人的价值追求，是历史唯物主义关于物质利益原则在领导问题上的根本要求，是领导者制定方针政策的客观依据。社会在发展，人类在前进，社会主义的乡村建设中，为人民谋利益，不是满足于已有的成就。"要巩固工农联盟，我们就得领导农民走社会主义道路，使农民群众共同富裕起来，穷的要富裕，所有农民都要富裕，并且富裕的程度要大大地超过现在的富裕农民。"③

最后，要提升农民文化水平，通过教育引导农民。经历多年战乱，新中国成立初期，中国乡村农民整体文化水平不高，而且我国农业人口比重高。毛泽东不仅强调农民是农业的根本，同时指出"严重的问题是教育农民"④。因而，他主张在乡村建设中，要积极开展文化教育，逐步提升农民的思想文化水平。同时争取知识分子为人民服务，培养适应于中国乡村建设需要的新型农民，不断提升农业的科学技术水平。1955 年毛泽东指出，"……技术夜校，每个乡，在目前至少是大多数的乡，都应当办起来。……学习技术，应当同消灭文盲相结合"⑤。在社会主义合作化运动中，毛泽东提出，"这一工作是艰巨的，必须根据农民的生活经验，很具体地很细致地去做，不能采用粗暴的态度和简单的方法"⑥。

新中国成立后的农业农村现代化建设过程中，以毛泽东同志为主要代表的中国共产党人，以解放农业农村生产力的合规律性、提高亿万农民的生活水平的合目的性为根本要求，积极探寻农业农村生产力与生产关系相适应的最佳契合点，努力追求农业内部农林牧副渔五业平衡，积极追求农村经济建设与自然生态的平衡，为社会主义的新农村建设和生态建设保护奠定了理论基础。这一

---

① 毛泽东文集（第七卷）[M]. 北京：人民出版社，1999：55.
② 毛泽东文集（第七卷）[M]. 北京：人民出版社，1999：29 – 30.
③ 中共中央，国务院. 建国以来重要文献选编（第七册）[M]. 北京：中央文献出版社，1993：308.
④ 毛泽东选集（第四卷）[M]. 北京：人民出版社，1991：1477.
⑤ 毛泽东文集（第六卷）[M]. 北京：人民出版社，1999：450 – 451.
⑥ 毛泽东文集（第六卷）[M]. 北京：人民出版社，1999：450.

时期，党中央通过节约资源、兴修水利、绿化荒山、回收利用废旧资源以及控制人口增长等措施保护了乡村生态环境，尽管在"大跃进"及"文化大革命"过程中，农业生产遭遇严重挫折，乡村生态环境遭到破坏，但在新中国成立至改革开放前的这一时期，我国农田水利建设、农业机械化等许多基础性项目都得到布局，并取得显著成效。尤其是大型水利工程兴建，江河流域的治理与生态环境得以保护，工业布局向均衡发展，促进了农业农村现代化建设步伐。从20世纪50年代中期到60年代中期，十年内全国农用拖拉机和化肥使用量均增长了六倍以上，农村用电量增长了七十倍①。沼气等可再生能源在农村得到积极开发利用，减缓了农村生活用能对林木的砍伐与破坏，植树造林、绿化祖国的活动得到人民的积极响应，计划生育使人口的无序增长得到有效控制，为实现乡村生产生活生态平衡协调发展奠定了基础。

三、改革开放和社会主义现代化建设新时期

（一）农业农村改革与乡村协调发展

1978年12月，党的十一届三中全会胜利召开，中国共产党领导集体重新确立了马克思主义的思想路线、政治路线和经济建设方针，把实现四个现代化作为党的政治路线，把社会主义现代化经济建设转为党和国家的工作重心，并作出实行改革开放的重大决策。20世纪70年代末，我们党和国家作出改革开放的历史性决策有三个主要原因：一是对"文化大革命"的深刻反思；二是对中国发展落后的深刻反思；三是对国际形势的深刻反思。② 邓小平历来重视"三农"问题，强调"农业是根本""农村是关键"，实现四个现代化，农业现代化是关键，全党"必须集中主要精力把农业尽快搞上去"③。农业要上去，其中很重要的一条，"就是要继续开展农田基本建设，建设高产稳产农田，大力改善生产条件，提高抗御自然灾害和扩大再生产的能力"④。1983年中央一号文件明确把"严格控制人口增长，合理利用自然资源，保持良好的生态环境"作为

---

① 曹普．"四史"十八讲［M］．北京：人民出版社，2021：147.

② 曲青山．邓小平改革思想及其现实意义［N］．人民日报，2014-08-19（7）.

③ 中共中央文献研究室．新时期农业和农村工作重要文献选编［M］．北京：中央文献出版社，1992：10.

④ 中共中央文献研究室．新时期农业和农村工作重要文献选编［M］．北京：中央文献出版社，1992：14.

农业农村改革的前提。

1. 农业农村发展是中国社会的根本问题

（1）实现四个现代化，农业现代化是关键。

农业现代化是农耕文明向现代文明的转向，是世界农业发展的历史潮流，更是发展中国家的历史趋向。1975 年 9 月在全国农业学大寨会议开幕式上邓小平明确指出"实现四个现代化，关键是农业现代化"①。1977 年 7 月以来，邓小平对新中国成立以来乡村经济建设的经验和教训进行总结与反思，对"文化大革命"使党、国家和人民所遭受的挫折和损失进行了深入思考，他认为新中国成立近 30 年来我国农业基础依然薄弱，农业发展"同人民的需要和四个现代化的需要之间存在着极其尖锐的矛盾"②。邓小平指出，中国要想实现四个现代化，必须关注两个重要特点，"一个是底子薄，第二是人口多，耕地少"③，这两点是中国社会主义现代化建设必须考虑的前提。

邓小平立足于中国国情农情的考量，提出改革从农村开始，首先解决农村问题，正是对"农业农村发展是中国社会的根本问题"的认识。他认为"不管天下发生什么事，只要人民吃饱肚子，一切就好办了"④。1982 年 9 月邓小平在陪同金日成去四川考察途中谈到，中国国民经济和社会发展的战略重点"一是农业，二是能源和交通，三是教育和科学"⑤，邓小平强调应当将农业置于国民经济"战略重点"第一位。1983 年 1 月在同国家计委负责人谈话中，邓小平指出"农业是根本，不要忘掉"⑥。在邓小平看来，将农民安置好是中国首先要解决的问题，农村能否得到发展，农民生活是否好起来关系到国家社会的安定，占全国 80% 的农民的生活水平是衡量中国经济发展的标尺，搞好社会秩序，这个 80% 也是关键。

20 世纪 80 年代，邓小平在提出"三步走"发展战略时，反复强调"中国经济能不能发展，首先要看农村能不能发展"，是否能够达到翻两番的目标，"很重要的是这百分之八十的人口能不能达到"，农民生活是不是好起来⑦。邓

---

① 中央财经领导小组办公室. 中国经济发展五十年大事记［M］. 北京：人民出版社，1999：276.
② 中共中央文献研究室. 新时期农业和农村工作重要文献选编［M］. 北京：中央文献出版社，1992：26.
③ 金钊. 十三届四中全会以来的执政党建设［M］. 北京：人民出版社，2006：246.
④ 邓小平文选（第二卷）［M］. 北京：人民出版社，1993：406.
⑤ 邓小平文选（第三卷）［M］. 北京：人民出版社，1993：9.
⑥ 邓小平文选（第三卷）［M］. 北京：人民出版社，1993：23.
⑦ 范希春. 邓小平思想评传（1977－1997）［M］. 北京：人民出版社，2010：111.

小平指出，"发展才是硬道理"，"问题的最终解决还是靠经济的发展"。① 许多问题的解决，如人民的富裕，国家的富强，社会主义制度的巩固，国际地位的提高和国际影响的扩大，都离不开搞四个现代化，而农业现代化是关键、是根本。

（2）农村农业的改革和发展"一靠政策，二靠科技"。

"农业是根本"和"农业现代化是关键"的科学论断确立了我国农业农村发展在改革开放中的战略重点地位。改革开放初期，小岗村"包产到户"的改革探索掀开了中国改革的序幕。邓小平强调，农业的发展首先要有正确的政策支持，有了政策就可以调动农民的生产积极性，解放和发展生产力。1983 年在北京科学技术政策讨论会上，他强调"我们搞的现代化，是中国式的现代化。……我们现在的路子走对了，人民高兴，我们也有信心。我们的政策是不会变的。要变的话，只会变得更好"②。1978～1984 年，中国的粮食产量从 3.04 亿吨增加到 4.07 亿吨，年均增长 4.98%，农业总产值由 1397 亿元增加到 3214 亿元，年均增长 14.90%③。

在肯定政策对促进农业生产效率提升作用的同时，邓小平洞察到中国农业生产条件和落后的农业科技水平对农业现代化的制约。为此，邓小平强调农业发展不能仅靠政策，依靠政策只能缓解农业短期发展的问题，实现农业现代化的根本在于科技创新。1975 年 8 月，邓小平指出，"农业现代化不单单是机械化，还包括应用和发展科学技术等"④。1982 年 10 月，邓小平明确提出："农业的发展一靠政策，二靠科学。科学技术的发展和作用是无穷无尽的。"⑤ 1983 年 1 月，邓小平在谈到中国粮食规划目标时指出，"在规划中要明确用什么手段来达到这个目标。比如，……，从改良种子上，……，从防治病虫害上，从改进管理上，……农业文章很多，我们还没破题"，要"切实组织农业科学重点项目的攻关"⑥。为促进农业科技水平提升，改革开放以后，我国农业重大科技计划中"星火""燎原""丰收""菜篮子"等系列项目得以顺利实施，有力促进了我国农业生产效率的提升，粮食产量持续增长。1985 年邓小平指出，"农民

① 江泽民. 在中国共产党第十四届中央委员会第三次全体会议上的讲话［M］. 北京：人民出版社，1994：5.
② 邓小平文选（第三卷）［M］. 北京：人民出版社，1993：29.
③ 中央财经领导小组办公室. 中国经济发展五十年大事记［M］. 北京：人民出版社，1999：375.
④ 中央财经领导小组办公室. 中国经济发展五十年大事记［M］. 北京：人民出版社，1999：275.
⑤ 邓小平文选（第三卷）［M］. 北京：人民出版社，1993：17.
⑥ 邓小平文选（第三卷）［M］. 北京：人民出版社，1993：23.

把科技人员看成是帮助自己摆脱贫困的亲兄弟，称他们是'财神爷'"①。农民口中的"财神爷"形象而生动地表明科技创新对农民带来的经济收益和物质回报，在 1986 年农村工作部署中，"依靠科学，增加投入，保持农业温度增长"是农村主要工作任务之一。1987 年 4 月，中央决定实施农牧渔业"丰收计划"，其主要任务是把农牧渔业的科研成果和先进技术综合运用于大面积、大范围的生产上，促进农业的发展。实施项目范围包括种植业、畜牧业、水产业和农机等各业的先进实用科研成果和先进技术的推广。1988 年邓小平再次强调"将来农业问题的出路，最终要由生物工程来解决，要靠尖端技术"②。

（3）农村农业的改革和发展要有"两个飞跃"。

1990 年，邓小平提出农业改革与发展的"两个飞跃"思想。他指出，"第一个飞跃，是废除人民公社，实行家庭联产承包为主的责任制"，"第二个飞跃，是适应科学种田和生产社会化的需要，发展适度规模经营，发展集体经济。这是又一个很大的前进，当然这是很长的过程"③。邓小平基于农业的发展规律和长远必然趋势，指出农业规模化集约发展是实现农业现代化的必然选择，同时又立足于中国国情和农情明确，强调不能操之过急。1992 年 7 月 23～24 日，他在审阅党的十四大报告稿时进一步指出："科学技术的发展和管理能力的应用，……对农民不要勉强，不要一股风"④。

（4）工农互动是实现农村农业现代化的根本途径。

1975 年 8 月，邓小平在讨论《关于加快工业发展的若干问题》时讲话指出，"工业支援农业，促进农业现代化，是工业的重大任务"⑤。新中国成立后，重工业战略实施，我国城乡差距逐渐拉大，面对城乡二元体制造成城乡差距扩大的问题，邓小平认为，对于社会主义新中国而言，"要照顾城乡关系，不能相差太多"⑥，因为真正的社会主义道路就是要逐步缩小城乡差别。

2. 农村改革要坚持人口、资源与环境协调发展

（1）人口、资源与环境协调发展是农村农业改革的三大前提。

改革开放后，以邓小平同志为主要代表的共产党人在继承毛泽东关于兴修水利、绿化乡村、农林牧副渔五业平衡、实施计划生育控制人口增长等系列生

---

① 邓小平文选（第三卷）[M]. 北京：人民出版社，1993：107.
② 邓小平文选（第三卷）[M]. 北京：人民出版社，1993：275.
③ 邓小平文选（第三卷）[M]. 北京：人民出版社，1993：355.
④ 中共中央文献研究室科研管理部. 邓小平著作是怎样编辑出版的 [M]. 北京：中央文献出版社，2010：366.
⑤ 中央财经领导小组办公室. 中国经济发展五十年大事记 [M]. 北京：人民出版社，1999：275.
⑥ 中共中央文献研究室. 邓小平思想年编（1975 – 1997）[M]. 北京：中央文献出版社，2011：70.

态平衡思想的同时，提出了开展农田基本建设改善生产条件、植树造林美化祖国、利用科学技术科学种田、控制人口增长、提高农民素质。注重人口、资源、环境与农村社会经济的协调发展是党中央的一贯立场。早在 1950 年 5 月的西南区新闻工作会议上，邓小平就强调农业生产要与生态环境协调发展的重要性，他指出："当前，农民的生产积极性有了提高。但是开荒不要鼓励，开荒要砍树，现在四川最大的问题是树林少。"① 1983 年中央一号文件明确提出，"必须注意严格控制人口增长，合理利用自然资源，保持良好的生态环境，要在这样的前提下，……逐步实现农业的经济结构改革、体制改革和技术改革，走出一条具有中国特色的社会主义的农业发展道路"②。

将"人口、资源与环境协调发展"作为农业农村改革与发展的前提，早在党的十一届四中全会就已经提出③。十一届四中全会通过的《加快农业发展若干问题的决定》（以下简称《决定》）中提出发展农业生产力的"二十五项政策和措施"，其中农业农村改革与发展中的生态协调思想主要体现在六个方面：一是农林牧副渔五业并举协调发展，《决定》提出要粮食作物与经济作物并举，农林牧副渔五业并举。通过"山、水、田、林、路"综合治理，建设旱涝保收的高产稳产农田，因地制宜地兼顾经济作物生产和"林、牧、副、渔业"发展。二是农业基本建设要与当前生产"统筹兼顾"。《决定》提出要继续坚决地、大力地、因地制宜地搞好"农业基本建设"，充分动员群众，从当地实际情况出发，有步骤地加以实施，对基本建设和当前生产要"统筹兼顾"。三是合理利用资源。《决定》提出要努力采用先进技术，加强森林资源的综合利用，做到合理采伐，有条件的地方"有计划开垦荒地"，但"垦荒不准破坏森林、草原和水利设施，不准妨碍蓄洪泄洪"，合理利用水产资源，"围海造田"不能影响和破坏海盐生产，用于养殖的"内湖和海涂"不能围垦，不准随意占用"耕地、草牧场和林地"，必须的基本建设要"节省用地"，并尽量不占或少占耕地。四是加强生态与环境的保护。《决定》提出"一切可能绿化的荒山荒地"，要"限期绿化"，"认真执行森林法，切实保护森林"。五是科学种田，提高农产品质量。《决定》提出要"广积农家肥，多种绿肥，多制饼肥和其他有机肥，积极扩大秸秆还田"，实行"科学施肥、科学用药"，积极推广"生物防治"。六是继续努力实行计划生育。

---

① 邓小平文选（第一卷）[M]．北京：人民出版社，1993：148．

② 中共中央文献研究室．十一届三中全会以来重要文献选读（下册）[M]．北京：人民出版社，1987：617-618．

③ 中共中央文献研究室．十一届三中全会以来重要文献选读（上册）[M]．北京：人民出版社，1987：7．

（2）保护生态环境是一项基本国策，保护耕地是不可动摇的长期国策。

在改革开放过程中，邓小平不仅强调农村改革发展的重要意义，他同时对农村经济建设与生态环境的关系进行了深入思考，始终强调生态环境保护是农村改革和发展的前提。1981 年 2 月，国务院提出"合理地开发和利用自然资源，是现代化建设的一项基本任务。"① 1983 年，邓小平明确指出："环境保护是我们国家的一项基本国策，是一件关系到子孙后代的大事"②。1985 年 3 月 6 日全国土地管理工作会议在北京召开，他强调，"十分珍惜和合理利用每寸土地""保护耕地"是我国不可动摇的长期国策③。从一项任务，到一项国策再到长期国策，体现了以邓小平为代表的共产党人对生态环境与资源利用代际公平的高度重视，摒弃了西方"先污染后治理"的发展道路，明晰了中国特色社会主义农村改革与发展方向。

党的十一届三中全会总结了新中国成立 30 年来我国经济建设的经验教训，会议认为我国农业基础仍然"十分薄弱"，党和国家领导集体认为农业要上去其中重要的一条就是继续开展农田基本建设，改善农业生产条件，"农田基本建设要大干，但决不能蛮干"④，自然界有它自己的客观规律，我国地域广阔，情况错综复杂，按科学办事，决不能搞"一刀切"。过去有些地方为增加粮食产量，不惜毁林开荒、围湖造田，区域生态平衡遭受破坏，邓小平指出这种做法虽然得到"暂时利益"，但从长远看会"贻患于子孙后代"⑤，"无数事实证明，不注意这一条，就会受到大自然的惩罚"⑥。"如果听任目前有些地方严重破坏森林、破坏草原的情况发展下去，不仅整个农业的发展不可能加快，甚至会带来毁灭性的灾害"⑦，因此，农田基本建设要按照自然规律和经济规律办事。

（3）科技和教育要服务于农村生态建设与环境保护。

在强调和推动农业农村改革与生态环境保护的过程中，邓小平十分重视科技与教育要服务于农业农村的生态建设和环境保护。1979 年在党的理论工作务虚会上，邓小平指出"底子薄"和"人口多，耕地少"是中国社会主义现代化建设必须考虑的前提。1981 年 3 月，中央明确指出我国农业总体来说两个特点

---

① 中央财经领导小组办公室. 中国经济发展五十年大事记［M］. 北京：人民出版社，1999：332.

② 中央财经领导小组办公室. 中国经济发展五十年大事记［M］. 北京：人民出版社，1999：369.

③ 中央财经领导小组办公室. 中国经济发展五十年大事记［M］. 北京：人民出版社，1999：378.

④ 中共中央文献研究室. 新时期农业和农村工作重要文献选编［M］. 北京：中央文献出版社，1992：19.

⑤⑥ 中共中央文献研究室. 新时期农业和农村工作重要文献选编［M］. 北京：中央文献出版社，1992：20.

⑦ 中共中央文献研究室. 新时期农业和农村工作重要文献选编［M］. 北京：中央文献出版社，1992：24.

"一是人多地少""二是技术装备落后"①。邓小平认为，"振兴农村不能只靠粮食"，还"要靠科学"②。

第一，在对农村的人口发展、经济建设与生态环境的关系上，邓小平主张加强计划生育的同时，通过教育提高人口素质，将我国庞大的农村人口基数转变成现代化建设的人才资源优势。"四化建设的实现要靠知识，靠人才"③。

第二，倡导利用清洁能源破解农村发展中资源与能源短缺问题。改革开放初期，我国农村人口占比高，能源消耗数量大，可利用的能源和资源有限，为避免农村将木材等作为生活能源，邓小平鼓励农村抓紧科研，利用沼气发电。1982年9月21日邓小平在陪同金日成到四川考察期间，参观农村沼气的开发和利用时，他说："这东西很简单，可解决了农村的大问题。光四川省，每年就可以节省煤炭六百多万吨。沼气能煮饭，能发电，还能改善环境卫生，提高肥效。"④

第三，依靠科技开展农业科技公关和绿色革命。邓小平强调农业发展取决于科技进步和科技成果的广泛运用。1989年4月在会见多哥总统时，邓小平称赞多哥为解决粮食问题所开展的"绿色革命"，他指出，"'绿色革命'要坚持一百年，二百年。中国也一样"。⑤

第四，依靠科技转变乡镇企业粗放型发展方式。1987年12月20日，全国乡镇企业工作会议在北京召开，中央基于当时国际形势与国内发展的环境条件，认为乡镇企业必须进行战略转变，并明确了五个转变方向，即从依靠投资的外延式扩张转向依靠科技的内涵式发展；从注重增长转向注重质量，兼顾经济、社会和生态效益；从依托国内市场逐步转向国际国内两个市场；从分散式经营逐步转向专业化、社会化协作生产；从小规模经营管理转向现代化企业管理。

（4）植树造林，绿化祖国，美好环境。

在农业农村改革与发展中，以邓小平同志为主要代表的中国共产党人不仅强调农村要加强生态环境保护和科技成果的应用，而且强调要加强生态建设，倡导全民义务植树，绿化祖国，美化环境。1981年7月中共中央书记处对环境

---

① 中央财经领导小组办公室. 中国经济发展五十年大事记［M］. 北京：人民出版社，1999：334.

② 中共中央文献研究室. 邓小平年谱（1975－1997）（下卷）［M］. 北京：中央文献出版社，2004：882.

③ 中央财经领导小组办公室. 中国经济发展五十年大事记［M］. 北京：人民出版社，1999：386.

④ 中共中央文献研究室. 邓小平年谱（1975－1997）（下卷）［M］. 北京：中央文献出版社，2004：852.

⑤ 中共中央文献研究室. 邓小平年谱（1975－1997）（下卷）［M］. 北京：中央文献出版社，2004：1271.

保护与生态建设工作提出"我们不能光是停留在城市的环境保护、三废治理这些问题上"①，要考虑中国近 1000 万平方公里的国土保护与生态建设问题。1981 年 9 月，邓小平提出开展"全民义务植树的倡议"②。

1982 年，邓小平向中国人民解放军空军发出指示："为加速农牧业建设、绿化祖国山河做贡献"③。在与美国前驻华大使会晤时，邓小平指出："植树造林，坚持二十年、五十年。"④ 1982 年 12 月，邓小平对全国绿化委员会和林业部植树运动的报告作出批示："这件事，要坚持二十年"⑤。

从 1982 年 3 月邓小平带领家属和身边工作人员参加植树活动开始，他坚持每年参加义务植树活动。1987 年在植树过程中，邓小平"指着孙女、孙子对身旁的同志说：我这个小孙女和我一起种了六年树，今年植树我又多带个小孙子。要让娃娃们养成种树、爱树的好习惯"⑥。1991 年 3 月 4 日邓小平为全民义务植树活动十周年题词："绿化祖国，造福万代"⑦。

3. 依靠法制保障推进乡村生态建设

邓小平在农村改革与生态保护中十分注重法律和制度建设与完善，强调依靠法律管理国家的各项事务，将法制思想引入生态环境保护和乡村建设领域，以保障各项事业能够依法有序进行。1978 年 12 月在中共中央工作会议闭幕式上，邓小平强调："为了保障人民民主，必须加强法制。"⑧ 1979 年 10 月 8 日国务院印发了《中华人民共和国环境保护法（试行）》⑨，为其他环保法规的制定奠定了坚实的基础。1982 年 6 月 30 日国务院发布《水土保持工作条例》，8 月全国人大常委会通过《中华人民共和国海洋环境保护法》；1987 年 4 月 2 日国务院环境保护委员会审议并通过《1987 年环境保护工作要点》《国家环境保护

---

① 中央财经领导小组办公室. 中国经济发展五十年大事记 [M]. 北京：人民出版社，1999：337.

② 中共中央文献研究室. 邓小平年谱（1975 - 1997）（下卷）[M]. 北京：中央文献出版社，2004：771.

③ 中共中央文献研究室. 邓小平年谱（1975 - 1997）（下卷）[M]. 北京：中央文献出版社，2004：799.

④ 中共中央文献研究室. 邓小平年谱（1975 - 1997）（下卷）[M]. 北京：中央文献出版社，2004：868.

⑤ 中共中央文献研究室. 邓小平年谱（1975 - 1997）（下卷）[M]. 北京：中央文献出版社，2004：878.

⑥ 中共中央文献研究室. 邓小平年谱（1975 - 1997）（下卷）[M]. 北京：中央文献出版社，2004：1174.

⑦ 中共中央文献研究室. 邓小平年谱（1975 - 1997）（下卷）[M]. 北京：中央文献出版社，2004：1328 - 1329.

⑧ 邓小平文选（第二卷）[M]. 北京：人民出版社，1993：146.

⑨ 中央财经领导小组办公室. 中国经济发展五十年大事记 [M]. 北京：人民出版社，1999：315.

"七五"计划》；同年 8 月六届全国人大常委会第二十二次会议通过了《中华人民共和国大气污染防治法》；1988 年 9 月 6 日《全国 2000 年环境保护规划纲要》通过评审。20 世纪 80 年代，我国资源与环境管理的相关法规相继颁发实施，为乡村资源与环境管理提供了法律依据。在政策执行与落实过程中，邓小平提出"为了保证实效，应有切实可行的检查和奖惩制度"[①]。

（二）农村市场化改革与可持续发展观

20 世纪 90 年代，以江泽民同志为主要代表的中国共产党人坚持以马克思主义理论为指导，继承了毛泽东思想和邓小平理论，确立了社会主义市场经济体制的改革目标和基本框架，客观面对中国改革开放中的"三农"问题，全面加强农业基础地位，持续推进农业农村市场化改革，积极探索具有中国特色的农村可持续发展道路。

1. 坚持把农业放在整个经济工作的首位，全面振兴农村经济

20 世纪 80 年代我国农业取得了长足发展，但总体看，农村经济和社会的发展中还存在着许多亟待解决的问题。江泽民告诫全党，要从经济和政治，从眼前和长远，从农村工作和农业现代化建设中的战略地位，认识农村工作和农业的重要性。1990 年，在全国农村工作座谈会上，江泽民强调，"民以食为天，十一亿人口吃饭是个头等大事。……农民问题始终是我国革命和建设的根本问题。……农业是国民经济的基础"[②]。1991 年 11 月 29 日江泽民在党的十三届八中全会指出"农业是经济发展、社会安定、国家自立的基础"[③]，全会强调实施"科技、教育兴农"的发展战略，广泛开展"农田水利基本建设"，加大农业投入，加快发展"农用工业"，加强农村"精神文明建设和民主法制建设"和"党对农村工作的领导"。

1995 年 9 月，江泽民在党的十四届五中全会上指出，"加强农业是国民经济发展的首要问题"，并告诫全党"把农业放在经济工作的首位"。在江泽民看来，即使将来实现现代化，"农业的基础地位也不会变"[④]。

2000 年 10 月，在党的十五届五中全会上江泽民再次强调："必须始终把农

---

① 邓小平文选（第三卷）[M]. 北京：人民出版社，1993：21.

② 中共中央文献研究室. 新时期农业和农村工作重要文献选编 [M]. 北京：中央文献出版社，1992：594–595.

③ 中共中央文献研究室. 新时期农业和农村工作重要文献选编 [M]. 北京：中央文献出版社，1992：760.

④ 中共中央文献研究室. 十四大以来重要文献选编（中）[M]. 北京：人民出版社，1996：1465.

业放在国民经济的首位。"① 关于改革与发展中"三农"问题的战略地位，江泽民不仅仅从经济层面上考量，而且从市场经济改革进程中加以思考，他认为农业既是国民经济最重要的基础产业，同时又是"弱质产业"，总结世界各国农业发展的经验教训："市场经济越发展，工业化程度越高，越需要加强对农业的保护和扶持"②。因此，在市场化改革进程中，我们应强化对农村事业的投入保障，在市场化改革与发展方面对农业农村农民给予全方位多层面支持。

2. 农村农业发展要实现"两个根本性转变"

20 世纪 80 年代，中国农村体制改革稳步推进，有效发挥了集体统一经营的优越性和农户承包经营的积极性，中国农村的农林牧副渔各业和乡镇企业得到持续快速发展，长期困扰我国的农产品供给不足的状况得以明显改善，农民人均纯收入成倍增长，绝大多数农民温饱问题基本解决。进入 90 年代，在全球化、市场化和工业化进程中，以家庭联产承包责任制为特征的中国农村社会抵御自然和市场风险能力较弱问题逐步显现。农村改革发展如何与市场经济体制相适应？如何促进农业的可持续发展？如何巩固农业在国民经济中的基础地位？以及如何安置农村的剩余劳动力，改善农民的福祉？这些新时期的"三农"问题成为党中央面临的重大问题。1996 年 6 月，江泽民在河南考察时强调指出，"……要实行两个具有全局意义的根本性转变。一是经济体制要从计划经济体制向社会主义市场经济体制转变，二是经济增长方式要从粗放型向集约型转变，……农业也不例外，也要狠抓这两个根本性转变"③。

首先，深化农村经济体制改革。20 世纪八九十年代，我国的农村社会经济发展取得了举世瞩目的成就。江泽民指出，"改革从农村开始，这是符合中国国情的战略决策。实行家庭联产承包，是中国农民的伟大创造。…… 乡镇企业……是中国农民的又一个伟大创造"④。改革开放后中国农村的伟大变革，是以邓小平同志为主要代表的中国共产党人领导亿万农民的伟大创造；中国共产党在农村实行的以家庭联产承包为主的责任制等一系列基本政策，既适应于中国农村社会经济发展的客观实际，又具有较大的灵活性和群众基础，既要坚持长期稳定，又要在实践中不断加以完善和提高。对农户经营规模过小、分散和经济效益不高的问题，党的十四大报告提出"必须全面贯彻十三届八中全会的决定，深化农村经济体制和经营机制的改革。要把家庭联产承包为主的责任制，

---

① 江泽民. 论社会主义市场经济 [M]. 北京：中央文献出版社，2006：551.
② 中共中央文献研究室. 江泽民思想年编（1989 - 2008）[M]. 北京：中央文献出版社，2010：188.
③ 中共中央文献研究室. 十四大以来重要文献选编（下）[M]. 北京：人民出版社，1999：1946 - 1947.
④ 江泽民文选（第一卷）[M]. 北京：人民出版社，2006：214 - 215.

统分结合的双层经营体制，作为一项基本制度长期稳定下来，并不断充实完善。积极发展多种形式的农业社会化服务体系。从各地实际出发，逐步壮大集体经济实力。抓紧进行农产品价格和农村流通体制的改革，继续强化市场在农村经济中的调节作用"[1]。1996 年 6 月在河南考察期间，江泽民指出，"在农村经营体制、农村市场体系、国家对农业的支持和保护体系这几个层次上，都需要进一步深化改革"[2]。在江泽民看来，农村改革，首先要尊重"农民意愿和首创精神"，推进和发展农业适度规模化经营，但一定要在农民群众自愿的基础上，结合本地实际，"绝不能刮风，强求一律"[3]。与此同时要加快农村市场体系建设，推进农产品供销流通体制改革，通过发展中介组织，强化社会化服务体系建设，同时建立和完善国家对农业农村的支持保障体系，使之制度化、法律化。江泽民提醒全党，"在整个现代化的进程中，我们都必须加强农业，重视对农业的保护和扶持，确保农业逐步实现现代化"[4]。

其次，努力实现农村经济增长方式转变。1996 年 6 月在河南考察期间，江泽民立足于中国的国情，分析了我国农业发展的现状与问题。他指出，"我国农业自然资源相对稀缺，……农业……根本的出路是提高资源的利用效率，……必须转变农业的增长方式"[5]。在江泽民看来"节地"和"节水"涉及"农业的根本"，对中国的农业发展尤其"意义重大"。在市场化进程中，受农村资源禀赋约束，依靠高投入难以实现农业可持续发展，只有转变农业粗放型发展方式，提高资源利用效率和土地产出率，满足人民对高质量农产品的需求。推动农业发展方式转变，只有通过提高农民素质和"科教兴农"战略方可实现。

3. 农村市场化改革必须走可持续发展道路

20 世纪 90 年代，党中央对联合国倡导的可持续发展战略给予了积极响应，同时深刻分析了我国社会经济发展面临的资源与环境约束。江泽民强调指出，"在现代化建设中必须实施可持续发展战略"[6]。

（1）实施可持续发展战略。

实施"可持续发展战略"是党中央反思与总结人类历史发展进程所作出的科学抉择。20 世纪 80 年代我国农村社会经济在取得快速发展的同时，农村改革与发展的过程中付出的"环境代价"逐步显现并愈加昂贵，面对水土流失、

---

① 江泽民文选（第一卷）［M］. 北京：人民出版社，2006：231.
② 中共中央文献研究室. 十四大以来重要文献选编（下）［M］. 北京：人民出版社，1999：1947.
③ 中共中央文献研究室. 十四大以来重要文献选编（下）［M］. 北京：人民出版社，1999：1948.
④ 中共中央文献研究室. 十四大以来重要文献选编（下）［M］. 北京：人民出版社，1999：1945.
⑤ 中共中央文献研究室. 十四大以来重要文献选编（下）［M］. 北京：人民出版社，1999：1949.
⑥ 江泽民文选（第二卷）［M］. 北京：人民出版社，2006：26.

土地沙化、荒漠化、沙尘暴等系列生态环境问题，江泽民指出"必须切实保护资源和环境，……决不能吃祖宗饭、断子孙路"①。西方发达国家"先发展，后治理""重经济，轻环境""用环境、资源换经济发展"的老路已经给我们提供了鲜活的例证，这种发展的经济繁荣背后是伤痕累累的痛楚。

1994 年 3 月 25 日《中国 21 世纪议程》经国务院常务会议讨论通过，确定了中国可持续发展战略。该《议程》提出"经济发展要与社会可持续发展、资源持续利用和环境保护相协调"，"既要考虑当前发展的需要，又要考虑未来发展的需要是可持续发展"的基本要求。资源的永续利用与生态环境建设是可持续发展的保障基础。

党的十五大进一步重申了可持续发展战略的重要性。1998 年 12 月，江泽民指出"我们讲发展……必须是可持续的发展"②。2000 年 10 月党的十五届五中全会明确提出，"实施可持续发展战略，是关系中华民族生存和发展的长远大计"。可持续发展战略的确立，不仅为中国特色社会主义现代化建设提供了行动指南，亦为我国乡村建设和农业现代化指明了方向。

《中国 21 世纪议程》提出，"农业与农村是中国可持续发展的优先领域，农业与农村的可持续发展，是中国可持续发展的根本保证。我国的农业与农村要摆脱困境，必须走可持续发展的道路"③。1996 年 1 月中央农村工作会议将"控制人口增长，保护耕地资源和生态环境，实现农业和农村经济的可持续发展"作为"九五"时期及今后时期农村工作的主要任务和政府措施④。同年 4 月，江泽民在河南考察农业和农村工作时强调应该把节地、节水提到贯彻实施可持续发展战略来认识。⑤ 1997 年 3 月，国务院转发农业部乡镇企业报告时指出，"乡镇企业要贯彻科教兴国和可持续发展战略"⑥。

1998 年 10 月党的十五届三中全会提出了我国农业和农村跨世纪发展必须坚持十条方针，其中第五条指出"实现农业可持续发展"⑦。1999 年 2 月中央将"改善农业生态环境，实现农业可持续发展"纳入《中国共产党农村基层组织工作条例》。⑧ 2000 年 10 月江泽民再次重申，"要十分重视生态建设和环境保

---

① 江泽民文选（第一卷）［M］．北京：人民出版社，2006：464．
② 中共中央文献研究室．十五大以来重要文献选编（上）［M］．北京：人民出版社，2001：683．
③ 许耀桐．中国基本国情与发展战略［M］．北京：人民出版社，2001：180．
④ 中央财经领导小组办公室．中国经济发展五十年大事记［M］．北京：人民出版社，1999：495．
⑤ 中共中央文献研究室．十四大以来重要文献选编（下）［M］．北京：人民出版社，1999：1949．
⑥ 中央财经领导小组办公室．中国经济发展五十年大事记［M］．北京：人民出版社，1999：508．
⑦ 中共中央文献研究室．十五大以来重要文献选编（上）［M］．北京：人民出版社，2001：560．
⑧ 中共中央文献研究室．十五大以来重要文献选编（上）［M］．北京：人民出版社，2001：764．

护，经过长期的努力，使我国青山常在，绿水长流，资源永续利用"，"从中华民族的长远发展考虑，从应付世界上的突发事件考虑，从为子孙后代考虑，坚持实施可持续发展战略"。①

两个根本转变与农村农业的可持续发展战略相辅相成，两个转变是实现经济、社会、生态可持续发展的必要前提。实施可持续发展战略需要通过农业发展方式的转变方可得以实现，使乡村社会经济及生态保护逐步迈入良性可持续发展道路。

（2）农村经济和社会要协调发展。

1996年6月，江泽民在河南考察期间明确提出"农村经济和社会要协调发展"②。

控制人口规模，提高人口素质是农村可持续发展的前提。江泽民指出，要"从可持续发展的战略高度认识人口问题的重要性"③。我国的基本国情农情是人多地少，乡村人均资源匮乏，农民文化素质和水平程度较低，各地区发展不平衡，这是中央考虑乡村发展的一个基本出发点，要实现乡村的可持续发展，必须合理控制人口规模，如果人口无限膨胀，乡村人口与农业农村生产力不相适应，既无法满足当代人的物质需求，同时势必加重乡村资源与环境的承载力，进而危及后代人的生存空间。④

江泽民强调，在控制人口增长的同时，必须促进教育普及和人口素质提高，"这是关系中华民族兴旺发达的大事"⑤。江泽民强调，"良好的人口环境，是指适度的人口总量、优良的人口素质、合理的人口结构。良好的人口环境，将促进人口与经济、社会、环境、资源的协调发展和可持续发展"⑥。科教兴农战略的实施，其前提是普及农村文化教育，降低农村文盲人口比例，改善乡村公共卫生条件，着力提高农村卫生保健水平，强化乡村人居环境保护力度，消除严重危害群众健康的地方疾病和流行疾病，努力提高人口质量，提高人民生活水平，这样，控制人口增长才有了良好的基础和条件。

（3）坚持环境保护的基本国策，实现农村经济与资源环境协调发展。

1996年，江泽民提出"保护环境的实质就是保护生产力"⑦。江泽民的这一科学论断是从全局与战略的高度对环境保护重大意义的丰富与发展，是对邓小

---

① 中共中央文献研究室. 十五大以来重要文献选编（中）［M］. 北京：人民出版社，2001：1405.
② 中共中央文献研究室. 十四大以来重要文献选编（下）［M］. 北京：人民出版社，1999：1951.
③ 江泽民文选（第一卷）［M］. 北京：人民出版社，2006：518.
④ 江泽民文选（第一卷）［M］. 北京：人民出版社，2006：520.
⑤⑥ 江泽民文选（第一卷）［M］. 北京：人民出版社，2006：519.
⑦ 江泽民文选（第一卷）［M］. 北京：人民出版社，2006：534.

平环境保护思想的深化与升华，是在新时期对经济发展与环境保护关系的实践总结与高度概括。面对日益严重的生态问题，江泽民强调，我们在现代化建设的过程中，必须处理好人与自然、经济建设与生态环境之间的关系，既要集中力量发展农村经济，又要尊重自然规律，唯有如此，才能进一步解放生产力、发展生产力，在农业农村现代化建设中实现人与自然的共赢。改革开放以来的实践表明：科学技术是第一生产力，同样，人保护环境、维护生态平衡的能力也是一种生产力。后一种生产力的解放与发展，在新时期会带来更大的经济效益、社会效益。将环境保护纳入生产力的范畴内，既是对新时期环境保护重要性的深刻揭示，也是对马克思主义关于生产力理论的新发展。

20 世纪 90 年代，我国许多地区原有农田水利设施因老化失修，导致水土流失日趋严重，抗灾能力明显减弱，水旱灾害越来越频繁，对此，江泽民强调，基础设施建设是实现农业稳定增长的一个重要问题，稳步提高对农业的投入保障水平"要十分明确，不能动摇"[1]。2001 年 4 月国务院印发的《农业科技发展纲要（2001—2010 年）》中提出，"实施农业生态环境建设科技行动，提高农业可持续发展能力。研究开发天然林保护与恢复、水土保持、退耕还林还草和农业资源高效利用技术，为改善生态环境，实现农业可持续发展提供技术支撑"[2]。

农村市场化改革走可持续发展道路，是在市场化、工业化和城镇化大背景下，探索"走生产发展、生活富裕、生态良好的文明发展道路"的抉择。既是对我国社会主义农业农村现代化建设经验的科学总结，同时也为我国农村市场化改革中实施可持续发展战略指明了前进的方向。

4. 完善法制法规，防止农村环境污染和生态破坏

江泽民强调，在农村市场化改革中实施可持续发展战略，必须"要从宏观管理入手，建立环境和发展综合决策的机制"[3]。换句话说，就是要从全局高度完善相应的决策机制，辩证考虑局部与整体、眼前利益与长远利益、经济效益与环境效益的关系。各级党委和政府在进行经济决策时，要注意综合考虑决策对生态环境的影响，唯有如此，才可能从源头上防止污染，把环境保护工作纳入依法治国的轨道上来。[4] 这一时期中央持续加强环境保护方面的立法与执法力度。1993 年的《中华人民共和国农业法》颁布实施，同年 9 月，经国务院批

---

① 江泽民. 论社会主义市场经济［M］. 北京：中央文献出版社，2006：150.

② 中共中央文献研究室. 十五大以来重要文献选编（下）［M］. 北京：人民出版社，2001：1796.

③ 江泽民文选（第一卷）［M］. 北京：人民出版社，2006：534.

④ 课题组. "两山"重要思想在浙江的实践研究［M］. 杭州：浙江人民出版社，2017：103.

准通过的《中国环境保护行动规划》阐述了我国环境保护目标，提出跨部门环境保护行动计划。1994 年 6 月出台了《中国生物多样性保护行动计划》，1995 年农村环境状况首次在《中国环境状况公报》得到反映，此后国家加大了对高污染高耗能乡镇企业淘汰力度，1999 年国家环保总局出台了《关于加强农村生态环境保护工作的若干意见》，2000 年出台了《中国湿地保护行动计划》，2001 年颁发了《畜禽养殖污染物排放标准》等。

（三）科学发展观与社会主义新农村建设

根据国家统计局的资料，进入 21 世纪，中国 GDP 已经突破 10 万亿元大关，人均 GDP 接近万元，城市化率约 40%，社会经济各个领域得到全面迅速发展，但由于粗放式的发展方式尚未有效转变，农村的环境问题日趋凸显，城乡差距扩大。党的十六大以后，以胡锦涛同志为主要代表的中国共产党人，团结带领全党全国各族人民，在全面建设小康社会进程中推进实践创新、理论创新、制度创新，形成了科学发展观，并抓住重要战略机遇期，聚精会神搞建设，一心一意谋发展，强调坚持以人为本、全面协调可持续发展，扎实推进社会主义新农村建设。

1. 把解决好"三农"问题作为全党工作的重中之重

2003 年 1 月，胡锦涛指出，"把解决好农业、农村和农民问题作为全党工作的重中之重，放在更加突出的位置，努力开创农业和农村工作的新局面"[①]。改革开放以后的前 20 多年，我国农业和农村的发展，为实现现代化建设前两步战略目标，提供了坚实的基础，但是从总体看，21 世纪之初的中国农民的生活水平明显低于城镇居民，全国所实现的小康是低水平、不全面、不平衡的小康，农业劳动生产率低，农村生产力落后，农民收入增长缓慢等问题成为制约着农业农村可持续发展的重要因素。"重中之重"战略定位正是立足于新世纪中国解决"三农"问题的紧迫性和重要性。2003 年 7 月在全国防治"非典"工作会议上，胡锦涛强调，"农业劳动生产率低，农村生产力落后，农民收入增长缓慢，仍然是我国国民经济的薄弱环节。实现全面建设小康社会的目标，最繁重最艰巨的任务在农村"[②]。党中央立足于新时期乡村发展实际和要求，提出要继续深化农村改革，优化经济结构，提高粮食综合生产能力，加速推进农业产业

---

① 中共中央文献研究室. 十六大以来重要文献选编（上）［M］. 北京：人民出版社，2005：112.
② 胡锦涛文选（第二卷）［M］. 北京：人民出版社，2016：68.

化经营，加强农村基础设施建设，促进农民收入增长，以开创农业农村工作新局面。

2008 年 9 月胡锦涛在河南主持召开农村改革发展问题座谈时进一步指出，"要坚持把解决好农业、农村、农民问题作为全党工作重中之重的战略思想，牢牢把握农村改革发展政治方向，坚持党在农村的基本政策，用政策武装农民，充分发挥广大农民建设社会主义新农村的积极性、主动性、创造性"①。实践充分证明，"重中之重"的战略思想不仅确立和坚持农业基础地位，同时为农业农村的改革与发展中坚持社会主义市场经济改革方向，解放和发展农村社会生产力，走中国特色农业现代化道路，保障农民增收和提升物质保障水平，推动农村经济社会全面发展，提供了政治保障。

2. 深化农村改革要全面贯彻落实科学发展观

（1）全面贯彻落实科学发展观。

党的十六大，党中央总结了新中国 50 多年的发展实践经验，汲取了西方资本主义社会发展中生态危机的教训，顺应了世界各国可持续发展的全球共识，立足于我国国情和客观实际，提出"树立全面、协调、可持续的科学发展观，以促进经济社会和人的全面发展"②。2003 年 4 月在广东考察期间，胡锦涛强调"发展是我们党执政兴国的第一要务。……在发展问题上，我们始终要坚持两条。一是发展是硬道理，……二是发展要有新思路"③。

2004 年 3 月，胡锦涛在座谈会上指出，坚持科学发展观就是要牢固树立以人为本、全面协调可持续的发展观。"以人为本"就是要以实现人的全面发展为目标，发展的成果要惠及全体人民；"全面发展"就是要实现社会经济的全面进步；"协调发展"就是要推进各个领域协调发展；"可持续发展"就是实现社会经济和人口资源环境相协调，保证一代接一代永续发展。贯彻和落实科学发展观就是要牢固树立"以人为本""节约资源""保护环境""人与自然相和谐"的观念。④ 2007 年 10 月党的十七大报告对科学发展观进行了系统阐述⑤。

（2）建设"生态文明"，实现人与自然的和谐相处。

2005 年胡锦涛在人口资源环境工作座谈会上，首次提出了"生态文明"概念。生态文明概念的提出，既丰富了人类文明的理论，也彰显了共产党人对生

①　胡锦涛文选（第三卷）[M]．北京：人民出版社，2016：91 - 92.
②　朱满良，杨信礼．社会主义通史（第八卷）[M]．北京：人民出版社，2011：704.
③　胡锦涛文选（第二卷）[M]．北京：人民出版社，2016：39.
④　胡锦涛文选（第二卷）[M]．北京：人民出版社，2016：166 - 171.
⑤　胡锦涛文选（第二卷）[M]．北京：人民出版社，2016：623.

态环境建设的强烈意识。2007 年，党的十七大报告中提出"建设生态文明"，此后在十七届四中全会上，生态文明建设同经济建设、政治建设、文化建设、社会建设一起被纳入中国特色社会主义总体布局。2012 年，党的十八大上胡锦涛进一步强调要全面落实五位一体总体布局[①]，把生态文明建设放在突出地位[②]。

我国经济社会建设虽然取得了快速发展，但也要清醒地认识到，我国的经济发展资源能源消耗大、利用率还不高，生态破坏与环境污染严重，这些严重影响着我国可持续发展战略的实现。发展经济不能以破坏资源环境为代价，必须充分考虑资源环境的承载能力，坚决反对过度开发与利用，要努力建立和维护人与自然相对平衡的关系。

（3）继续深化农村改革，解放和发展生产力。

胡锦涛强调，破解乡村发展的新问题和新矛盾，关键是落实好中央关于"三农"问题的各项政策措施，最根本的是认真落实"党在农村的基本政策，继续深化农村改革"[③]，其核心是稳定和完善土地承包关系，正是在这一原则下，按照自愿、依法、有偿的方式推进土地承包经营权流转，推动农业规模化经营，这符合农业生产力发展的实际要求，也是"以人为本""执政为民""保护农民利益"的基本要求。

3. 发展现代绿色循环型生态农业，构建"两型"社会

（1）发展现代绿色循环型生态农业。

胡锦涛认为，"可持续发展，就是要解决好经济社会发展的能源资源约束，有效保证发展对能源资源的需求，不仅要造福当代人，而且要使子孙后代永续发展"[④]。要转变农业粗放型经济增长方式，必须实现绿色发展与可持续发展，大力发展绿色农业和循环农业。

第一，实行严格的耕地保护制度，加强农田基础设施建设，提升农业综合生产能力。耕地是农业生产和农业发展的基本要素，是发展现代农业的基础条件，我国在工业化与城镇化进程中，大量农田被占用，耕地面积大幅减少，已成为制约农业生产能力提高和现代农业发展的重要因素。胡锦涛指出："从长远看，耕地、水资源不足的矛盾将越来越突出，保持粮食供求平衡压力仍然很大，……要坚决落实最严格的耕地保护制度，切实保护基本农田，稳定粮食播

---

① 胡锦涛文选（第三卷）[M]．北京：人民出版社，2016：619.
② 胡锦涛文选（第三卷）[M]．北京：人民出版社，2016：644.
③ 胡锦涛文选（第二卷）[M]．北京：人民出版社，2016：116.
④ 胡锦涛文选（第三卷）[M]．北京：人民出版社，2016：402.

种面积"①。农业基础设施是农业生产的基本保障，尤其"水利是农业的命脉"②。胡锦涛认为进入新的发展阶段，农业和农村基础设施薄弱，已成为我国农村生产力进一步提高的主要障碍③，2003 年的中央农村工作会议提出，要加大农业基础设施建设力度④。2011 年 7 月，胡锦涛在水利工作会议上指出，水利设施薄弱仍然是国家基础设施的明显短板，要把农田水利建设作为农村基础设施建设的重点任务⑤。胡锦涛强调，要加强农田水利、耕地质量建设，积极推广使用先进生产工具，合理使用化肥、农药、农膜等农业投入品，健全农业社会化服务体系，全面提高农业综合生产能力。⑥在全面贯彻落实科学发展观、建设社会主义新农村等论述中，胡锦涛多次告诫全党，要加大对农业农村的支持力度，切实抓好农民最急需的公共基础设施建设，加大人居环境改善力度，力争经过长期努力使农村基础设施滞后局面有明显改观。

第二，推进农业现代化，推动农业发展方式转变，要大力发展高产、优质、高效、绿色农业，满足对农产品总量、质量、安全和多功能需求⑦。2003 年胡锦涛提出要把食品质量、卫生和安全工作放到十分突出的位置⑧。2008 年中央提出，大力发展高附加值的特色农业、设施农业、生态农业、观光农业、都市农业和现代养殖业⑨。2010 年 2 月，胡锦涛提出，搞好产业布局规划，科学确定区域农业发展重点，形成优势突出和特色鲜明的产业带，发挥农业多种功能，提高产业竞争能力和农业整体效益⑩。

第三，加快推进农业科技创新，促进农业可持续发展。科学技术是第一生产力。胡锦涛指出"科学技术是经济社会发展中最活跃最具革命性的因素"⑪，因此，在推进现代农业发展和转变农业发展方式时，必须促进农业技术集成化、劳动过程机械化、生产经营信息化，以农业生态环境保护为重点，研发和推广应用农业节约型技术、减少农业面源污染和农业废弃物资源性利用等环保技术，促进农业可持续发展⑫。2010 年 6 月胡锦涛在中国科学院第十五次院士大会再次强调实现农产品优质化、营养化、功能化，推进农业信息化、数字化、精准化，要发展先进育种技术，提高农产品质量、产量和抗药性，研发推广节约资

---

① 胡锦涛文选（第二卷）［M］. 北京：人民出版社，2016：413.

②⑤ 胡锦涛文选（第三卷）［M］. 北京：人民出版社，2016：546 – 547.

③⑥ 胡锦涛文选（第二卷）［M］. 北京：人民出版社，2016：414.

④ 中共中央文献研究室. 十六大以来重要文献选编（上）［M］. 北京：人民出版社，2005：122.

⑦ 中共中央文献研究室. 十七大以来重要文献选编（下）［M］. 北京：中央文献出版社，2013：975.

⑧ 中共中央文献研究室. 十六大以来重要文献选编（上）［M］. 北京：人民出版社，2005：119.

⑨ 中共中央文献研究室. 十七大以来重要文献选编（上）［M］. 北京：中央文献出版社，2013：541.

⑩⑫ 胡锦涛文选（第三卷）［M］. 北京：人民出版社，2016：350.

⑪ 胡锦涛文选（第三卷）［M］. 北京：人民出版社，2016：401.

源、减少面源污染、农业废弃物资源化利用等技术，提高我国农业可持续发展能力和国际竞争力①。

（2）构建"两型"社会，建设社会主义新农村。

2005年，胡锦涛在主持中共十六届中央政治局第二十五次集体学习时强调，"要从我国国情出发，坚持保护环境和保护资源的基本国策，落实建设资源节约型、环境友好型社会要求"②。中国共产党历来强调资源节约，党的十六届五中全会更是把节约资源作为我国的基本国策，节约资源与环境保护直接关系着生态文明建设，关系着人民的切身利益。全社会要树立资源节约意识与环境保护意识，要清醒地认识到，节约资源、保护环境是一件关系到每个人生存、发展的大事，对资源环境负责就是对人类自己负责。经济的发展必须充分考虑自然的承载力，否则人类将无幸福可言。

2005年，党的十六届五中全会提出"建设社会主义新农村"。对此，胡锦涛指出，"建设社会主义新农村，是统筹城乡发展的重大战略决策。农业、农村、农民问题，是决定全面建设小康社会进程的关键问题，也是关系党和国家工作全局的根本性问题。农业丰则基础强，农民富则国家盛，农村稳则社会安"③。为了促进农村全面发展，避免发生西方国家所出现的"荒芜的乡村、失落的乡村"，2006年中央一号文件提出新农村建设的"二十字"目标要求，为新时期建设有中国特色社会主义新农村提供理论基础和行动指南。

4. 完善社会主义新农村建设的保障机制

（1）工业反哺农业、城市支持农村，统筹城乡发展。

"重中之重"的"三农"战略思想为共产党人打破"重城轻乡""重工轻农"的二元体制，加快推进农村可持续发展提供了坚实理论基础。2003年1月，胡锦涛提出"统筹城乡经济社会发展，发挥城市对农村的带动作用"④。2004年9月在党的十六届四中全会上，胡锦涛提出了世界各国在工业化初期的"农业支持工业、为工业提供积累"和工业化后期的"工业反哺农业、城市支持农村"的"两个普遍性的趋向"论断⑤。"两个趋向"的科学论断是以胡锦涛为主要代表的中国共产党人对世界各国乡村发展规律的把握，对新中国成立以来特别是改革开放后党处理城乡关系问题的经验总结。新中国成立后，我国

---

① 胡锦涛文选（第三卷）［M］. 北京：人民出版社，2016：405.
② 胡锦涛文选（第二卷）［M］. 北京：人民出版社，2016：358.
③ 胡锦涛文选（第二卷）［M］. 北京：人民出版社，2016：366.
④ 中共中央文献研究室. 十六大以来重要文献选编（上）［M］. 北京：人民出版社，2005：120.
⑤ 胡锦涛文选（第二卷）［M］. 北京：人民出版社，2016：247.

"重工业优先"战略实施，依靠农业农村农民所提供的原始积累，建立起相对完整的工业体系，改革开放后，农村经济体制改革推动了农业生产力的发展，丰富的农产品供给，农业生产效率提升有效支撑着工业化、城镇化进程。根据国家统计局的资料，2005 年我国城镇化率达到 42.99%，第二和第三产业增加值占 GDP 的比重达到 88.4%。2005 年 10 月，党的十六届五中全会上，胡锦涛指出"我国总体上已到了以工促农、以城带乡的发展阶段。"① "两个趋向"和"新发展阶段论"的论断，明确了新阶段农村改革发展的目标和任务要求，为打破城乡二元结构体制、建立城乡一体化的体制机制提供了理论基础和行动指南。2007 年 6 月，胡锦涛在中央党校省级干部进修班上强调，"要切实加强农业基础地位，统筹城乡发展，……扎实推进社会主义新农村建设"②。2008 年 9 月，胡锦涛在河南焦作主持召开农村改革发展问题座谈会时进一步指出，要坚持把统筹城乡发展作为社会主义现代化建设的重大战略，把农村改革发展纳入整个国家改革发展的框架内统筹谋划，推动农村改革发展和城市改革发展相互促进，实现城乡经济社会协调发展③。

（2）完善生态保护的法规、政策与政绩考核体系。

改革开放以后，我国逐步建立起环境保护的相关法律法规体系，但是，随着改革的不断深入，以及市场化进程的加快，乡镇企业"三废"偷排以及农产品质量安全等问题不断曝光，生态环境保护和食品监管等法律法规对违法乱纪行为的威慑力不够，市场主体的环境违法成本较低，农村环境污染由"点源"向"面源"污染不断演进。对此，胡锦涛强调，"要完善有利于节约能源资源和保护生态环境的法律和政策"④，"提高环境监管执法能力"⑤，严肃查处违反相关法律法规的行为。实行重大环境事故责任追究制度、行政问责制，做到有法必依，执法必严，违法必究，切实发挥法律法规在生态文明建设中的重要作用⑥。针对农村环境治理，2010 年国家出台了《全国农村环境连片治理工作指南》。在贯彻落实科学发展观，推进生态文明建设的具体行动方面，胡锦涛强调，要把资源消耗、环境损害、生态效益纳入政绩考核体系⑦。

① 胡锦涛文选（第二卷）［M］. 北京：人民出版社，2016：361.
② 胡锦涛文选（第二卷）［M］. 北京：人民出版社，2016：548.
③ 胡锦涛文选（第三卷）［M］. 北京：人民出版社，2016：91.
④ 胡锦涛文选（第二卷）［M］. 北京：人民出版社，2016：631.
⑤ 胡锦涛文选（第二卷）［M］. 北京：人民出版社，2016：376.
⑥ 课题组．"两山"重要思想在浙江的实践研究［M］. 杭州：浙江人民出版社，2017：108.
⑦ 中共中央文献研究室．十六大以来重要文献选编（中）［M］. 北京：人民出版社，2005：1100.

四、中国特色社会主义进入新时代

党的十八大以来，中国特色社会主义进入新时代。以习近平同志为核心的党中央坚持把马克思主义基本原理同中国具体实际相结合、同中华优秀传统文化相结合，坚持毛泽东思想、邓小平理论、"三个代表"重要思想、科学发展观，深刻总结并充分运用党成立以来的历史经验，从新的实际出发，创立了习近平新时代中国特色社会主义思想。习近平总书记围绕乡村振兴和绿色发展理念发表了系列重要论述，为新时代乡村绿色发展提供了理论遵循。

（一）"重中之重"的"三农"战略定位与乡村振兴战略

党的十八大以来，习近平就解决好"三农"问题提出了一系列新理念、新思想、新战略，科学系统地回答了"三农"工作的理论和实践问题。2017年，党的十九大明确提出实施"乡村振兴战略"，并指出，"农业农村农民问题是关系国计民生的根本性问题，必须始终把解决好'三农'问题作为全党工作的重中之重"①。习近平坚持马克思主义的立场、观点和方法，对"三农"问题的"重中之重"战略定位继承和发扬了共产党人对"三农"重视的优良传统，丰富和发展了马克思生态思想和乡村发展理论，确立了乡村绿色发展的立论基础。

"务农重本，国之大纲"，早在主政浙江时期，习近平就强调"建设社会主义新农村，就是落实'重中之重'要求的理论归宿和实践选择"②。党的十八大以来，习近平立足国情民情，从"三农"在国民经济中的历史地位、"三农"对党和国家的历史贡献、新时代城乡关系以及"三农"在全局工作中的重要意义四个层次系统论述"重中之重"的"三农"定位。

首先，从历史地位看，中华民族历来重视农业农村，习近平时常引用古谚语强调"三农"的重要性，如"洪范八政，食为政首""民不贱农，则国安不殆"等。我国是农业大国，重农固本是安民之基、治国之要。其次，从历史贡献看，习近平强调"要牢记亿万农民对革命、建设、改革作出的巨大贡献"③。

---

① 中共中央党史和文献研究院. 习近平关于"不忘初心、牢记使命"重要论述选编 [M]. 北京：中央文献出版社，2019：25.

② 习近平. 之江新语 [M]. 杭州：浙江人民出版社，2007：190－191.

③ 中共中央党史和文献研究院. 习近平关于"三农"工作论述摘编 [M]. 北京：中央文献出版社，2019：13.

新中国成立 70 多年来，共产党人始终坚持加强和改善党对"三农"工作的领导，农村的全面发展，为我们赢得全局工作主动发挥了重要作用①。再其次，从城乡关系看，中国特色社会主义现代化建设必须让乡村尽快跟上国家发展步伐。最后，从全局工作看，解决好"三农"问题是经济发展和社会治理工作的基础，"任何时候都不能忽视农业、不能忘记农民、不能淡漠农村"②，这里"三个不能"彰显了共产党人破解"三农"问题的决心和态度，是新时期指导"三农"工作的战略思想。习近平强调"中国要强，农业必须强；中国要美，农村必须美；中国要富，农民必须富"③，这里"三个必须"的论述阐明了"乡村振兴"与"第二个百年目标"的关系，凸显了"三农"工作在全局中的战略定位。

（二）从"两山"理论到生态文明思想的形成

1. 乡村发展中生态困境与"两山"理论

2005 年 8 月 15 日，时任浙江省委书记的习近平同志在考察安吉余村时，余村干部介绍了"关停矿山，还绿水青山"的做法，及村级经济与百姓收入面临下滑的新情况，习近平洞察到余村干部眼中的忧郁，他指出：下决心关掉矿山是高明之举，过去我们既要绿水青山，又要金山银山，其实绿水青山就是金山银山；要坚定不移走自己的路，有所得有所失，在熊掌与鱼不可兼得的时候，要知道放弃，要知道选择。④"绿水青山就是金山银山"的科学论断此后被简称为"两山"理论。

主政浙江时期，习近平对"只要金山银山，不管绿水青山"的批判、对"绿水青山就是金山银山"的科学论断是"两山"理论的基本内容⑤。马克思主义认为，人靠自然界生活，毛泽东则不仅强调人与自然统一的宇宙观，而且强调人类要利用自然首先要认识自然，否则就会"碰钉子"，人类作用于自然界，自然界也会"抵抗"。2003 年 8 月 8 日习近平在《环境保护要靠自觉自为》中对"只要金山银山，不管绿水青山"进行了批判。他认为，与对其他事物发展

① 中共中央党史和文献研究院. 习近平关于"三农"工作论述摘编［M］. 北京：中央文献出版社，2019：4.
② 编写组. 十八大以来治国理政新成就（上册）［M］. 北京：人民出版社，2017：428
③ 中共中央党史和文献研究院. 习近平关于"三农"工作论述摘编［M］. 北京：中央文献出版社，2019：3.
④ 何建明. 那山，那水［M］. 北京：红旗出版社，2017：2－3.
⑤ 沈满洪. "两山"重要思想在浙江的实践研究［J］. 观察与思考，2016（12）：23.

认知过程一样，人类对环境保护认识，也有一个由表及里、由浅入深、由自然自发到自觉自为的过程，只要经济，不考虑环境利益，只重发展，不考虑长远利益，"吃了祖宗饭，断了子孙路"是不自知。只考虑自己不顾他人，只考虑"小家"不考虑"大家"环境，"以邻为壑"，甚至将自己的经济利益建立在对他人环境的损害上也不可取。只有真正认识到生态无边界，保护生态是全人类的共同责任，生态建设才能成为自觉行动。① 2004 年 3 月 19 日在《既要 GDP，又要绿色 GDP》中，习近平强调"发展是我们党执政兴国的第一要务"，进入新的发展阶段，"不能盲目发展，污染环境，给后人留下沉重负担"②。"既要GDP，又要绿色 GDP"是对"既要金山银山，又要绿水青山"不同表述，也是绿色发展客观要求，如果只追求经济发展速度，最终必将遭到"自然界的报复"③。

中国古代谚语"天育物有时，地生财有限，而人之欲无极"，这反映了先哲们对人的物质需求同地球资源的稀缺性是一对永恒矛盾的深刻领悟。资本主义工业革命在为人类带来前所未有的物质财富的同时，人与自然的矛盾愈加尖锐，自然资源日趋匮乏，环境污染日渐严重，生态系统日渐恶化，人类的生存和发展面临严峻挑战。西方资本主义国家大量生产、大量消费、大量废弃的方式，在繁荣的背后付出了代价。习近平认为"西方式现代化是不能实现的，它是人类的一个陷阱"④。2004 年 8 月 26 日，习近平从"偏离科学"和"消弱党的执政能力"的高度再次对"只要金山银山，不管绿水青山"进行了批判，他指出，"在发展观上出现盲区，就会在政绩观上陷入误区；在政绩观上出现偏差，就会在发展观上偏离科学。这无论是发展观还是政绩观上的问题，都会削弱党的执政能力⑤。在发展中粗放型的路子、"好日子先过"会断送"子孙后路"，资源环境必将难以支撑，人类文明也将崩溃，因而必须摒弃"只要金山银山，不管绿水青山"错误思想，按照"既要金山银山，又要绿水青山"的要求，探索可持续发展的现代化道路，在发展中既要"看经济指标，又看社会指标、人文指标和环境指标。"⑥

2005 年 8 月 24 日，习近平在《绿水青山也是金山银山》一文中指出，追求人与自然的和谐，经济与社会的和谐，通俗地讲，就是既要绿水青山，又要金山银山。他认为，许多地方"绿水逶迤去，青山相向开"，良好的自然生态

① 习近平. 之江新语 [M]. 杭州：浙江人民出版社，2007：13.
② 习近平. 之江新语 [M]. 杭州：浙江人民出版社，2007：37.
③ 习近平. 之江新语 [M]. 杭州：浙江人民出版社，2007：44.
④ 习近平. 之江新语 [M]. 杭州：浙江人民出版社，2007：118.
⑤⑥ 习近平. 之江新语 [M]. 杭州：浙江人民出版社，2007：73.

资源和环境是乡村发展的优势，但是如果人类不善待生态环境，即便捡来有了"金山银山"，但却无法换来"绿水青山"。[①] 2006 年 3 月 23 日，在《从"两座山"看生态环境》中，习近平从实践中的三个阶段系统阐释了"两座山"之间有矛盾，有可辩证统一的关系。[②]"两山"理论的提出与形成体现了习近平同志对环境保护的深度思考和对乡村生态烦恼的深刻感悟，"两山"关系的系统论述体现了他对绿色发展哲学的深沉积淀，"两山"理论投射到乡村发展与实践中，体现了习近平同志对生态惠民的深厚情怀。2006 年 4 月 19 日，在《靠建设美村》一文中，他指出，在华夏农耕文明的演进中，农村是大多数人的居所，进入工业社会以来，农村环境屡遭破坏，农村建设时常被人们所忽视。而许多国家在现代化进程中都遭遇到了乡村环境破坏和建设被忽视的问题，这种破坏和忽视使人们付出了沉重的代价，能否解决好这个问题，是"检验能否实现现代化的重要标志"。[③]

党的十八大以来，"两山"理论在习近平同志对全球生态危机的思考中，对世界现代化演进趋势的把握中，对绿色发展道路与生态文明建设探索实践中，得以丰富和完善，并成为全党全社会的共识和行动。2013 年 9 月 7 日习近平同志在纳扎尔巴耶夫大学发表演讲，他回答学生关于环境保护的问题时指出，"中国明确把生态环境保护摆在更加突出的位置，我们既要绿水青山，也要金山银山。宁要绿水青山，不要金山银山，而且绿水青山就是金山银山。我们绝不能以牺牲生态环境为代价换取经济的一时发展"[④]。这一回答是对"两山"理论的丰富和完善。2020 年 3 月 30 日下午，习近平再次来到安吉余村考察调研，他强调指出，"乡亲们坚定走可持续发展之路，在保护好生态前提下，积极发展多种经营，把生态效益更好转化为经济效益、社会效益。全面建设社会主义现代化国家，既要有城市现代化，也要有农业农村现代化"[⑤]。

2. 绿色发展理念的确立

绿色是生命的象征、大自然的底色，发展是执政兴国的第一要务。进入新时代，我国社会经济发展中资源环境的约束日益趋紧，优质的生态产品、环境与服务已经成为人民在新时代的美好生活需要，保护生态、改善环境成为社会

---

① 习近平. 之江新语 [M]. 杭州：浙江人民出版社，2007：153.

② 习近平. 之江新语 [M]. 杭州：浙江人民出版社，2007：186.

③ 习近平. 之江新语 [M]. 杭州：浙江人民出版社，2007：193.

④ 中共中央文献研究室. 习近平关于全面建成小康社会论述摘编 [M]. 北京：中央文献出版社，2016：171.

⑤ 统筹推进疫情防控和经济社会发展工作 奋力实现今年经济社会发展目标任务 [EB/ OL]. http：// zjrb. zjol. com. cn/html/2020－04/02/content_3319139. htm.

经济纵深发展的必然要求。2015 年 10 月以"绿水青山就是金山银山"为内核的绿色发展理念被确立为新时代五大发展理念之一。党的十九大报告明确提出"必须树立和践行绿水青山就是金山银山的理念"。党的十八大以来，针对我国乡村社会发展中所面临的环境污染和生态破坏等问题，习近平阐述了一系列富有前瞻性、战略性和全局性的绿色发展的科学论断。党的十九大报告中明确提出"推进绿色发展，加快构建绿色低碳循环发展体系"。

3. 习近平生态文明思想体系

2018 年 5 月召开的全国生态环境保护大会上，习近平同志系统总结了党的十八大以来我国生态文明建设所取得的显著成效，确立了以"绿水青山就是金山银山"为基本内核的生态文明思想。

习近平生态文明思想具有科学、完整和严密系统的体系。第一，科学自然观强调以"坚持人与自然和谐共生"为本质要求，让自然生态和美丽人居环境永驻人间，还自然以和谐与美丽。第二，绿色发展理念以"绿水青山就是金山银山"为基本内核，强调生态环境与社会经济发展要兼顾，要立足当前，更要着眼长远。"宁要绿水青山，不要金山银山"，说明生态环境一旦遭到破坏就难以恢复，因而宁愿不开发也不能破坏。"绿水青山就是金山银山"说明生态本身可以转化为经济。第三，生态民生观强调以"良好生态环境是最普惠的民生福祉"为宗旨精神，体现了新时代中国共产党人以满足人民日益增长的优美生态环境需要的价值追求。第四，整体系统观强调以"山水林田湖草是生命共同体"为系统思想，通过全地域、全方位、全过程整体开展生态文明建设。第五，严密法治观强调以"最严格制度最严密法治保护生态环境"为重要抓手加快制度创新和完善，强化政策和制度的执行力度，让生态环境的法律法规成为刚性的约束。第六，共赢全球观体现了"共谋全球生态文明建设"，彰显大国担当。[①]

从"两山"理念到"绿色发展"再到"习近平生态文明思想"的形成与完善，习近平系统阐述了人与自然的关系、人与社会和谐共生关系的辩证关系，阐述了建设"美丽乡村""美丽中国""美丽世界"的宏伟目标，乡村绿色发展是生态文明建设和美丽乡村建设的有效途径。

（三）以绿色发展引领乡村振兴是一场深刻革命

2017 年 12 月 28 日在中央农村经济工作会议上，习近平指出，"实施乡村

---

① 李干杰. 以习近平生态文明思想为指导坚决打好污染防治攻坚战［EB/OL］. http：//theory. people. com. cn/n1/2018/1127/c40531－30427862. html.

振兴战略，一个重要任务就是推行绿色发展和生活方式"，"坚持人与自然和谐共生，走乡村绿色发展之路"，并强调"以绿色发展引领乡村振兴是一场深刻革命"。[①] 中央系列纲领性文件的相继颁布，为乡村绿色发展明确了战略性发展方向。以绿色发展引领乡村振兴对实现释放农业生产新效能、实现农业农村可持续发展具有重大意义。

1. 深化农村土地改革，严守耕地保护红线

"土地者，民之本也"。始于 20 世纪 70 年代末的农村经济体制改革极大地释放了农业农村的生产力，推动了我国农业农村的跨越式发展。然而，在城镇化、工业化和市场化进程中，我国农业生产细碎化、农民职业非农化、农业群体老龄化、土地经营粗放化等系列问题制约着农业农村生产力水平的提高，农业资源配置效率低下与农业生产成本不断提升的矛盾、农产品供给质量与人民美好生活需要的矛盾、农业农村经济发展与资源环境约束趋紧等矛盾制约着我国农业农村的现代化进程。[②] 中国的改革从农村开始，农村改革从调整农民和土地的关系开启；农村基本经营制度是乡村振兴的制度基础，要坚持农村土地集体所有，坚持家庭经营基础地位，坚持土地承包关系，完善农村产权制度，健全农村要素市场配置机制，实现小农户和现代农业发展有机衔接。[③]

习近平立足于我国国情、农情、民情的战略性考量，强调"大国小农"是我国的基本"国情农情"，小规模家庭经营是农业的本源性制度，"家家包地，户户务农""人均一亩三分地""户均不过十亩"的农村基本经营制度和农业生产方式是我国长期面对的现实。[④] 在新的历史阶段，一方面，推进农业生产的适度规模化经营是实现农业现代化的必由之路；另一方面，改变分散的、粗放的生产方式是一个较长的历史过程，而"深化农村土地制度改革，实行所有权、承包权、经营权三权分置，是继家庭承包制后农村改革的又一大制度创新，是农村基本经营制度的自我完善"。[⑤] 土地流转与制度改革必须尊重"农民意愿"和维护"农民权益"，审慎稳妥推进，不能单纯追求土地规模化经营强制土地

① 中共中央党史和文献研究院．习近平关于"三农"工作论述摘编［M］．北京：中央文献出版社，2019：112.

② 徐田，苏志宏．习近平新时代"三农"战略思想的三维解析［J］．求实，2018（5）：21－30.

③ 中共中央党史和文献研究院．习近平关于"三农"工作论述摘编［M］．北京：中央文献出版社，2019：60.

④ 中共中央党史和文献研究院．习近平关于"三农"工作论述摘编［M］．北京：中央文献出版社，2019：62.

⑤ 中共中央党史和文献研究院．习近平关于"三农"工作论述摘编［M］．北京：中央文献出版社，2019：53.

流转，要尊重农民意愿和选择，不能"替代农民选择"，规模化经营坚持"宜大则大、宜小则小"。对小农生产经营方式，要通过培育各类专业化、市场化服务组织，提升"组织化服务"，改善农业"生产基础设施"，提高农业"抗风险能力"。

习近平强调，实现农业现代化要注重永续发展，既要保障当代人吃饭，也要为子孙后代着想，转变农业发展方式，发展节水农业、循环农业，让透支的资源环境逐步休养生息，不能滥占耕地、粗放经营，超垦过牧①。农村土地改革必须严守耕地红线，保护基本农田，加强农业农村生态环境保护。

2. 坚持绿色生态导向，深化农业供给侧改革

改革开放 40 多年来，我国农业连年丰收，农产品加工能力持续增强，但农业的结构性矛盾依然存在，呈现出阶段性"供过于求"与结构性"供给不足"并存的特征。为此，必须加快农业结构的优化与调整，促进乡村发展向绿色生态转变，向质量的需求提升转变。2017 年中央深改组第 37 次会议上，习近平强调，"推进农业绿色发展是农业发展观的一场深刻革命"②。习近平的系列论述为促进乡村绿色生产力解放开拓了新思路，赋予了乡村绿色发展的新内涵。

食品安全与百姓身体健康和生命安全密切相关，提高农产品质量是发展现代农业的重要职责。2013 年中央农村经济工作会议上，习近平提出"用最严谨的标志、最严格的监管、最严厉的处罚、最严肃的问责，确保广大人民群众'舌尖上的安全'"③。党的十八大以来，党中央狠抓食品安全工作，取得了一定成效，但我国农产品安全基础仍然"比较脆弱"，质量安全事件时有发生，引起了群众愤慨，对农产品供给质量和"吃得放心"成为百姓的最大关切。习近平强调，食品安全能不能给老百姓一个满意的交代，是对共产党执政能力的重大考验④。他指出，安全农产品和食品，既是产出来的，也是管出来的，但归根到底是产出来的，要加强源头治理，健全监管体制，把各项工作落到实处⑤。

土地是农业生产的母体，只有土净水洁，才可种植和加工出优质安全的农

---

① 中共中央党史和文献研究院．习近平关于"三农"工作论述摘编［M］．北京：中央文献出版社，2019：68.

② 《十八大以来治国理政新成就》编写组．十八大以来治国理政新成就（上册）［M］．北京：人民出版社，2017：427.

③ 中共中央党史和文献研究院．习近平关于"三农"工作论述摘编［M］．北京：中央文献出版社，2019：91.

④ 中共中央文献研究室．习近平关于社会主义社会建设论述摘编［M］．北京：中央文献出版社，2017：144.

⑤ 中共中央党史和文献研究院．习近平关于"三农"工作论述摘编［M］．北京：中央文献出版社，2019：99.

副产品。习近平强调：把住生产环境安全关，就要治地治水，净化农产品产地环境；把住农产品生产安全关，就要控肥、控药、控添加剂。[①] 为此，必须要通过完善法律法规，加强对农业种植和农副产品生产加工环境的管理，完善农产品生产环境的监测，切断污染物进入农田和农产品加工的链条，强化对被污染土壤的修复。习近平指出，"过去讲'庄稼一枝花，全靠肥当家''春施千担肥，秋收万担粮'，那说的是有机肥，可不是化肥"，当前农村普遍存在农户不清楚或者不在意农药的毒性、化肥的养分以及用量，导致误用、过量使用而污染农产品的现象，因此，要广泛开展环保知识和法规宣传教育，推广"农民一看就懂、一学就会、一用就见效"的简单易学技术，引导农民"科学合理施肥、用药、用料"。[②]

习近平一贯主张将"科教兴农"摆在显要的地位。早在 20 世纪 90 年代，他就提出"通过多层次、深层次的农业综合开发，农业要实现……以资源开发为主逐步转向技术开发、产品开发的内涵型生产为主"[③]。2014 年，他指出"科技是国家强盛之基，创新是民族进步之魂"[④]。实现农业农村现代化，必须注重农业领域科学技术的推广与应用，为农业农村现代化注入科技发展的新动能。2013 年中央农村经济工作会议上，他强调，"'好儿要好娘，好种多打粮'，'种地不选种，累死落个空'，要下决心把民族种业搞上去，……从源头上保障国家粮食安全"。[⑤]我国要想实现农业农村的现代化，必须强化农业科技创新发展，将科学技术研究成果转化为现实生产力，推动我国农业农村走出一条"内涵式发展道路"[⑥]。

3. 统筹推进"山水林田湖草"系统治理

就农业生产而言，习近平强调，"'有肥无水望天哭，有水无肥一半谷。'解决靠天吃饭问题，根本的一条是大兴农田水利。我们在农田水利方面欠账很多，好多地方还在吃 20 世纪六七十年代的老本，这个欠账要下决心补上。既要重视大型水利工程这样的'大动脉'，也要重视田间地头的'毛细血管'"[⑦]。

就乡村生态振兴而言，习近平强调，良好的生态环境是农村最大的优势和宝贵财富，要守住生态保护红线，推动乡村自然资本加快增值，让良好的生态

①②⑤ 中共中央文献研究室. 十八大以来重要文献选编（上）[M]. 北京：中央文献出版社，2014：674.

③ 习近平. 摆脱贫困 [M]. 福州：福建人民出版社，1992：137.

④ 中共中央文献研究室. 习近平关于科技创新论述摘编 [M]. 北京：中央文献出版社，2016：27.

⑥ 中共中央文献研究室. 十八大以来重要文献选编（上）[M]. 北京：中央文献出版社，2014：679.

⑦ 中共中央文献研究室. 十八大以来重要文献选编（上）[M]. 北京：中央文献出版社，2014：663.

成为乡村振兴的支撑点①。进入新时代，习近平基于中国的生态环境问题是民心所痛以及中国现阶段发展的条件保障，他强调农业发展不仅要杜绝生态环境"欠新账"，而且要逐步"还旧账"，"一方面，多年快速发展积累的生态环境问题已十分突出；……另一方面，我们也具备解决好这个问题的条件和能力了"②。

4. 改善人居环境，建设美丽乡村

乡村是农业的载体，是农民生活的家园。乡村是中国社会发展的根基，民以食为天，邦以农为本，"乡村兴则国家兴，乡村衰则国家衰"。党的十八大提出建设天蓝、地绿、水清的美丽中国，习近平更明确提出"建设美丽乡村，造福农民"的新要求。美丽乡村要着力实现乡村居民"生活环境好、居住房子好、卫生条件好、公共服务好"等，这是一个涉及环境、文化、人和物的综合性理念。习近平强调：中国要强，农业必须强；中国要富，农村必须富；中国要美，农村必须美。③早在主政浙江时期，习近平就亲自部署、推动浙江省"千村示范、万村整治"工程，开启了浙江乡村振兴篇章。2013年5月，习近平对浙江省"千村示范万村整治"工程作出重要批示："各地开展新农村建设，应坚持因地制宜、分类指导，规划先行、完善机制，突出重点、统筹协调，通过长期艰苦努力，全面改善农村生产生活条件"。④ 2013年的中央一号文件首次提出"美丽乡村"的目标，成为乡村绿色发展实践的重大创新。进入新的历史阶段，我国乡村居民收入增加了，房子盖好了，但传统的人畜混居，卫生条件差和不良卫生习惯并没有彻底改变，建设美丽乡村亟待加强人居环境治理，改善人居环境。

在习近平看来，建设美丽乡村必须从最简单最突出的问题入手，将推进农村人居环境整治作为突破点，"小厕所是大民生"。同时美丽乡村建设，要遵循乡村自身发展规律，不能脱离乡村实际，不能盲目照搬或复制。2017年12月，在中央农村工作会议上，习近平强调"最起码要给农民一个干净整洁的生活环境"。⑤

① 中共中央党史和文献研究院. 习近平关于"三农"工作论述摘编［M］. 北京：中央文献出版社，2019：111.
② 中共中央党史和文献研究院. 习近平关于"三农"工作论述摘编［M］. 北京：中央文献出版社，2019：107，109.
③ 中共中央党史和文献研究院. 习近平关于"三农"工作论述摘编［M］. 北京：中央文献出版社，2019：3.
④ 《十八大以来治国理政新成就》编写组. 十八大以来治国理政新成就（上册）［M］. 北京：人民出版社，2017：320.
⑤ 中共中央党史和文献研究院. 习近平关于"三农"工作论述摘编［M］. 北京：中央文献出版社，2019：114－115.

5. 传承乡村文明，倡导绿色生活消费方式

乡村文明是中华民族文明史的主体，农耕文化史是我国农业的宝贵财富。习近平指出，乡土文化的根不能断，农村绝不能成为荒芜的农村、留守的农村、记忆中的故园。① 华夏文明根植于农耕文明，从"农事节气"，到"大道自然、天人合一"的伦理思想，从乡村的宅院村落，到巧夺天工的"桑基鱼塘"，都彰显着中华民族的绿色智慧。推进乡村绿色发展，"既要塑形，也要铸魂"，要深化绿色理念的宣传教育，在传承、保护与开发利用中，不断赋予乡土文明新的时代内涵，让华夏农耕文明生生不息，让农耕文明的绿色智慧展现时代魅力与风采。弘扬中华民族勤俭节约美德，反对铺张浪费是中国共产党人一以贯之的立场和原则。2013 年，习近平对新华社和人民日报社的两份材料作出批示："宣传节约光荣、浪费可耻的思想观念，……鼓励节约，整治浪费"②。2020 年8 月，习近平对制止餐饮浪费行为再次作出重要指示，不仅指出了餐饮浪费现象的严重危害，同时对坚决制止餐饮浪费行为、切实培养节约习惯提出了明确要求，充分彰显了共产党人弘扬勤俭节约优良传统的鲜明态度和坚定决心。③

（四）走中国特色社会主义乡村绿色发展之路

1. 发挥党组织核心作用，凸显服务意识

农村基层党组织是推动农村工作的领导核心，是带领农村百姓推进乡村建设改革与发展的"主心骨"。习近平强调，农村工作千头万绪，抓好农村基层组织建设是关键④。新中国成立以来，党管农村既是传统，也是做好农村工作的经验。"提衣携领，牵牛牵鼻"，推动乡村建设，既要依靠亿万农民，也要依靠"好的带头人"和"好的基层党组织"。中国共产党带领广大人民群众建设美丽乡村，改变农村面貌，帮助农民致富，在迈向农业农村现代化建设的新征程，既需要"好政策"，也需要农村基层党组织和干部带领亿万农民不懈努力。习近平强调，我们的农村党组织，一定要成为团结带领群众建设社会主义新农

---

① 中共中央党史和文献研究院. 习近平关于"三农"工作论述摘编 [M]. 北京：中央文献出版社，2019：121.

② 中共中央文献研究室. 十八大以来重要文献选编（上）[M]. 北京：中央文献出版社，2014：119.

③ 新华社. 习近平：坚决制止餐饮浪费行为 [EB/OL]. https：//baijiahao. baidu. com/s？id = 1674710227376485854&wfr = spider&for = pc.

④ 中共中央党史和文献研究院. 习近平关于"三农"工作论述摘编 [M]. 北京：中央文献出版社，2019：185.

村的坚强堡垒，这样，无论抓稳定还是抓发展，都会有力量、有后劲①。

习近平强调发挥农村基层党组织的领导核心作用、完善党领导"三农"工作体制机制、加强农村基层党组织干部队伍的培养配备、完善对基层干部队伍监督管理机制、凸显基层党组织和党员干部服务"三农"意识，调动一切积极因素和建设力量，不断提高基层党组织对"三农"工作的服务质量，增强亿万农民群众的认同感、幸福感与获得感。2017年12月，习近平强调指出，"办好农村的事情，实现乡村振兴，关键在党"②。以绿色发展引领乡村振兴，不是坐享其成，等不来也送不来，要依靠基层党员干部团结带领广大农民不懈奋斗。

2. 坚持农业农村优先，统筹城乡发展

2018年9月，十九届中央政治局集体学习时，习近平强调，当前我国正处于正确处理工农关系、城乡关口，新时代"三农"工作必须围绕现代化总目标来推进③。中央提出坚持农业农村优先发展，就是要把工业和农业、城市和乡村作为一个整体谋划，在要素配置、产业发展、公共服务、生态保护等方面体现农业农村优先原则，推动城乡基础设施共建共享、互联互通，为亿万农民对美好生活的向往奠定坚实基础。习近平新时代"城乡融合发展"的战略思想以跳出"三农"抓"三农"的发展新思路，为推进新时代乡村绿色发展提供了行动指南，对乡村绿色发展的实践具有重要战略指引意义。

3. 构建中国特色的乡村基层治理体系

九层之台，起于累土，乡村基层组织是国家治理体系的基本单元。党的十九大提出"健全自治、法治、德治相结合"的乡村基层治理模式。习近平强调"基层是一切工作的落脚点"④。2019年6月，《关于加强和改进乡村治理的指导意见》提出了乡村治理现代化的总目标，明晰了时间表和路线图，强调要加强党对乡村治理的集中统一领导，建立健全"三治"相结合的乡村治理体系，提升乡镇和村为农服务能力，明确了当前和今后一个时期17个方面的重点任务。"法治、德治、自治"相结合使乡村治理手段不断创新，农村基本公共服务进一步改善，农村社会保持和谐稳定，广大农民的获得感、幸福感、安全感必将不断增强。

---

① 中共中央党史和文献研究院. 习近平关于"三农"工作论述摘编［M］. 北京：中央文献出版社，2019：188.

② 中共中央党史和文献研究院. 习近平关于"三农"工作论述摘编［M］. 北京：中央文献出版社，2019：190.

③ 中共中央党史和文献研究院. 习近平关于"三农"工作论述摘编［M］. 北京：中央文献出版社，2019：42-44.

④ 中共中央党史和文献研究院. 习近平关于"三农"工作论述摘编［M］. 北京：中央文献出版社，2019：185.

4. 建立和完善农村生态环境保护制度

加强乡村生态环境治理、保护乡村生态资源必须依靠制度和法制。习近平指出："只有实行最严格的制度、最严密的法治，才能为生态文明建设提供可靠保障。"① 完善法制是走乡村绿色发展之路、实现乡村生态振兴的重要抓手。习近平强调，我国生态环境的突出问题，大多与体制机制不健全、制度不严格、法制不严密、执行不到位、惩处不得力有关，必须把制度建设作为推进生态文明建设的重中之重②。"重中之重"彰显了以共产党人将生态文明建设纳入制度化法制化轨道的决心。

改革开放过程中，处于弱势地位的乡村容纳了工业化与城市化大量废弃物，"垃圾下乡"与处置设施的"重城市轻农村"矛盾造成了"垃圾围村"的尴尬局面，垃圾填埋选址建设中多次引发"邻避效应"。习近平强调，要加强农业面源污染防治、强化土壤污染管控和修复，要继续实施重要生态系统保护和修复工程，要在建立市场化、多元化生态补偿机制上取得新突破，让农民成为绿色空间的守护人③。制度的生命力在于执行，党的十八大以来，中央连续开展的环境保护督察、回头看，以及第二轮环保督察工作，释放出对破坏生态环境严加惩处的强烈信号。生态环境保护能否落实落地，关键在于领导干部的环保意识、履责态度和执行是否到位。习近平强调，要落实领导干部生态文明建设责任制，严格考核问责；对那些不顾生态环境盲目决策、造成严重后果的人，必须追究其责任，而且应该终身追责④。

---

① ② 中共中央宣传部. 习近平新时代中国特色社会主义思想学习纲要 [M]. 北京：学习出版社，人民出版社，2019：174.

③ 中共中央党史和文献研究院. 习近平关于"三农"工作论述摘编 [M]. 北京：中央文献出版社，2019：113.

④ 中共中央宣传部. 习近平新时代中国特色社会主义思想学习纲要 [M]. 北京：学习出版社，人民出版社，2019：176.

第四章 中国乡村生态治理
与绿色发展实践

中国共产党自成立以来，高度重视农业农村农民在现代建设中的地位与作用，坚持以马克思主义理论为指导，解放和发展乡村绿色生产力，领导人民群众开展了伟大的乡村革命、建设和改革运动，走出了一条中国特色的乡村绿色发展道路，取得了举世瞩目的成就和丰富的实践经验，为新时代以绿色发展引领乡村振兴提供了宝贵的精神财富。在对近百年的实践探索历程和成效考察的基础上，总结了中国乡村发展和生态环境保护治理的实践经验，剖析了新时代乡村绿色发展存在的问题，基于马克思生态思想优化了乡村绿色发展实现路径。

一、乡村建设与改革中生态治理与绿色发展的实践探索

（一）新民主主义革命时期的乡村社会经济与生态建设

1. 20 世纪初期中国乡村的凋敝与农民的疾苦生活

中华农耕文明在人类发展史上曾经拥有悠久而灿烂的历史，直至封建社会后期，中国乡村手工业商品经济依旧高度发达。然而 1840 年鸦片战争以后，资本主义列强用大炮、鸦片和廉价的商品，打开中国的大门，中国逐步堕入半殖民地半封建社会的深渊。帝国主义对中国的侵略过程中，与中国封建统治者相勾结，对中国乡村大肆掠夺原料并倾销商品。在外国资本兴办各类矿山工厂的资源掠夺、洋行买办与封建官僚苛捐杂税的超经济压榨、自然灾害与兵祸匪乱的多重侵袭下，中国乡村遭受着自然的和人为的灾害侵扰，乡村经济日渐凋敝、民不聊生，生态屡遭破坏，农民生活异常悲惨。

首先，外国资本主义对中国乡村经济的殖民掠夺，使中国乡村沦为帝国倾销商品、汲取原料的廉价市场，加深了乡村社会农业生产的危机。资本主义在侵略过程中对中国乡村所倾销的商品以日用消费品为主，大量消费品倾入乡村，

排斥和抑制了中国乡村的家庭手工业的发展。一方面，在倾销商品过程中，农民需要用农产品换取日用消费品，帝国主义采取各种胁迫手段，迫使农民放弃原有农业生产，种植和出售资本主义侵略者所需的各种原料，造成谷物生产大量缩减。据15个省份的100个县的120个农村地区的调查，1914～1919年，棉花占全部耕地面积的14%，水稻占全部耕地面积41%，到1924～1929年，棉花耕地上升为18%，水稻耕地下降为37%[①]。伴随经济作物耕作面积的扩大和粮食作物面积的缩小，随之而来的是粮食入超量的增加，例如1922年小麦输入量为360万担，输出量为59万担，入超量为301万担，1926年入超量417万担[②]，粮食作物等农产品的大量入超，形成谷贱伤农尴尬局面，资本家与此同时通过资本乘机操纵，使广大农民过着"卖贱米、吃贵米"的贫苦生活。如1927年湖南每担米在秋收前为13元，在秋收后跌至5元。秋收前为买者秋收后为卖者的贫苦农民因而益濒于生活的绝境。[③]另一方面，1895年《马关条约》签订后，帝国主义列强在中国取得了设厂权，不仅经营着船舶修造厂，而且经营丝厂、轧花厂等原料加工企业、饮食、酿酒、制药等消费品工业生产以及自来水公司、电气公司等公用企业，同时胁迫中国出让采矿权，1912年帝国主义控制下的煤炭开采总量占中国煤炭总量的91.9%，[④]资本主义列强对中国的经济侵略不仅掠夺资源，而且大量工厂及采矿企业的兴办对乡村的生态环境造成破坏。

其次，在帝国主义列强对乡村侵扰与掠夺的同时，农村封建势力也加重了对农民的剥削。一方面，广大贫困农民受着地主阶级以地租和高利贷为主要形式的残酷剥削。20世纪初期的中国乡村，10%的地主和富农占有了70%～80%的土地，70%的贫农则没有土地或只有很少的土地，地主阶级不断提高地租剥夺农户的劳动成果，如江苏南通和安徽宿县的谷租，1924年较1914年增加了50%左右；南京、江宁等二十七县的钱租，1927年较1922年增加了一倍以上。[⑤]在高额的租剥削中，农村的借债户占到全体农户的50%～70%[⑥]，贫苦农户不仅举债利率高，还受到"借数不足、预扣利息、滚利作本、按日收利、鸽子地、孤老钱、标谷制、青苗利"等方式的残酷剥夺，在此过程中，乡村中农数目不断下降，贫农比重则不断上升。受到地租和高利贷等多重盘剥的农户，土地迅速向地主阶级集中，一直到国民党统治下的中国乡村，土地分配极不合理，1929年根据浙江平湖的统计，占全体农村户数3%的地主，占有80%的土地。同时期江苏无锡占农村户数6%的地主占有47%的土地；而占农村户数

①② 李新等．中国新民主主义革命时期通史（第一卷）［M］．北京：人民出版社，1962：127．

③⑤⑥ 李新等．中国新民主主义革命时期通史（第一卷）［M］．北京：人民出版社，1962：128．

④ 李新等．中国新民主主义革命时期通史（第一卷）［M］．北京：人民出版社，1962：3．

69%的贫雇农，只有 14.2%的土地。1933 年，广东 2%的地主，占有 52%的土地；74%的贫雇农，只占有 19%的土地。① 另一方面，国民党政府不断加重各种田赋及田赋附加税。在国民党政府统治下，除正税外，还有层出不穷的苛捐杂税，其名目繁多，一县一乡就常有几十种，且各类苛捐杂税税率不断提高，不仅损害着各阶层人民，更严重地损害着贫苦的农民，如食盐税，1928 年每百斤为 7.6 元，比清末增加了 7 倍，印花税 1928 年比 1927 年就增加了五倍。② 在云南、贵州等地不仅强迫农民种植鸦片，而且每亩课税达 30 元以上。国民党新军阀势力摊派征收的各种军事费用更加惊人。在军阀、官僚、地主阶级日益增加的地租、高利贷和各类繁重的捐税的剥削下，农民趋于破产。

最后，战祸遍及广大乡村以及自然灾害频发，使农业生产受阻，荒地面积日增，乡村饥民数量剧增。军阀部队所过之处，烧杀淫掠，无所不为，使农民畏兵如虎，逃亡他乡，而致田地荒芜。与此同时，天灾也十分严重，1920 年，华北五省大旱，灾民达两三千万人，死亡 50 万人，灾区达 300 多县；1926 年，东三省发生 20 年未有的大旱灾，安徽发生 60 年未有的大水灾。在天灾人祸交迫之下，全国荒地面积日增，农作物产量显著下降，1918 年小麦产量为 4.3 亿石，1923 年则降为 2.7 亿石。③ 农村凋敝，农民破产，饥民千百成群，以草根树皮为食，甚至发生人相食的惨剧，民不聊生的状况激化了农村的阶级矛盾，加强了广大农民对帝国主义、地主阶级、封建军阀的反抗。广大农民不得不铤而走险，奋起求生。毛泽东指出："直到第一次世界大战和俄国十月革命之后，才找到马克思列宁主义这个最好的真理，作为解放我们民族的最好的武器，而中国共产党则是拿起这个武器的倡导者、宣传者和组织者。"④ 他们一旦得到无产阶级的坚强领导，就必然会形成汹涌壮阔的农民运动的高潮。

中国共产党自成立以来，高度重视"三农"问题。早在大革命时期，共产党人就通过举办农民夜校和运动讲习所等形式在农村开展马列主义启蒙教育和开展批判帝国主义、封建主义思想教育。1925 年开始，毛泽东和彭湃等革命先驱先后在湖南通过兴办夜校，为当时的农村文化建设奠定了广泛的群众基础。与此同时，在湖南等地，以农会组织领导下的农民运动通过铲除贪官污吏土豪劣绅动摇了封建政治基础，在经济上通过减租减息打击了地主阶级，在文化上通过瓦解封建宗法制度和移风易俗，为民主主义革命开辟了广阔前景。

---

① 李新等. 中国新民主主义革命时期通史（第一卷）[M]. 北京：人民出版社，1962：51.
② 李新等. 中国新民主主义革命时期通史（第二卷）[M]. 北京：人民出版社，1962：53.
③ 李新等. 中国新民主主义革命时期通史（第一卷）[M]. 北京：人民出版社，1962：129.
④ 毛泽东选集（第三卷）[M]. 北京：人民出版社，1991：795.

2. 中央苏区以土地革命为中心的乡村改造与生态建设

第一，中国共产党领导的革命根据地的发展与土地革命密不可分，为了正确而有效地开展土地革命，中国共产党在实践中积极探索和完善土地革命路线。在根据地建立初期，中国共产党对土地革命缺乏经验，制定的部分规定曾不适合乡村的实际情况。1930 年，毛泽东提出土地革命必须"依靠雇农贫农、团结中农、限制富农、保护中小工商业者、消灭地主阶级，变封建半封建的土地所有制为农民的土地所有制"。[①] 同年 5 月，《中华苏维埃共和国国家根本法（宪法）大纲草案》明确指出"实行土地革命，消灭一切封建残余，没收地主阶级的土地，废除一切封建式的资产阶级的税捐，实行统一的累进所得税的原则，税则完全由工农兵会议（苏维埃）决定，只有这样，农民群众才能够在无产阶级领导之下取得土地"。[②] 1931 年 8 月，《中共苏区中央局关于土地问题的决议案》中再次强调"中国土地革命是根本消灭地主的封建的剥削"。[③] 1931 年 12 月《中华苏维埃共和国土地法令》颁布实施。[④]

第二，组织和调剂农业生产要素，大力开展农业生产。中国共产党在红色区域领导农民开展土地革命以后，面临如何大力发展农业生产问题。在当时战争非常残酷的条件下，发展农业生产困难是很多的。除劳动力不足，资金、耕牛和农具都很缺乏外，还需要解决肥料、种子和水利等问题。党和工农政府为了克服这些困难，坚决贯彻群众路线的方针，把解放了的农民广泛地动员起来和组织起来，通过广泛地发动群众参加生产，深入地挖掘劳动潜力，还在自愿和互利的基础上，开展互助合作运动，统一调配劳动力，统筹安排农业生产。其主要形式有：一是劳动互助社，即每村有一个社，做好以村为单位全盘计划生产，调剂人工。社员互助，帮助孤老，社员保存着生产资料的私有制，并且可以佣工或雇工，但必须在社的统一领导下，互相调剂劳动力，进行一定的集体劳动。通过劳动互助社组织劳动协作，可以节省人力，鼓舞劳动热情，充分利用生产工具，提高劳动生产率，因此它促进了根据地农业生产的发展。二是耕田队。每村设立一个队，下辖小队，小队由 3 ~ 7 人组成，每小队负责其附近几家或几十家，促进这些人家搞好生产。三是犁牛合作社。即把没收地主富农的耕牛、农具组织到合作社里来，同时发动群众入股共同出钱买耕牛、农具，此外，还发动有耕牛、农具的农民加入合作社，通过互助互利的方式，以解决

① 李新等. 中国新民主主义革命时期通史（第二卷）[M]. 北京：人民出版社，1962：72.
② 中共中央文献研究室. 建党以来重要文献选编（第八册）[M]. 北京：中央文献出版社，2011：226.
③ 中共中央文献研究室. 建党以来重要文献选编（第八册）[M]. 北京：中央文献出版社，2011：524.
④ 中共中央文献研究室. 建党以来重要文献选编（第八册）[M]. 北京：中央文献出版社，2011：730.

农业生产缺少耕牛、农具的问题，这是党和工农政府为解决农民群众缺少耕牛、农具的重要措施之一。除上述三种基本形式之外，还有农具合作社、种粮合作社以及比较高级的合作组织——合作农场、农业生产合作社，但后两种形式，因当时条件不够成熟，没有普遍实行。

第三，兴修水利，开垦荒地。在根据地内，各级政府的土地委员会均设水利局，专门管理开沟渠、修堤坝等水利事业。1934年，中央苏区旧有的水泊池塘几乎全部修好。同时，还建立了许多农具合作社，及时修理旧水车，供应新水车。由于水利建设的开展，灌溉面积大大增加，如瑞金武堡区水田占总耕地面积的94%。在反动派统治的年代里，由于天灾人祸荒废了无数田地，党和工农民主政府为了把荒田变成良田，组织了许多妇女开荒队、红军战士及各级政府工作人员开荒队，并展开轰轰烈烈的开荒比赛运动。工农民主政府还制定了奖励开荒条例，规定"新开荒田，三年不纳土地税"，"对开荒有成绩者，给以物质奖励"，并根据自愿原则，将人多地少地区的贫苦农民，移居到地多人少的区域，从事耕作，这些积极措施有力地推动了垦荒工作，1933年中央区开荒达到179000担田。①

第四，实行农业技术改革，开展生产战线上的革命竞赛。为大力传播农业生产知识，改进农作技术，各级政府土地委员会都设立了农业试验场，将耕作、施肥、水利等方面的科学知识，通俗地介绍给农民。同时，逐步开展农业技术改革，教育农民改变过去粗放经营的习惯，精耕细作，多施肥料。此外，提倡和支持农民进行农具改革。党和工农民主政府为发动农民群众努力生产，展开了竞赛运动，大的以区、乡、村为单位，小的以队、户为单位，互相挑战，开展竞赛。参加竞赛的生产单位，自动规定生产品的项目、指标，订立竞赛条件，并定期举行评比。成绩优异者，由工农民主政府发给奖旗、奖状或农具等。每一次竞赛，都要做总结，以便将来更好地开展新的竞赛。

第五，加强乡村生态建设与管理。1931年12月通过的《中华苏维埃共和国土地法令》规定各类公共山林等自然资源由苏维埃管理建设，方便贫农和中农的公共使用。各类桑田鱼塘等依照当地农民群众的意愿，分配给农民使用。1932年3月，《中华苏维埃共和国临时中央政府人民委员会关于植树运动的决议案》提出实行普遍的植树运动，并强调这既有利于土地的建设，又可增加群众之利益。决议案规定加大植树运动的宣传，发动群众种植树木；对于沿河两岸及大路两旁，及适宜种树之荒山，尽可能种树发展林业；各地要选取适宜树

---

① 李新等. 中国新民主主义革命时期通史（第二卷）[M]. 北京：人民出版社，1962：204 – 205.

种栽种；禁止随意采伐，免伤树木之发育；每年春天开展种树竞赛运动等。[1]

3. 陕甘宁边区的乡村经济与生态建设

1935 年 10 月，经历长征磨砺的中央红军先后抵达陕甘宁根据地，边区成为红军长征的"落脚点"和新征程的"出发点"。抗日战争爆发后，集结在陕甘宁边区的红军改编为八路军，开赴华北抗日前线，在此期间，陕甘宁边区成为"各抗日根据地的总后防"，又是"缩毂华北与西北的战略支点"[2]。中共中央在陕北的 13 年期间，中央和边区政府采取各种措施，促进边区乡村经济、政治、生态和文化建设与发展。

第一，制定边区农业经济恢复与发展方针政策。抗战前的边区农村长期遭受封建地主阶级的地租与高利贷剥削、军阀贪官污吏苛捐杂税的榨取、战争霍乱与自然灾害的摧残，加之军阀官府的"拉丁、拉差、拉畜"造成人心恐慌，百姓流离失所，民不聊生，边区农业生产屡遭破坏，手工业濒临破产，日用消费品皆依赖于外间输入，乡村经济凋敝不堪。诚如时人所言："民国十九年后，每年有大量流亡病死饿死被卖之情形。荒地之增加与日俱增，食粮之恐慌以及一切农作之减少，农村副生产之不振。土地集中与细分之危机，耕者多无其田，有田无人耕种，乃农村中最大之危机。"[3] 抗战初期，边区政府为了培养边区的人力物力，以支持长期抗战，急需休养民力，恢复边区经济。1939 年 2 月，边区党委号召大家共同开展生产运动，以实现经济自足自给[4]。1940 年 11 月，边区中央局指出："广泛地开展边区经济建设，是边区当前刻不容缓的迫切任务"；11 月 23 日，边区中央局发出了《对财政经济政策的指示》，强调制定发展边区经济的政策"要以发展农业生产为第一位。除提高粮食、畜牧的生产外，应以边区的工业需要发展边区的农产原料"。[5] 1941 年随着抗战的深入开展，边区的财政愈加困难，毛泽东认为"经济建设一项乃是其他各项的中心，有了吃穿住用，什么都活跃了，都好办了"[6]。毛泽东围绕边区的财政问题、金融问题、税收问题、农业问题、工业问题收集了大量的材料，1942 年 12 月在西北局高干会上，他指出，"发展经济，保障供给，是我们的经济工作与财政工作的

---

① 中共中央文献研究室，国家林业局. 毛泽东论林业（新编本）[M]. 北京：中央文献出版社，2003：11.

② 陕西省档案馆. 陕甘宁边区政府文件选编（第 1 辑）[M]. 档案出版社，1986：118.

③ 何挺杰. 陕西农村之破产及趋势 [J]. 中国经济，第 1 卷第 4、5 期合订本，1933（8）：1 - 31.

④ 中共中央文献研究室. 建党以来重要文献选编（第十六册）[M]. 北京：中央文献出版社，2011：88.

⑤ 黄正林. 陕甘宁边区社会经济史（1937—1945）[M]. 北京：人民出版社，2006：240 - 242.

⑥ 逄先知，金冲及. 毛泽东传（第二册）[M]. 北京：中央文献出版社，2011：619.

总方针"。[①] 毛泽东对抗战以来边区农业生产取得的成就与不足进行总结后，提出边区农业发展的八项基本政策，包括减租减息、增开荒地、推广植棉、不违农时、调剂劳动力、增加农贷、提高技术和实行累进税等。

第二，减租减息促进农业生产，改善农民生活。抗战时期，基于原苏维埃基础上建立的陕甘宁根据地存在着两种不同的土地关系，部分地区开展过土地革命，地主土地被没收并重新分配，部分地区未经过土地革命，地主的土地没有被分配。这主要缘于红军长征到达陕北后，以土地革命为中心的根据地建设虽取得了一定成效，但随着抗日民族统一战线总方针的确立，"打土豪，分田地"的土地政策也随之发生了改变。1937年2月10日，中共中央致电国民党，要求国民党政府实行对外抗战，对内民主，改善人民生活的政策，并做出了四项保证，明确提出了"停止没收地主土地之政策"。1937年3月，临时中央政府西北办事处宣布："在没有分配土地的统一战线区域，地主豪绅的土地，停止没收""地主豪绅回来，可以在原区分配他以和农民一样多的土地和房屋""出租土地给农民，只要地租不苛刻，政府不加以任何干涉"[②]。1942年西北局组织部部长联席会议的调查结果表明，在边区的213个区中未分配土地的有81个区，占38%；1238个乡中未分配土地的有468个乡，占37.8%。[③] 抗战时期，流行于陕甘宁边区的土地租佃形式，分为租种和伙种两类租佃关系五种形式，1942年12月，边区政府颁布了《陕甘宁边区土地租佃条例（草案）》，其中对定租、活租、伙租等租金及减租率进行了规定。[④] 减租减息对调动农民生产积极性和恢复农业生产起到积极的促进作用。对此，毛泽东从改善农民生活、帮助抗战需要和团结地主一同抗战等三个目的阐述了减租减息的重要意义。[⑤]

第三，整合劳动力资源，开展互助合作生产。抗战时期，边区党委和政府继续推行苏区的互助合作经验，提高农业生产效率，但与苏区的互助社不同，边区不再统一以一村、一乡为单位组织劳动互助社，而是从实际出发，"五六为一组"，有力出力，有畜出畜，多出多得，秋后算账，毛泽东认为农民自发组织起来的"变工"（群众互助性质，也是集体做工）、"扎工"（有工头，集体为人家做临时工）"不仅调剂了劳动力资源，动员了"二流子"参加生产，妇女参加生产的也多了，因此在陕甘宁边区存在多种形式的劳动互助组。1939年边

---

① 沙健孙. 中国共产党史稿（1921－1949）[M]. 北京：中央文献出版社，2006：625.
② 中共中央文献研究室. 建党以来重要文献选编（第十六册）[M]. 北京：中央文献出版社，2011：58.
③ 黄正林. 陕甘宁边区社会经济史（1937—1945）[M]. 北京：人民出版社，2006：265.
④ 陕甘宁边区政府档案，复印件藏庆阳地区档案馆，目录号23，卷宗号304.
⑤ 黄正林. 陕甘宁边区乡村的经济与社会 [M]. 北京：人民出版社，2006：42.

区约有 9 万人参加了劳动互助社，6.6 万人参加义务耕田队，5.3 万人参加妇女生产组，4 万人参加儿童杂务队，合计约 25 万人。① 1944 年，边区参加劳动互助组织的人数达 21 万人，约占劳动力总数的 45%，赤水县四区三乡占 70% 以上。② 农业劳动力的重组与整合，有效提高了人力、畜力的有效劳动时间和生产效率，毛泽东将边区的土地革命和减租减息称为第一次改革，将劳动互助称为第二次改革，他指出，"将个体经济为基础的劳动互助组织即农民的生产合作社加以发展，生产就可以大大提高"③。1937～1945 年，边区耕地面积由 826 万亩增加到 1425 万亩，增长了 72.5%。由于劳动生产率的提高，粮食总产量由 1937 年的 126 万石增长到 1944 年的 175 万石，增长了 38.9%，人均粮食产量由 1937 年的 0.86 石，增加到 1944 年的 1.25 石，人均增加粮食 0.4 石。④

第四，改进耕作方法，提高农业生产效率。抗战时期，边区政府为提高粮食产量，倡导民众精耕细作，提高农业生产效率。在传统上，边区由于地广人稀，农民贫困，加之传统耕作习惯的影响，对农业的投入极少，因而在农业耕作方法上是粗放经营。为增加粮食供给，1941 年 1 月，边区政府提出："要认真做到普遍改进农作方法，宣传每个农户实行深耕浅种，选择优良籽种，多施肥料，发展水利，消除病虫害等等，以达到提高粮食产量至 40 万石的要求，要知道改进农作方法是能普遍增加粮食收成的；能够力求改良作法，其收成要比不改农作法的多一倍。"⑤ 结合当时的农业技术条件与农业生产实际，边区党委、政府提倡多耕、深耕、细耕、多施肥、多锄草、选良种、防治病虫害等。在多耕方面，边区要求在春种前空耕一两次，在秋收后进行秋翻；在深耕方面，边区政府要求耕地把生土翻上来，经过太阳晒后，变成熟土；在细耕方面，要求在耕后"不要留下空板凳"，而且把翻起来的土块打细、磨平；在施肥方面，边区提倡以施肥的方法来恢复地力，要求各家修厕所，这样既讲卫生，又可以积肥，将牲口圈养，通过垫圈，堆积有机肥，并且将烧粪的习惯改为烧柴禾提高有机施肥数量。在锄草方面，提倡多锄、细锄，及时为禾苗松土和培土，边区政府号召各地组织锄草变工队、扎工队等劳动互助组织，使锄草的劳动效率有了很大的提高，1943 年"各地秋田锄草次数，平均要比往年多一次以上"。⑥ 在防治病虫害方面，边区的农业科技人员做了大量防治研究，采用通俗语言向

① 黄正林. 陕甘宁边区社会经济史（1937—1945）[M]. 北京：人民出版社，2006：113.
② 黄正林. 陕甘宁边区社会经济史（1937—1945）[M]. 北京：人民出版社，2006：297.
③ 毛泽东文集（第三卷）[M]. 北京：人民出版社，1996：70.
④ 黄正林. 陕甘宁边区社会经济史（1937—1945）[M]. 北京：人民出版社，2006：307.
⑤ 黄正林. 陕甘宁边区社会经济史（1937—1945）[M]. 北京：人民出版社，2006：344.
⑥ 黄正林. 陕甘宁边区社会经济史（1937—1945）[M]. 北京：人民出版社，2006：346.

民众普及防治办法与措施。

第五，开展拓荒运动，扩大耕种面积，提高粮食生产能力。减租减息提高了农民生产的积极性，劳动力资源调剂与整合提高了农业生产效率。然而抗战进入相持阶段，随着边区非农生产人员的增加，边区政府陷入粮荒危机，1941年出现库存无粮局面，在边区农业生产技术短时间内难以提升，粮食单位亩产短期无法有效提高的情形下，边区政府和人民通过开垦荒地和扩大耕种面积保障了粮食生产。由于解决粮食生产的迫切性，动员全民开荒成为边区党委和政府在抗战时期的一项主要农业政策。边区开荒政策实施后，边区民众和移、难民的开荒变成一种共产党领导下的政府行为，抗战期间，边区的粮食耕种面积大幅增长，1944年的耕地面积比1937年增长了41.4%（见表4－1）。

表4－1　　　　　　　　1937～1944年边区历年开荒面积及粮食生产情况

项目	1937年	1938年	1939年	1940年	1941年	1942年	1943年	1944年
开荒数（万亩）	19.5	36.8	100.2	69.8	48.1	35.4	97.0	105.4
耕地面积（万亩）	862.6	899.4	1004	1174	1222	1249	1377	1220
粮食产量（万石）	126	127	137	143	147	150	160	175

资料来源：黄正林．陕甘宁边区社会经济史（1937—1945）[M]．北京：人民出版社，2006：332。

开垦荒地对解决粮食问题无疑是成功的。但是，开荒运动不论在当时，还是对后来该地区的经济发展生产了严重的负面影响，这就是大面积的森林被砍伐，大面积的草地被开垦，对生态环境造成了严重的破坏。

第六，兴修水利，保持水土流失。陕甘宁边区地处黄土高原，干旱少雨，极大地影响着农业生产，但边区境内的无定河、大理河、洛河、葫芦河等水域为农业灌溉提供了条件。抗战期间，边区政府带领当地百姓修建系列水利设施，典型工程包括：（1）靖边杨桥畔水渠，1939年，当地政府动员群众组成了水利委员会，靖边县政府成立了水利建设局，对原有的水利工程进行了补修和改修，形成一条长五里，水量有每秒一立方公尺，每小时可灌田六十亩，一昼夜可灌田1440亩的水渠；以七天灌水一次，可灌田1万亩；（2）延安裴庄水渠，位于延安城西20里，1939年8月1日测量动工，次年4月完工，修建碎石坝一座，干渠长6公里；（3）子长县的子长水渠，1942年6月至1943年5月修建完成，渠长5.3公里，其中石渠1.5公里，渡槽7座，灌溉农田一千余亩。由于边区政府极力倡导农田水利，使水地面积有所增加，如1940年为2.35万亩，1941

年为 2.15 万亩，1942 年为 2.75 万亩，1943 年为 4.11 万亩。[①] 陕甘宁边区所处的黄土高原土质疏松，如天久不雨，黄土飞扬，如果下雨，则造成水土流失。为了解决水土流失的问题，边区通过修水漫地和修埝地保持水土，提高地力，增加了粮食生产。水漫地是利用天雨，收容山洪冲下来的泥土淤漫、沉淀而成，具有耐旱、耐雨、耐风、省肥和保持水土的优点[②]，水漫地每亩平均可收细粮 3 斗，是山地的 2 倍，水漫一尺厚，可种 5 年好庄稼。因此，修水漫地受到边区政府的重视。赤水县因人多地少，人均耕地约 8.1 亩，人均年收粗粮仅有 1 石 2 斗余，因此，传统农业耕作中就以修埝地来增加粮食产量，1939~1941 年，该县修埝地 4 千多亩，1942 年又修成 3260 亩，合计 7 千多亩，仅 1942 年多打粮食 1089 石。除此之外，关中分区各县把一些有坡度的耕地修成水平梯田，不但好耕种，而且容易吸收和储藏雨水，使耕地的肥土不被雨水冲走，而且还可以增加亩产量，1943 年关中的淳耀修成 8333 亩，多打细粮 100 多石。[③] 这种办法在提高边区农业生产和保持水土方面取得了良好的经济效益和社会效益。

第七，植树造林，加强林业生产与管理，保持生态平衡。陕甘宁边区"在森林最茂盛的时期，绝大部分的山间原野，到处都是郁郁葱葱，绿荫冉冉"[④]。但由于战乱及人为的破坏，森林面积逐年减少，水土流失和土地沙化严重。1940 年调查显示，边区政府所辖的区内森林面积约有 1 万平方千米，主要分布在七个林区，森林覆盖面积约 10%（见表 4-2）。

表 4-2　　　　　　　　　　**1940 年边区森林分布及面积**　　　　　　单位：平方千米

林区	九源	洛南	华池	分水岭	南桥山	关中	曲西	合计
面积	2000	1500	1000	1000	2000	2000	500	10000

资料来源：黄正林. 陕甘宁边区社会经济史（1937—1945）[M]. 北京：人民出版社，2006：359-360。

抗日战争时期，陕甘宁边区人口急剧增加，在大生产运动与垦荒运动初期，屯田开荒、伐薪烧炭、人为砍伐造成边区的森林面积减少，自然环境和气候恶化，自然灾害频发。1939 年 3 月 31 日，边区政府指出："植树时间已到，各级政府应立即发动广泛植树运动。"[⑤] 1941 年 1 月，在《陕甘宁边区三十年经济建设计划》中指出："今后之林务，主要是在没森林的地方，建造气候

① 黄正林. 陕甘宁边区社会经济史（1937—1945）[M]. 北京：人民出版社，2006：339-340.
② 黄正林. 陕甘宁边区社会经济史（1937—1945）[M]. 北京：人民出版社，2006：341.
③ 黄正林. 陕甘宁边区社会经济史（1937—1945）[M]. 北京：人民出版社，2006：343.
④ 史念海. 河山集（第 3 卷）[M]. 北京：人民出版社，1988：136.
⑤ 黄正林. 陕甘宁边区社会经济史（1937—1945）[M]. 北京：人民出版社，2006：365.

林。"① 1940 年 4 月，边区政府发出《严禁部队滥伐树林事》的训令。

（二）社会主义革命和建设时期农村改革与生态建设

新中国成立后，中国共产党领导人民开启了社会主义新农村建设的艰辛历程。1949 年中国 89.4% 的人口生活在农村②，现代工业只占国民经济的 10%，农业和手工业占 90%③，为迅速恢复和发展经济，中国共产党人确定了"城市领导乡村、工业领导农业的方针"④，选择并实施了重工业优先发展战略。新中国成立初期，广大农村地区在党的统一领导下，以马克思主义和毛泽东思想为指导，开展了以土地改革为中心的农村社会主义改造，通过开展合作化运动，实现农业集体化生产发展，通过兴修水利、治理江河、植树造林、绿化祖国，推进人民公社化运动，建设社会主义新农村。

1. 推进乡村土地改革，实行农村社会主义改造

在中国乡村，遵循"耕者有其田"推行土地改革是由半封建、半殖民地社会向现代社会转化的必经之路。中国共产党领导人民以农村包围城市取得反帝反封建社会的新民主主义革命胜利后，在乡村实施了以土地改革为中心的农村社会主义改造。1949 年 9 月通过的《中国人民政治协商会议共同纲领》指出"土地改革为发展生产力和国家工业化的必要条件。"⑤ 1950 年 10 月，《城市郊区土地改革条例》在政务院五十八次会议通过并公布实施。1950 年开始，全国乡村分批进行了大规模土地改革，截至 1953 年，除部分少数民族地区及台湾省外，农村土地改革基本完成。1950～1953 年，全国约 3 亿无地或少地农民分得 7 亿亩土地，通过实现农民土地所有制，重组基层，建立党领导下的乡村各级政权，农业生产得以迅速恢复，与 1949 年相比，1952 年农村收入增加了 48%，粮食生产增加了 36%，其他生产也都有所发展⑥。

2. 推进农业合作化运动，组织开展农业集体化大生产

新中国成立前，以家户为单元的家庭农业生产是中国农村延续了几千年的传统制度形式，农地规模小，地块分散，生产效率提升有限。毛泽东指出"个

---

① 黄正林. 陕甘宁边区社会经济史（1937—1945）［M］. 北京：人民出版社，2006：365.

② 资料来自国家统计局。

③⑤ 中共中央文献研究室. 建国以来重要文献选编（第一册）［M］. 北京：中央文献出版社，1992：7.

④ 中共中央文献研究室. 建国以来重要文献选编（第一册）［M］. 北京：中央文献出版社，1992：79.

⑥ 杜润生. 中国农村体制变革重大决策纪实［M］. 北京：人民出版社，2005：39.

体农民，增产有限，必须发展互助合作"①，只有积极引导"个体经济"向"现代化和集体化"方向发展，让农民团结于"集体农场"，方可建设"社会主义大农业"。1949年《中国人民政治协商会议共同纲领》根据人民解放区长期的经验和党中央的方针，规定："引导农民逐步地按照自愿和互利的原则，组织各种形式的劳动互助和生产合作"②。

1955年中国的乡村主要存在三种"合作社"形式。一是由四五个农户组成"互助组"，农户在农忙时贡献各自的农具、牲畜和人力，这一合作方式的农户资产所有权性质未变，生产决策仍由农户自身负责，合作时间有临时性，也有长期性；二是由20～30个相邻农户组成的"初级合作社"，农户资产统一组合、生产统一组织，收入分配方式有两种：一种按照土地、牲畜和农具分红，一种按照劳动贡献支付报酬；三是集体农场或"高级社"，高级社初期由30个农户组成，后来发展到一个村或组，农户的收入取决于集体的收入及按照家庭成员在农业生产中挣得的工分的报酬。中央领导下的农村合作化运动在初期较为谨慎，农户在政府鼓励下，遵循自愿原则加入合作社，合作社呈渐进式发展，1954～1955年党内关于合作化运动发展产生一定分歧，集体化主张者在辩论中获胜，1955年全国农业合作初级社增加60多万个，高级社尽管只有500个，到1957年则发展到75万个（见表4-3）。

表4-3　　　　　　　　　1950～1958年中国农业合作化运动

合作形式		1950年	1951年	1952年	1953年	1954年	1955年	1956年	1957年
互助组	组数（万个）	272	468	803	745	993.1	715	850.0	
	每组农户数	4.2	4.5	5.7	6.1	6.9	8.4	12.2	
初级社	社数（个）	18	129	4000	15000	114000	633000	216000	36000
	每组农户数	10.4	12.3	15.7	18.1	20.0	26.7	48.2	44.5
高级社	社数（个）	1	1	10	150	200	500	540000	753000
	每组农户数	32.0	30.0	184	237.3	58.6	75.8	198.9	158.6

资料来源：林毅夫. 制度、技术与中国农业发展 [M]. 上海：上海三联书店，2008：4-5。

农业合作化运动在其初始阶段得到农户的支持，农业生产取得显著成效。国家统计局数据显示，1952～1958年，中国乡村人口由5.03万人增加到5.47万人，增长了9.85%，农林牧副渔总产值由461亿元增长到566亿元，增长22.78%，第一产业增加值增长21.1%，粮食产量由1.64亿吨增加到2亿吨，

① 毛泽东文集（第六卷）[M]. 北京：人民出版社，1999：379.
② 中共中央文献研究室. 建国以来重要文献选编（第1册）[M]. 北京：中央文献出版社，1992：9.

增长 22.01%。新中国成立初期，我国农业生产资料及农具短缺，农村劳动力、牲畜及农具的互补无疑有助于农业生产效率的提升，"合作社"所取得的成功经验给中央与农村极大的鼓舞，1958 年春全国各地同时掀起了农田水利建设的高潮。但以 100 多户组成的"合作社"在农田水利等大型项目的建设中，难以解决劳动力的抽调和资源的配给等问题。

1958 年 8～11 月，全国原有的 75 万多个"合作社"相继被合并或改为 2.4 万各人民公社，参加农户占全国农户的 99%。然而受自然灾害等多因素影响，1959～1961 年农业生产出现危机，1960 年粮食产量仅为 143.5 亿吨，1962 年恢复到 160 亿吨，仅为 1958 年 80% 的水平。[①] 1962 年 9 月党的八届六中全会提出，"生产队是人民公社的基本核算单位，实现独立核算，自负盈亏，直接组织生产和收益分配"[②]。人民公社的职能主要是管理与协调，这一制度一直延续到改革开放前。

3. 推进农田水利建设，倡导科学种田

土地是农业的根本，水利是农业的命脉，科技是农业发展的关键。1949 年《中国人民政治协商会议共同纲领》中就提出"人民政府应注意兴修水利、防洪防旱"[③]。1953 年 3 月水利部召开了全国水利工作会议对前三年水利建设进行了总结，会议认为，"三年来，各地的农田水利工作，在当地党的领导下，是有成绩的"[④]。1952 年灌溉面积达到 18.5%，成灾面积由 1949 年的 8.5% 降低到 1952 年的 2.9%。1957 年全国灌溉面积占 24.4%，比 1952 年提高了 5.9 个百分点，动力灌溉占灌溉面积比例比 1952 年提高了 2.8 个百分点。[⑤]

1957 年 9 月，中共中央、国务院在对 1955 年冬、1956 年春水利建设高潮时期的经验教训进行总结的基础上，作出"今冬明春大规模地开展兴修农田水利和积肥运动的决定"，其中对建设规划、组织领导、技术指导、水井工作、经费保障、器材准备等做了详细规定。1958 年 12 月，党的八届六中全会提出促进粮食、棉花和其他农作物大量增产的"农业八字宪法"[⑥]。从 1957 年底到"文革"前，国家农田水利投资约 140 亿元，建成大中型水利项目 150 多个，灌

---

① 林毅夫.制度、技术与中国农业发展［M］.上海：上海三联书店，2008：6.

② 中共中央文献研究室.建国以来重要文献选编（第 15 册）［M］.北京：中央文献出版社，1997：625.

③ 中共中央文献研究室.建国以来重要文献选编（第 1 册）［M］.北京：中央文献出版社，1992：9.

④ 中共中央文献研究室.建国以来重要文献选编（第 4 册）［M］.北京：中央文献出版社，1993：258.

⑤ 资料来自相关年份的《中国统计年鉴》。

⑥ 中共中央文献研究室.建国以来重要文献选编（第 11 册）［M］.北京：中央文献出版社，1995：640.

溉面积占比由 1957 年的 24.4% 提高到 1965 年的 31.5%，动力灌溉占灌溉面积的比例由 1957 年的 4.4% 提高到 1965 年的 24.5%。[①]

表 4－4　　　　　　　改革开放前中国农田水利建设与粮食产量

年份	成灾面积（%）	灌溉面积（%）	动力灌溉占灌溉面积比例（%）	粮食产量（亿吨）
1952	2.9	18.5	1.6	1.64
1957	9.5	24.4	4.4	1.95
1962	11.9	29.7	19.9	1.60
1965	7.8	31.5	24.5	1.95
1970	2.3	35.6	41.6	2.40
1975	6.7	43.4	52.9	2.85

资料来源：各年的《中国统计年鉴》。

与此同时，全国爱卫会倡导建造不渗漏的粪坑来管理收集粪便，为提高土壤肥力，许多农村从城市收运有机粪便，农家肥和化学肥料使用量增加，提高了农业生产的单产。稻谷和小麦矮种于 20 世纪 60 年代被引入，现代玉米、棉花和其他种子在 20 世纪 60～70 年代被加速采用，机械化进程于 1962 年后同步加速，全国粮食产量由 1962 年的 1.6 亿吨增加到 1975 年的 2.85 亿吨。[②]

4. 推进造林绿化运动，倡导节约资源与综合利用

新中国成立以来，党中央一直关心和重视林业的发展与管理，为迅速改善自然面貌和满足社会主义现代化建设对木材及林副产品的需要，达到大地园林化的远大目标，毛泽东多次强调"农、林、牧三者互相依赖，缺一不可，要把三者放在同等地位"[③]。1950 年 8 月，在中华全国自然科学工作者代表大会上，周恩来指出："讲到林业，中国森林的面积，远不够一个森林国家的标准。"[④]发展林业，可以保持水土，防风固沙，调节气候，抑制"水、旱、风、雹"等农业自然灾害，从根本上改变农业生产条件，促进农业稳产高产。1949～1978，全国各地在党中央的号召下，开展轰轰烈烈的全民植树绿化运动。

1950 年中央政府颁发了《东北西部内蒙古东部防护林营造计划》，1951 年中央提出"今后各级党委，必须加强对林业工作的领导，把保护山林和建植苗

---

① 资料来自相关年份的《中国统计年鉴》。
② 林毅夫. 制度、技术与中国农业发展 [M]. 上海：上海三联书店，2008.
③ 毛泽东文集（第八卷）[M]. 北京：人民出版社，1999：101.
④ 周恩来选集（下卷）[M]. 北京：人民出版社，1984：25.

圃造林植树工作，列为山区、沙区及其附近地区党委和政府的重要任务之
一"[1]；在固沙造林方面，广大农民群众创造了土压沙、种草压沙、插沙障等经
验，陕西、内蒙古等地区在大面积沙地开展了飞机播种试验等；在水土保持造
林方面，中央高度重视黄土高原水土保持造林工程，山西阳高县采用水平沟、
水平阶、鱼鳞坑等措施营造水土保持林，使黄土山坡面貌迅速得以改变，1955
年时任黄河水利委员会党组书记的王化云同志给中央《关于进一步开展水土保
持工作的总结报告》中指出："到一九五四年为止，据不完全的统计，陕、甘、
晋三省已做地埂、地坎沟、梯田、垅作区田、截水沟等田间工程 270 万亩，造
林种草 735 万亩。这些工作的完成，据部分典型材料的推估，将使每年流入黄
河的泥沙减少约 4500 万公吨"[2]。习仲勋在西北区首届林业工作会议上作了
"为绿化西北而努力"的讲话，强调"林业工作是全国建设中一项重要任务，
在西北更有它特殊重大的意义"[3]。1955 年 12 月，毛泽东在"征询对农业十七
条意见"中强调，"在一切可能的地方，均要按规格种起树来，实行绿化"。[4]
1958 年农业"大跃进"运动掀起各地植树造林的高潮，毛泽东多次强调"农
村、城市统统要园林化，好像一个个花园一样"[5]。毛泽东不仅强调农村要绿
化、要园林化，而且强调"三三制"的耕作制是农业革命的方向。1964 年，他
指出要用"愚公移山精神搞绿化"，公路河流两旁要植树。1953~1977 年间我
国植树造林面积年均 5599 万亩（见图 4-1）。

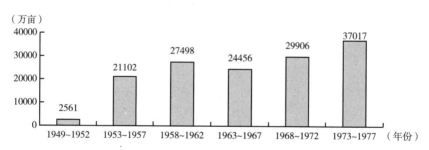

图 4-1　1949~1977 年造林面积

资料来源：笔者根据国家统计局的公开资料整理而得。

---

① 中共中央文献研究室. 建国以来重要文献选编（第 2 册）[M]. 北京：中央文献出版社，1992：436.
② 中共中央文献研究室. 建国以来重要文献选编（第 6 册）[M]. 北京：中央文献出版社，1993：94.
③ 习仲勋. 为绿化西北而努力——在西北区首届林业工作会议上的讲话 [J]. 新黄河，1952
（10）：6-8.
④ 中共中央文献研究室. 建国以来重要文献选编（第 7 册）[M]. 北京：中央文献出版社，1993：430.
⑤ 中共中央文献研究室. 毛泽东论林业（新编本）[M]. 北京：中央文献出版社，2003：51.

在森林砍伐与资源保护方面，1949 年，《中国人民政治协商会议共同纲领》中就提出"保护森林，并有计划地发展林业"①。1951 年 9 月，周恩来在第 101 次政务会议上说，"靠山吃山，靠水吃水"这两句话要写适当才行，否则，"靠山吃山"，把树木砍光了，水灾就来了②。1955 年 7 月第一届全国人民代表大会第二次会议正式通过的《中华人民共和国发展国民经济第一个五年计划》中强调"认真地贯彻合理采伐的政策，把木材的采伐工作同森林的抚育更新工作结合起来，保护森林资源；对有利用价值和应该采伐的木材，应该充分地利用。……发动和组织群众广泛地修边、垒堰、筑堤、打坝、植草、种树，以加强水土的保持"③。

在综合利用方面，1958 年 11 月在全国林业厅局长会议上，朱德强调"在木材利用方面，应尽量节约，提倡综合利用。目前木材利用方面浪费现象相当严重"。④ 他指出，根据国家统计局的材料，木材在采伐时的梢头、枝叶约有 30% 被丢弃，原木加工厂锯材时又有 30% 的刨花和锯屑等丢掉，因此必须积极推广木材的综合利用，大量利用废料制造刨花板等人造板，"北京这样综合利用后，木材利用率由 45% 提高到 95%"；还要注意推广用代用品来节约木材，另外全国以木材作燃料的地方很多，每年烧掉的木材近 4000 万立方米。⑤

5. 普及科学文化知识，开展乡村环境卫生运动

首先，普及文化知识，开展扫盲运动。新中国成立后，中国共产党面向广大农民群众开展了普及文化教育，推进社会主义农村文化的改造和重建。1949 ~ 1960 年，新中国恢复和发展文化教育中的主要工作是普及广大农民群众的基础科学文化知识，加强扫盲识字教育，开展持续而深入的大规模扫盲识字运动。

其次，普及卫生知识，开展卫生整治运动。党中央强调，在农村开展卫生运动要同农业生产结合起来。在乡村环境治理方面，针对农村人畜同居，人无厕、畜无圈、畜粪露天堆置，蝇蛆乱飞乱爬现象，国家在农村开展了"两管五改"环境治理，1974 年国务院要求"在农村，要结合生产把水、粪的管理和水井、厕所、畜圈、炉灶、环境的改良长期坚持下去"⑥。

---

① 中共中央文献研究室. 建国以来重要文献选编（第 1 册）[M]. 北京：中央文献出版社，1992：9.
② 中共中央文献研究室. 周恩来年谱（上卷）[M]. 北京：中央文献出版社，1997：179.
③ 中共中央文献研究室. 建国以来重要文献选编（第 6 册）[M]. 北京：中央文献出版社，1993：405.
④ 中共中央文献研究室. 朱德年谱（下卷）[M]. 北京：中央文献出版社，2006：1703 - 1704.
⑤ 朱德. 依靠党依靠群众完成林业方面的巨大任务——朱德副主席在全国林业厅局长会议上的讲话记要 [J]. 内蒙古林业，1959（1）：1 - 2.
⑥ 付彦芬. 中国农村厕所革命的历史实践 [J]. 环境卫生学杂志，2019，9（5）：415 - 417.

（三）改革开放和社会主义现代化建设新时期乡村生态环境治理

1. 20 世纪 80 年代农村经济体制改革与生态保护

（1）家庭联产承包责任制与农业生产效率的提升。

1978 年 12 月，党的十一届三中全会胜利召开，全会认为，全党必须集中主要精力把农业尽快搞上去，因为农业这个国民经济的基础，在当时就整体来说还十分薄弱。[①] 只有加快恢复和发展农业生产，才能实现国民经济的快速发展。从 20 世纪 50 年代的农业合作化运动到改革开放推行的家庭联产承包责任制，中国农业在生产队体制下维系了 20 多年。合作化运动初期有效激励了劳动者的积极性，改革取得显著成效，但随着合作社规模的扩大及农业生产自身具有的特性，生产队的工分制并不能完全反映劳动者提供的数量与质量，加之社员退社自由受到抑制，也必然影响到劳动的激励效果，进而影响到农业生产效率的提升。改革之初，中国共产党从农村入手，在全国普遍实行了家庭联产承包责任制，由此拉开了中国农村经济体制改革序幕。国内外学者对中国农业总要素生产率的检验结果（见表 4 - 5）表明，家庭联产承包责任制有效促进了农业生产效率的提升。

表 4 - 5 　　　　　　　　　中国农业总要素生产率指数

年份	Tang	Wen	Wiens	Hauami Ruttan	Chow
1952	100. 0	100. 0	100. 0	100. 0	100. 0
1955	104. 0	103. 8	103. 0	103. 2	104. 0
1958	102. 0	104. 7	97. 0	100. 7	109. 0
1959	85. 0	94. 3	89. 1	91. 0	94. 9
1962	78. 0	80. 0	79. 6	79. 3	76. 4
1977	89. 0	77. 6	71. 1	67. 2	94. 1
1980	91. 0	83. 4	76. 2	71. 1	103. 7
1984	—	122. 7	115. 2	100. 6	127. 0
1985		129. 3	122. 7	104. 3	144. 8
1988		132. 6	124. 7	104. 6	159. 8

资料来源：林毅夫. 制度、技术与中国农业发展 [M]. 上海：上海三联书店，2008：19。

---

① 中共中央文献研究室. 新时期农业和农村工作重要文献选编 [M]. 北京：中央文献出版社，1992：10.

从过程看，家庭联产承包责任制经历了从局部合法到普遍推广的过程。1980 年全国实行联产承包责任制的生产队比例由年初的 1.1% 推广到年底的 20%。"包产或包干到户"有效激发了农民的积极性，同时促进了农业效率的显著提升，1981 年政策进一步放松，1982 年基本取消了限制，1983 年中央明确指出"家庭联产承包责任制是社会主义集体经济所有制经济中统分经营相结合的方式，它与小私有的个体经济有着本质区别，既适应于农业生产的特点，又能适应现代化进程中生产力发展的需要"。1984 年中央再次提出巩固和完善包产到户的办法与措施，至此全国农村基本完成了微观基础改革的任务。家庭联产承包责任制通过"交足国家，留足集体，剩下都归自己"这一分配方式，诱发了农民生产积极性，发挥了中国农业劳动力丰富的比较优势，1978 ~ 1984 年，中国农业产值年均增长率为 6.05%，其中"家庭联产承包责任制的贡献为 46.89%，远高于农产品价格提高、农用生产要素的降低等其他因素所作的贡献"[1]。

（2）统分结合的双层经营体制与乡村经济发展。

改革开放前，集体化大生产的人民公社体制服务于工业化战略，而统购统销经营体制有利于集体利用农村资源，汲取农业经济剩余，既有效支撑重工业化战略物资需要，也适应于大型农田水利建设。据估计，新中国成立后前 30 年中，农村农业和农民通过剪刀差形式对国家的贡献接近 8000 亿元[2]，这一时期国家的许多大型农田水利工程也得以建设与实施。由于传统农村经济体制所存在的难以克服的激励缺陷，联产承包责任制在 20 世纪 80 年代得到国家肯定并取得了显著实效，农产品流通体制等系列改革，使原有的人民公社所承担的农业税缴纳和控制农副产品销售职能，以及农村社会、政治、经济等几乎所有管理职能都在农村经济体制改革中面临重构问题。1983 年中央一号文件提出人民公社要"政社分设"。1984 年底，全国 99% 的人民公社改社为乡，生产大队改为"村"，由乡级人民政府和村民委员会构建形成的"乡政村治"模式替代了人民公社"政社合一"的管理体制。在农村经济体制过程中，生产队（组）一直得以延续，主要承担了队（组）内土地承包责任制的实施。

改革开放初期，由于绝大多数合作制经济中的集体组织难以向家庭经营层次提供各种所需的服务，包括诸如基础设施建设、要素的供给及农副产品销售问题等，因此，建立健全农村集体统一经营与家庭分散经营相结合的双层经营模式成为完善农村经济体制改革的一项主要内容，其中集体合作经营层次的主

---

① 林毅夫. 中国的奇迹：发展战略与经济改革 [M]. 上海：上海三联书店，2008：144 - 145.

② 林毅夫. 中国的奇迹：发展战略与经济改革 [M]. 上海：上海三联书店，2008：148.

要事宜是组织农户开展分散农户难以完成的公共设施建设与公共品的供给，如组织开展农田水利工程、科技推广、良种服务等，这一时期与农业生产相关的经济合作组织，如科学种田协会、农业专业技术协会、经济协会、合作基金会等得以发展。

改革开放后，农村经济体制改革有效激发了农民生产的积极性和农业生产效率的提升，1984 年全国粮食产量达到了高峰，许多地方由多年的"手中无粮，心中发慌"甚至转变为"粮食多了，卖粮困难"的局面。1985 年中央一号文件规定"除个别品种外，国家不再向农民下达农产品统派购任务"[①]。与此同时，国家将粮食统购制度改为合同收购，合同之外，由政府议购改为市场收购。1987 年中央政治局提出建立和完善农产品市场体系，是农村第二步改革的中心任务。1991 年国务院在《关于进一步搞活农产品流通的通知》中提出，在保证完成国家订购任务的情况下，更多地发挥市场机制作用。

据国家统计局的资料显示，1978～1992 年，我国第一产业增加值由 1018.5 亿元增加到 27194.5 亿元，按可比价计算，年均增长 4.6%，农业总产值年均增长 6.4%。农民居民家庭人均可支配收入由 1978 年 165 元提高到 1992 年的 1359元。粮油蔬果等粮经作物和肉类产量大幅度增加，如表 4-6 所示，为农民解决温饱问题提供了保障，同时丰富了城乡居民的"米袋子"和"菜篮子"。

表 4-6　　　　　　1978～1990 年我国主要农产品人均产量　　　　单位：千克/人

年份	粮食	棉花	油料	糖料	水产品
1978	318.7	2.3	5.5	24.9	4.9
1980	326.7	2.8	7.8	29.7	4.6
1985	360.7	3.9	15.0	57.5	6.7
1990	393.1	4.0	14.2	63.6	10.9

资料来源：根据各年的《中国统计年鉴》整理计算而得。

1980～1990 年间，国家财政支农支出由 150 亿元增加到 307.8 亿元，中央和各级政府及农民累计投资 1519 亿元，用于加强农田水利建设，其中改良中低产田 2670 万公顷，开荒 250 万公顷，改善了农业农村的生产条件。农业科技三项费用支出由 1980 年的 1.3 亿元增加到 1990 年的 3.1 亿元，农产品生产基地和农林牧渔业良种繁育基地建设取得显著成效，农林、畜牧、水产种养技术在农村逐步得到推广应用。

① 中共中央，国务院. "三农"工作一号文件汇编（1982-2014）[M]. 北京：人民出版社，2014：56.

（3）乡村生态问题的萌发与生态理念的渐显。

改革开放初期至90年代初，我国农业生产中化肥农药投入使用量、污水灌溉量的激增，以及乡镇企业"三废"排放的增加，对乡村生态环境造成了一定程度的影响，乡村生态问题逐渐萌发，促使中央和居民的生态理念渐显，国家相继出台政策法规以遏制乡村生态污染。

20世纪80年代，家庭联产承包责任制改革将农业生产率提高了约50%，但近1/3得益于化肥施用量的增加①，这与改革初期政府采取的扭曲生产要素价格制度安排密切相关。20世纪70年代末，为加快农业发展，中央采取了系列措施降低农药化肥的价格，保障农业生产需要。1978年12月，党的十一届三中全会指出，农业机械、化肥、农药、农用塑料等在降低成本的基础上，降低出厂价格和销售价格，把降低成本的好处基本上给农民。② 由于改革开放初期我国农业科技水平较低，化肥、农药等要素投入的增加（见图4-2）成为粮食单产提升的重要途径，但与此同时，化肥、农药等施用强度的增加也必然给农业环境带来压力。

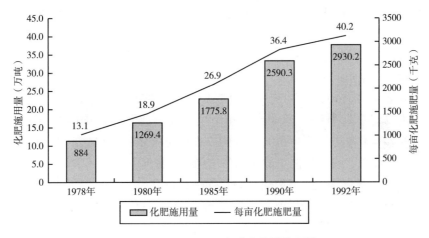

图4-2 1978～1992年农业化肥使用量

20世纪80年代后期，伴随着农业生产效率提升，我国农村剩余劳动力逐步显性化。为有效解决剩余劳动力的就业，增加居民的收入，中央鼓励和发展乡镇企业。1978～1992年，我国乡镇企业由152.43万家增加到2091.62万家，其中工业企业由79.40万家增加到793.82万家，从业人数由2826.56万人增加

---

① 林毅夫. 制度、技术与中国农业发展［M］. 上海：上海三联书店，2008：80-81.

② 中国共产党第十一届中央委员会第三次全体会议公报［M］. 北京：人民出版社，1978：9.

到 1.06 亿人。乡镇企业增加值由 209 亿元增至 2504 亿元，上交税金由 21.96亿元提高到 494.33 亿元。[①] 这一时期，乡镇企业开辟了"离土不离乡、进厂不进城"的独特道路，为农民增收、集体获利、国家增税作出了突出贡献，有力推动农村现代化和我国城镇化工业化进程。

改革开放初期，在追求温饱向实现小康目标的实践中，农村的环境保护意识不强，城市工业企业将劳动密集型的产品或零部件加工厂逐步转移给乡村企业经营，部分高耗能、重污染的企业分别以联营和建立分厂等方式逐渐进入乡村，这给工业的"三废"等污染进入农村地区提供了渠道，乡镇企业在蓬勃发展的同时，由于缺乏有效的环境监管手段，工业生产产生的废弃物未经处理就直接排放，乡村成为工业和城市污染大量转移的避难所。

除化肥农药以及乡镇企业污染物排放对乡村生态环境影响之外，污水灌溉对农业生态也造成一定影响。1979 年实施的《中华人民共和国环境保护法（试行）》对农业污水灌溉进行了界定，但迫于水资源短缺的局限，为节约用水，国家鼓励采用污水灌溉农田。20 世纪 80 年代污水灌溉在乡村发展迅速，从 80年代初至 90 年代中期，全国污水灌溉面积激增十余倍。尽管污水灌溉有利于缓解了乡村水资源压力，但大量未加处理的污水灌入后，对我国乡村土壤造成严重的污染，对农产品质量和安全造成了较大的危害。

面对乡村生态问题的萌发，党中央加大环境保护和治理的法律法规的制定。1983 年中央将"环境保护"列为一项基本国策，并且要求城乡建设、经济建设与生态建设同步规划和实施。1984 年，国家提出"禁止污染向乡镇、街道转移"。1989 年《中华人民共和国环境保护法》正式实施，但这一版本的环境保护法并未对化肥、农药等要素的施用作出约束性规定。

（4）持续开展全民义务植树活动，促进林业发展。

党的十一届三中全会以来，邓小平继承和发展了毛泽东的林业建设思想，多次强调植树造林工作，从 1982 年的"植树造林，绿化祖国，造福后代，"[②]到 1991 年为全民义务植树运动十周年和全国植树造林表彰动员大会题词"绿化祖国，造福后代"，向全国人民发出了响亮的号召。1989 年全国有 3 亿多人参加义务造林活动，植树 17 亿株；全国 1/3 的平原县达到绿化标准。[③]

---

① 根据历年《乡镇企业统计年鉴》整理计算。

② 邓小平文选（第三卷）[M]. 北京：人民出版社，1993：21.

③ 1989 年中国环境状况公报 [EB/OL]. https://www.mee.gov.cn/hjzl/sthjzk/zghjzkgb/201605/P020160526546215849168.pdf.

2. 20 世纪 90 年代乡村市场化改革与生态环境治理

（1）稳定和完善土地承包关系，推进农村市场经济体制改革。

1992 年邓小平南方谈话及党的十四大的胜利召开，标志着中国乡村市场化改革进入新的历史阶段。经历了 20 世纪 80 年代高速增长，我国乡村仍面临着农业生产效益较低、农民增收缓慢、乡村要素资源外流、农业发展后劲不足等问题。1992 年 10 月，党的十四大报告提出中国农村社会主义市场化改革的目标。1993 年 8 月，国务院第七次常务会议审议通过的《九十年代中国农业发展纲要》进一步明确提出，"按照建立完善社会主义市场经济体制的要求，深化农村改革"①。20 世纪 90 年代，中国农村推行系列市场化改革，并取得显著成效。

其一，稳定土地承包关系，完善土地流转政策。1993 年中央提出，"在原定的耕地承包期到期之后，再延长三十年不变"②。1997 年 8 月，中央再次明确指出，"第一轮土地承包到期后，土地承包期再延长 30 年"。其二，深化粮食流通体制改革。改革开放 10 多年后，我国逐步建立起适应市场经济要求的购销体制。从 1994 年起，国家实行"保量放价"。其三，完善农业社会化服务体系。90 年代，中央提出建立与市场经济相适应的农业农村服务体系。在此期间，农业技术推广机构在公共服务中发挥了技术优势，不断扩大服务范围，向产前、产中、产后服务领域延伸。全国供销合作总社积极探索为农业农村发展提供综合性农业服务的方式和路径。在此期间，以市场化为导向的农工贸一体化经营模式，通过龙头企业带动，推动乡村农产品"产供销一体化"模式发展，为我国乡村生产向"专业化、市场化和社会化"转变提供了有效载体。截至 2002 年，全国各类龙头企业组织带动农户数量超过 7 千万户，占全国农户的 30.5%。③ 其四，推进农业税费改革。农村税费改革是继联产承包责任制改革之后，中央为夯实农业基础、减轻农民负担、维护乡村社会稳定，推行的一项惠农工程。这一时期中央在推进农村税费制度改革中，一方面强调完善计税标准，均衡税费负担；另一方面要求稳妥解决税费改革后村级费用开支渠道，保障农村公共事业的经费投入。农业税费改革，对促进农村农业在市场化改革中保持持续健康发展具有重要意义。

（2）实施科技兴农、教育兴农发展战略，积极发展高产优质高效农业。

20 世纪 90 年代，随着国民经济的发展和居民收入的提高，农产品供给与

① 中共中央文献研究室.十四大以来重要文献选编（上）[M].北京：人民出版社，1996：456.
② 中共中央文献研究室.十四大以来重要文献选编（上）[M].北京：人民出版社，1996：481.
③ 高新才，雒明峰.中国农村经济改革三十年回顾与展望[J].经济纵横，2009（2）：37.

人民食物结构的改善呈现出结构性错位，农业发展必须面向市场，发展适销对路产品。为此，中央提出发展高产优质高效农业，大力培育市场体系。在此期间，中央持续推进农、科、教"三结合"，依靠科技进步，提升乡村劳动力素质，加速发展农业和农村经济。发展高产优质高效农业，是我国农业发展史上的一个重大转变。

我国在农村社会经济市场化改革中，农业农村的经济结构调整取得积极成效。1990～2000 年，我国粮食播种面积由 17.02 亿亩下降到 16.27 亿亩，粮食总产量由 4.46 亿吨提高到 4.62 亿吨，单位亩产量由 262.2 千克/亩提高到 284.1 千克/亩，提高了 8.35 个百分点①。与此同时，各地在粮食基本生产能力基本确保的基础上，种植业结构不断优化，全国高效经济作物得到快速发展。

1990～2000 年，全国粮食作物种植面积占农作物种植面积的比重由 76.5%下降到 69.4%，油料占比提升了 2.6 个百分点，蔬菜占比提高了 5.4 个百分点，果园占比提高了 2.2 个百分点（见表 4-7）。种植业逐步形成粮食作物与油料、蔬菜水果等经济作物相互补充、协调发展的基本格局。粮食产量的提高，为发展畜牧、水产养殖业的饲料等提供了基础，畜牧业和水产养殖业得以同步快速发展，90 年代猪牛羊肉产量年均增长 5.56%，牛奶产量年均增长 7.13%，水产品产量年均增长 11.60%，禽蛋产量年均增长 10.63%，为保障农产品市场供应，提高农民收入发挥了积极作用（见表 4-8）。

表 4-7　　　　　　　　1990～2000 年我国主要农产品播种面积占比　　　　　　单位：%

年份	粮食作物	棉花	油料	麻类	糖料	烟叶	蔬菜	茶园	果园
1990	76.5	3.8	7.3	0.3	1.1	1.1	4.3	0.7	3.5
1995	73.4	3.6	8.7	0.3	1.2	1.0	6.3	0.7	5.4
2000	69.4	2.6	9.9	0.2	1.0	0.9	9.7	0.7	5.7

资料来源：根据相关年份《中国统计年鉴》整理而得。

表 4-8　　　　　　　　　　1990～2000 年我国主要农产品产量　　　　　　　　单位：万吨

年份	粮食	棉花	油料	糖料	猪牛羊肉	牛奶	禽蛋	水产品	水果
1990	44624	451	1613	7215	2514	416	795	1237	1874
1995	46662	477	2250	7940	4265	576	1677	2517	4215
2000	46218	442	2955	7635	4743	827	2182	3706	6225

资料来源：根据相关年份《中国统计年鉴》整理而得。

---

① 根据《中国统计年鉴》历年粮食产量和播种面积计算得到。

随着粮食产量的大幅提升，市场供应的基本稳定，在市场化进程中，为满足人民消费水平提升对农产品质量的要求，全国各地利用种植业结构调整的契机，一些优质品种淘汰了劣质品种，晚稻种植面积和产量稳步提升，优质水稻占比超过50%，优质小麦种植面积占小麦总种植面积的25%，扭转了多年来加工专用小麦依靠进口的局面，安全农产品的卫生标准不断提高，绿色食品和无公害有机食品得到快速发展。

（3）乡镇企业环境治理逐步加强，初步建立乡村环境治理体系。

20 世纪 80 年代，我国乡镇企业依靠廉价劳动力、低质廉价产品的市场需求和环境污染外部成本优势取得快速发展。进入 90 年代，在市场化改革中，消费市场的升级、劳动力成本的上升等因素使乡镇企业面临市场竞争压力越来越大。为改变乡镇企业粗放型发展模式，提升市场竞争力，国家加大了对乡镇企业的污染排放的治理力度。"八五"时期，全国通过技术改造淘汰了一大批能耗物耗高、污染严重的工艺设备，完成了一大批污染治理项目，积极进行结构调整。但从总体看，这一阶段由于增长方式粗放，造成乡镇企业污染、城市工业"三废"污染物排放量不断增加，并向农村蔓延。

为控制乡镇企业带来的污染问题，1997 年中央出台了《关于加强乡镇企业环境保护工作的规定》，中央要求地方政府按照国务院的有关规定，加强对本地区乡镇企业环境监管，采取切实措施，提高乡镇企业的"三废"处理能力。在加强乡镇企业环境治理的同时，中央同步推进乡镇企业的转型升级。1998 年 10 月，党的十五届三中全会指出，乡镇企业在技术进步、产品更新换代和开拓国内外市场等方面蕴藏着巨大的潜力。[1] 同时要求，各级政府加大对乡镇企业扶持力度，发展少污染和无污染的产业。通过合理规划，引导乡镇企业集中建设，扭转工业企业对乡村环境污染和生态破坏的局面。1990 年我国乡镇企业共有 2091 万家，1994 年增加到 2459 万家，随后在转型升级过程中，一部分高耗能高污染的造纸厂、染料厂、制革厂和炼焦企业被淘汰，2000 年乡镇企业回落到 2080 万家，其中乡镇工业企业由 1994 年的 947.5 万家减少到 2002 年的 627.7 万家。[2]

3. 新世纪社会主义新农村建设与乡村绿色发展实践

（1）统筹城乡发展，推进农村社会经济综合改革。

第一，巩固和完善农村土地承包经营与流转制度。相关年份的《中国统计

---

① 中共中央文献研究室. 十五大以来重要文献选编（上）[M]. 北京：人民出版社，2000：569.

② 笔者根据历年的《中国乡镇企业年鉴》整理计算。

年鉴》显示，进入21世纪，随着城镇化、工业化的深入推进，农村人口迁往城镇数量不断扩大，乡村人口比重由1978年的82.1%下降到2002年的60.9%。农民工进城务工的规模越来越大，土地流转规模迅速增加，新型农业经营主体不断涌现，土地承包权同经营权分离的现象愈加普遍。为确保延包政策平稳过渡，2002年8月29日，九届人大第二十九次会议从家庭承包的权利、义务关系、承包原则和程序、承包期限和承包合同、承包经营权的保护和流转等方面对家庭承包关系作出了详细的规定，这对稳定农村土地基本经营制度，保障农民权益，维护农村社会稳定具有重要意义。

为顺应亿万农民"保留土地承包权"意愿，同时促进土地流转实现规模化经营，推行农村土地"承包权"和"经营权"分置成为新的趋势。2008年，党的十七届三中全会提出"现有土地承包关系要保持稳定并长久不变"[1]。"土地承包"关系从"长期稳定"到"长久不变"转变，给农民吃了"定心丸"，实现承包权和经营权分置并行，也彰显了党中央对坚持巩固和完善农村基本经营制度的决心。针对土地流转中出现了转变土地用途的行为，2009年中共中央、国务院《关于促进农业稳定发展农民持续增收的若干意见》中规定"土地所有权流转不得改变土地集体所有的性质，不得改变土地用途，不得损害农民土地承包权益"，在国家农村土地流转政策的引导下，截至2011年底，我国农村土地流转面积占全国家庭承包总面积比例达到17.8%。[2]

第二，推进粮食收储制度与流通制度改革。进入21世纪以来，我国农业农村发展不断迈上新台阶，农业供给结构性矛盾日渐凸显，农业生产一度出现成本不断攀升、价格持续低迷的"双重挤压"问题，重要农产品面临生产量、库存量、进口量"三量齐增"的困境，农产品流通体制继续在改革中不断深化。为促进粮食产业健康发展，2006年，国务院出台《关于完善粮食流通体制改革政策措施的意见》，从"加快推进国有粮食企业改革，转换企业经营机制""解决粮食企业历史包袱""培育和规范粮食，建立统一规范竞争有序的粮食市场体系""建立产销区利益协调机制""加强和改善粮食宏观调控""加强粮食流通监管"等方面完善政策措施，以确保粮食流通体制改革顺利推进。[3] 2008年，国际粮价剧烈波动，国内粮价低于国际市场，为了保障农民利益，国家自2008年10月起先后下达四批稻谷、玉米、大豆收购计划，此后，根据国内外粮食市

① 中共中央关于推进农村改革发展若干重大问题的决定 [M]. 北京：人民出版社，2008：11-12.

② 韩长赋. 中国农村土地制度改革的历史变迁与创新实践 [J]. 农村·农业·农民（B版），2019（1）：7.

③ 中共中央文献研究室. 十六大以来重要文献选编（下）[M]. 北京：中央文献出版社，2008：467-475.

场供求状况和粮食生产成本变化情况，国家多次提高粮食最低收购价格和临时收储价格水平，并对部分省区的玉米、大豆、油菜籽等品种实行临时收储政策。①

第三，推行农业税费减免改革。2003 年 1 月，中央农村工作会议提出了"多予、少取、放活"的方针。同年全国所有省、自治区、直辖市全面实施农村税费改革试点工作。农村税费改革试点政策的主要内容可概括为"三取消、两调整、一改革"②。中央选择黑龙江和吉林开展全部免征农业税的试点，在国家扶贫开发重点县也实行免征农业税试点，2005 年中央全面取消牧业税，2006 年 1 月起农业税条例废止。与 1999 年相比，农业税全面取消后，农民人均每年减负 140 多元，平均减负率达 80%，全国累计减轻农民负担 1335 亿元。③ 为支持地方做好农业税和牧业税免征工作，2006 年中央对地方农村税费改革转移财政支付 782 亿元，避免将免征农业税形成的缺口留给基层。2000 ～ 2010 年，国家对农村税费改革专项转移财政支付累计达到 5700 多亿元。④

（2）加大财政支农力度，推进农业绿色发展

第一，加大农田水利建设支持力度。2003 年 1 月，胡锦涛在中央农村工作会议上讲话指出，"国家对农业的投入要优化结构、保证重点。……要加大农业基础设施建设力度，尤其要增加对节水灌溉、人畜饮水、乡村道路、农村沼气、农村水电、草场围栏等'六小'工程的投入"⑤。2006 年胡锦涛提出"要加强农田水利、耕地质量建设"⑥。2008 年 10 月，党的十七届三中全会提出"以农田水利为重点的农业基础设施是现代农业的重要物质条件"⑦。"十一五"时期，中央对农业综合开发投入资金比"十五"时期增加了 1.4 倍。2005 年中央财政设立小农水专项资金，加大对小型农田水利建设的支持力度，到 2012 年中央财政累计安排 456 亿元，覆盖了所有的农业大县。⑧

第二，支持农业科技进步和推广。2003 年 1 月，胡锦涛在中央农村工作会议上讲话指出，"增加对农业科技推广、农业职业教育和农民技术培训的投入"⑨。2008 年 10 月，党的十七届三中全会再次强调"农业发展的根本出路在

---

① 韩俊. 新中国 70 年农村发展与制度变迁［M］. 北京：人民出版社，2019：174.
② 韩俊. 新中国 70 年农村发展与制度变迁［M］. 北京：人民出版社，2019：252.
③ 韩俊. 新中国 70 年农村发展与制度变迁［M］. 北京：人民出版社，2019：255.
④ 何乐. 财政投入力促粮食生产"八连增"［N］. 中国税务报，2011 - 12 - 12.
⑤⑨ 中共中央文献研究室. 十六大以来重要文献选编（上）［M］. 北京：中央文献出版社，2005：122.
⑥ 中共中央文献研究室. 十六大以来重要文献选编（下）［M］. 北京：中央文献出版社，2008：282.
⑦ 中共中央关于推进农村改革发展若干重大问题的决定［M］. 北京：人民出版社，2008：24 - 25.
⑧ 韩俊. 新中国 70 年农村发展与制度变迁［M］. 北京：人民出版社，2019：266.

科技进步"①。这一时期，各级财政持续加大对农业科研机构和人才、农业科技创新能力、现代农业产业技术系等农业科技全方位的支持力度，中央农业科技成果转化与技术推广经费从"十五"时期的 26 亿元增加到"十一五"时期的 150 亿元。② 在各级财政支持下，农业科技创新能力不断提高，成果转化和推广水平明显提高，"十一五"农业科技进步贡献率超过 50%，为我国农业生产作出了重要贡献。③

第三，实施农业"四项补贴"政策。进入 21 世纪，中央财政加大了对农民直接支付的补贴品种和数量，国家对农业生产逐步形成了"直接补贴、良种补贴、综合补贴和购置补贴"的政策体系。2004 年，国务院安排 116 亿元作为种粮直接补贴，从 2007 年起，"种粮直补"资金稳定在 151 亿元。④ "十二五"时期，国家支持良种推广种植年度补贴规模达到 220 亿元左右。为弥补农业生产资料价格上涨对农民种粮造成的不利影响，降低种粮成本，提高生产积极性，2006 年中央财政拨付资金 120 亿元用于降低农户种粮成本，2012 年农资综合补贴规模达到了 1078 亿元⑤。为了推进农业机械化进程，扩大补贴范围，2003 年国家将 1998 年设立的"大中型拖拉机及配套农具更新补贴"专项改为"新型农机具购置补贴"专项，2008 年农机补贴达到 130 亿元。"十一五"时期，中央财政"四补贴"规模从 2006 年的 310 亿元增加到 2010 年的 1226 亿元，增长近 3 倍，5 年共投入 4300 多亿元。⑥

第四，支持农村金融和农业保险发展。2009 年起国家逐步开展金融机构对涉农贷款的奖励试点，对县域金融机构的涉农贷款上年末余额同比增长超过 15% 的部分，按 2% 的比例给予奖励。⑦ 2009 年和 2010 年，各级财政共拨付奖励资金 29.43 亿元，其中中央财政拨付 17.29 亿元，带动金融机构涉农贷款余额增加 865 亿元。2008 年，对符合条件的农村金融机构，按上年末贷款余额的 2% 给予费用补贴，补贴资金全部由中央财政承担，2008 ~ 2010 年中央财政共安排补贴资金 2.61 亿元。⑧

（3）加强乡村生态环境治理与保护，提升农产品质量安全水平。

第一，加强耕地保护制度。进入 21 世纪后，我国进一步加强了耕地保护方面的制度建设。2004 年 10 月，国务院要求建立和完善耕地保护和土地管理的

---

① 中共中央关于推进农村改革发展若干重大问题的决定 [M]. 北京：人民出版社，2008：24 – 25.

②④ 韩俊. 新中国 70 年农村发展与制度变迁 [M]. 北京：人民出版社，2019：236.

③⑧ 韩俊. 新中国 70 年农村发展与制度变迁 [M]. 北京：人民出版社，2019：266.

⑤⑥ 韩俊. 新中国 70 年农村发展与制度变迁 [M]. 北京：人民出版社，2019：237.

⑦ 财政部. 县域金融机构涉农贷款增量奖励资金管理办法 [EB/OL]. http：//www.gov.cn/gzdt/2010 – 10/12/content_1719948.htm.

责任制度，明确各级人民政府应负的主要责任，并从建立责任考核体系、严格土地管理责任追究制、强化对土地执法行为的监督、加强土地管理行政能力建设等方面提出具体要求。从 2006 年起，国务院以每五年一个规划期对各省区市进行耕地保护责任的目标考核，并实施国家土地督察制度。2006 年 8 月，国务院引发的《关于加强土地调控有关问题的通知》中进一步明确了地方各级政府主要负责人对本区域内"耕地保有量""基本农田保护面积"负总责，并实施问责制度。2012 年 6 月，国土资源部提出健全耕地质量等级、更新评价制度与建立耕地质量等级监测机制，构建了我国耕地质量管理的整体政策体系框架。

　　第二，加强农业面源污染治理，改善乡村人居环境。党的十六大以后，为应对农业生产的面源污染问题，中央要求从生态文明建设的高度对待农村生态环境治理与保护。"十一五"时期，中央一号文件连续就农业面源污染治理进行决策部署。从"改善农村环境卫生"（2006 年）、"乡村废弃物综合治理和转化利用"（2007 年），到"农业面源污染防治"（2008 年）、"农村污染治理"（2009 年），再到"加强农业面源污染治理"（2010 年）[①]。自 2001 年起，中央财政对乡村"六小工程"投入力度不断增大。[②]"十五"时期我国基本解决了农村饮水困难问题，"十一五"时期解决了农村人口饮水安全问题。"十一五"时期中央对农村公路建设投入资金达 1978 亿元，带动地方和社会投资农村公路累计完成 9540.58 亿元，通硬化路面村占全国建制村总数的 81.7%，比"十五"期末分别提高 16.24 个和 28.81 个百分点。[③]中央财政支持农村沼气资金从"十五"时期的 35.34 亿元增加到"十一五"时期的 212 亿元。中央农村环保专项资金从 2008 年的 5 亿元增加到 2010 年的 25 亿元。2008～2010 年中央财政共安排补助资金 117 亿元，支持 204 万户农村危房户进行改造。[④]

　　第三，加强农产品治理安全监管。进入 21 世纪，随着人民生活水平的提高，网络信息公开透明化，社会对系列食品安全事件的关注程度不断提高，中央加强了农产品质量监管的制度建设。2001 年农业部启动了"无公害食品行动计划"，该计划首先在北京、上海、天津、深圳 4 个城市进行试点，2002 年上半年增加了兰州、南京、大连和寿光 4 个城市，同年 7 月开始在全国范围内推行。自 2002 年起，国家相关部门以产品认证为重点、体系认证为补充，积极开

　　① 中共中央，国务院．"三农"工作一号文件汇编（1982－2014）．北京：人民出版社，2014：114－219．

　　② 韩冬梅，刘静，金书秦．中国农业农村环境保护政策四十年回顾与展望［J］．环境与可持续发展，2019（2）：16－22．

　　③ 苏明．我国城乡发展一体化与财政政策思路（上）［N］．中国经济时报，2014－05－30（006）．

　　④ 韩俊．新中国 70 年农村发展与制度变迁．北京：人民出版社，2019：267．

展农产品质量安全认证工作，包括对无公害农产品的认证、有机食品认证、绿色食品认证、水产品企业 HACCP 认证和兽药企业 GMP 认证。[①] 2003 年，国家专门组建国家食品药品监督管理局，以加强对食品安全的监管和协调。2004年，党的十六届四中全会报告中提出，加大整治食品市场力度，保障人民群众的食品卫生安全。[②] 2006 年 4 月，《中华人民共和国农产品质量安全法》颁布实施，其中重点对农产品质量安全标准、产地环境、生产、包装和标识等进行规范。2009 年 2 月，《中华人民共和国食品安全法》颁布。这部法律对食品安全风险监测和评估、食品安全标准、食品生产经营、食品检验、食品进出口、食品安全事故处置等进行了全面规定，是食品安全领域的基本法律。

（四）党的十八大以来农村深化改革与绿色发展实践

1. 深化农村土地改革，完善"三权分置"制度

党的十八大以后，随着农村大量劳动力进城务工以及农业企业、农业合作社和种粮大户等新型农业经营主体发展，农村土地所有权、承包权、经营权"三权分置"成为现实所需。2013 年 7 月，习近平在武汉调研时指出："深化农村改革，完善农村基本经营制度，要好好研究农村土地所有权、承包权、经营权三者之间的关系。"[③] 2014~2016 年，《关于引导农村土地经营权有序流转发展农业适度规模经营的意见》《深化农村改革综合性实施方案》等文件，提出"落实集体所有权，稳定农户承包权，放活土地经营权"，实行"三权分置"。2018 年《中华人民共和国农村土地承包法》通过审议，其中明确指出承包方享有"承包经营权"，可自己经营，也可在保留"承包权"的基础上，流转"承包地"的"经营权"。党的十八大以来，全国各地进入"流转"的农户承包土地经营权面积不断扩大，截至 2021 年 6 月，全国已有 1239 个县（市、区）、18731 个乡镇建立农村土地经营权流转市场或服务中心，全国家庭承包耕地流转面积 5.55 亿亩。[④]

为确保农户在承包土地"流转"时保护自身的权利，早在 2008 年，中央一号文件就首次提出要建立土地承包经营权登记制度，2013 年的中央一号文件，则对全面开展农村土地确权登记颁证工作作出了具体部署，旨在妥善解决农户

---

① 韩俊. 新中国 70 年农村发展与制度变迁. 北京：人民出版社，2019：182.
② 中共中央文献研究室. 十六大以来重要文献选编（上）[M]. 北京：中央文献出版社，2005：240.
③ 中央文献研究室. 十八大以来重要文献选编（上）[M]. 北京：中央文献出版社，2014：670.
④ 对十三届全国人大四次会议第 7262 号建议的答复 [EB/OL]. http：//www.moa.gov.cn/govpublic/zcggs/202107/t20210706_6371063.htm.

承包地块"面积不准、四至不清"等问题。

在完善"三权分置"制度的同时，国家加大对新型农业经营主体的培育力度。2017年，在《关于加快构建政策体系培育新型农业经营主体的意见》中，对构建新型农业经营主体扶持政策体系作出了系统的部署和安排。在《关于引导和促进农民合作社规范发展的意见》中，支持新型农业经营主体的发展。国家鼓励新型农业经营主体发挥对小农户的带动作用，引导各类新型经营主体通过多种组织形式，不断完善与农户的利益联结机制，带动农户对接市场，使农民获得产品销售、土地租金、务工报酬、股份分红等收入，有效促进了农民就业增收。

为加快土地流转、防范风险，党的十八大以来，国家相继印发了《关于加强对工商资本租赁农地监管和风险防范的意见》《农村土地经营权流转交易市场运行规范》等文件，指导各地加强对工商资本租赁农地监管和风险防范，健全土地经营权流转市场。

2. 推动形成农业绿色生产方式

农业生产是生态环境的重要组成部分。2017年，《关于创新体制机制推进农业绿色发展的意见》明确提出，要"创新体制机制，推进农业绿色发展"。党的十八大以来，习近平强调把乡村丰富的生态资源转化为农民致富的绿色产业。在具体行动上，为推进乡村绿色发展，提高绿色发展的效益，2017年农业部决定启动实施"畜禽粪污资源化利用行动、果菜茶有机肥替代化肥行动、东北地区秸秆处理行动、农膜回收行动和以长江为重点的水生生物保护行动"等"农业绿色发展五大行动"。自2016年以来，我国农用化肥施肥量、农用塑料薄膜使用量、农药使用量持续增长的势头得到扭转。2018年化肥施用量比2017年降低了3.5%，农用塑料薄膜使用量降低了2.5%，农药使用量降低了约10%（见表4-9）。

表4-9　　　　我国农用化肥、农膜、柴油和农药使用量

指　　标	1995年	2000年	2016年	2017年	2018年
化肥施用量（折纯量）（万吨）	3593.7	4146.4	5984.1	5859.4	5653.4
氮肥（万吨）	2021.9	2161.5	2310.5	2221.8	2065.4
磷肥（万吨）	632.4	690.5	830.0	797.6	728.9
钾肥（万吨）	268.5	376.5	636.9	619.7	590.3
复合肥（万吨）	670.8	917.9	2207.1	2220.3	2268.8
农用塑料薄膜使用量（万吨）	91.5	133.5	260.4	252.8	246.5

续表

指　　标	1995 年	2000 年	2016 年	2017 年	2018 年
地膜使用量（万吨）	47.0	72.2	147.0	143.7	140.4
地膜覆盖面积（千公顷）	6493.0	10624.8	18401.2	18657.2	17764.7
农用柴油使用量（万吨）	1087.8	1405.0	2117.1	2095.1	2003.4
农药使用量（万吨）	108.7	128.0	174.0	165.5	150.4

资料来源：根据相关年份的《中国农村统计年鉴》整理而得。

3. 推动乡村绿色生活方式和消费方式

随着农业绿色生产方式的逐步建立，农业现代化水平不断提高，城乡居民对优质安全的农产品的需求和期望更高。如何引导农民逐步转变落后的生活方式，逐步建立健康、科学、文明的生活新方式，建立勤俭节约、绿色低碳、文明健康的生活和消费模式，成为农业生态文明建设的内容之一。2015 年 11 月，国务院提出：将农村消费作为消费升级重点领域和方向，从健全农产品标准体系、释放农村人口消费潜力、拓展农村消费市场、推进农村绿色消费等方面提出了目标和要求。绿色消费等新型消费形式逐渐被视为具有巨大的发展空间和潜力。2016 年 3 月 1 日，国家《关于促进绿色消费的指导意见》出台实施，提出要"通过电商平台提供面向农村地区的绿色产品，丰富产品服务种类，拓展绿色产品农村消费市场"。推进农村绿色消费模式，已经成为发挥新消费引领作用，推动经济发展的新动力。

4. 统筹山水林田湖草系统治理

2016 年 9 月，国家对开展生态保护与修复作出部署，同时开展重点"山水林田湖草生态保护修复工程试点"。陕西黄土高原、京津冀水源涵养区、甘肃祁连山、江西赣州四个地区被列为国家第一批试点地区。此后，国家分两批次 11 个工程试点生态系统保护和修复重大工程。截至 2018 年，全国累计开展天然林保护工程 40 万公顷，退耕还林工程 72.35 万公顷，三北防护林四期工程 52.3 万公顷。[①]"三北"防护林工程被确立为全球沙漠"生态经济示范区"，2017 年我国的"塞罕坝机械林场建设者"和 2019 年"蚂蚁森林"项目分别获得联合国"地球卫士"奖。

5. 推动农村人居环境综合整治

生态宜居是乡村振兴战略的内在要求，是美丽中国的底色和重要标志。2012 年中央一号文件指出"把农村环境整治作为环保工作的重点"，这是中央

---

① 资料来源：《中国农村统计年鉴 2019》。

顺应广大农民群众对高品质人居环境需求作出的部署。2018 年 1 月，中央一号文件中再次明确提出"改善农村人居环境明显，扎实推进美丽宜居乡村建设"。2018 年 2 月 5 日，《农村人居环境整治三年行动方案》紧随中央一号文件印发。在国家政策的引导下，各地纷纷因地制宜地开展了农村人居环境整治行动。其中浙江省成为全国农村人居环境整治的典范，2018 年，浙江省实施的"千万工程"获联合国"地球卫士奖"。

6. 建立农村生态环境保护制度

建立和完善乡村生态环境保护制度是乡村生态振兴战略的内在要求，是推动乡村绿色发展的重要保障。党的十八大以来，中央及各级政府相继从产权制度、开发保护制度、节约制度、生态补偿制度、环境治理体系、绿色发展的绩效评价考核、生态文明建设的责任追究制度等方面对生态环境治理与保护进行了完善。新时代农业农村环境保护必须探索新的管理思路和手段，不能将农业生产与生态环境保护对立起来，更不能将农民利益与生态环境利益对立起来[①]。针对乡村生态环境问题的区域多样性和治理的复杂性，必须系统谋划、因地制宜，采取"疏堵结合、以疏为主"的手段。在具体的管理措施选择上，要充分考虑这些措施对乡村产业发展、环境治理和农民生活的影响。推进乡村绿色发展，其中发展是目标，绿色是手段，制度是保障，最终实现乡村生态环境改善和经济发展的良性循环。

二、乡村生态治理与绿色发展的实践成效

（一）粮食安全与安全农产品保障水平显著提升

"民为国基，谷为民命"，粮食安全是关系国计民生、社会稳定和经济全局的战略问题，亦是世界各国共同关注的经济社会问题。新中国成立以来，中国政府采取有力措施确保粮食生产能力稳步提升，以占世界约 9% 的耕地养活了占世界 20% 的人口，不仅成功解决了 14 亿多人口的温饱问题，而且居民生活质量和营养水平显著提升，实现了由"吃不饱"到"吃得饱"再到"吃得好"的历史性转变。

---

① 韩俊. 新中国 70 年农村发展与制度变迁 [M]. 北京：人民出版社，2019：376.

1. 粮食生产能力稳步提升，有力保障了国家粮食安全

新中国成立 70 多年来，历代中央领导集体均高度重视粮食生产，始终把解决好吃饭问题作为治国安邦的头等大事。1949 年，我国粮食总产量仅为 1.13 亿吨，1978～2018 年我国粮食产量年均增长 1.94%，2018 年达到 6.58 亿吨（见图 4–3）。20 世纪 80 年代以来，农村经济体制改革促进了粮食生产效率提升，种植技术逐步改进，良田复种指数提高，全国粮食单位总产量和单位亩产均大幅增加。1949 年全国粮食平均单位亩产为 68.6 千克/亩，改革开放初期提高到 168.5 千克/亩，2018 年提高到 374.7 千克/亩，1978～2018 年间年均提高 2.0%。1949 年我国人均粮食占有量仅为 209 千克，改革开放以后，全国人均粮食产量由 1978 年的 319 千克提高到 2018 年的 472 千克，年均增长 1%，人均占有量高于世界平均水平。①

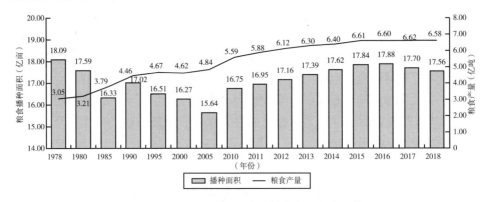

图 4–3　改革开放以来我国粮食产量变动趋势

资料来源：根据历年的《中国统计年鉴》整理计算而得。

2. 农副产品产量快速增长，丰富和满足了居民消费需求

新中国成立 70 多年来，我国农林牧渔业结构逐步得到优化，畜牧养殖及水产品养殖业快速发展，全国农业产值占农、林、牧、渔业总产值的比重由 1952 年的 85.9% 下降 2018 年到 54.1%，下降 31.8 个百分点（见图 4–4）。1952 年我国林业产值仅占 1.6%，1978 年提高到 3.4%，1992 年进一步提高至 4.7%，此后的 20 年间林业产值占比在 3.5%～4% 之间波动并趋降，2012 年占比 3.9%，党的十八大以后国家加大了退耕还林和防护林建设的力度，2018 年林业产值占比回升至 4.8%。畜牧业和渔业产值所占比重分别由 1952 年的 11.2%

---

①　资料来源：根据历年的《中国统计年鉴》整理计算而得。

和 1.3% 提高到 2012 年的 30.7% 和 9.7%，分别提高了 19.5 个和 8.4 个百分点。党的十八大以来，国家加大了对牧草围场的保护力度，牧业产值占比降至 2018 年的 25.3%，渔业产值占比 10.7%，现已基本形成了现代农林牧渔协调发展的格局。[①]

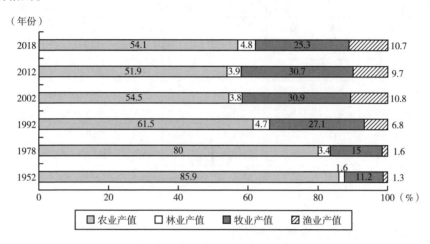

图 4-4　我国农林牧渔业结构变化
资料来源：根据历年的《中国统计年鉴》整理计算而得。

新中国成立初期，我国蔬菜瓜果、畜牧产品和水产品供应总体不足，70 多年来，我国种植业内部结构不断优化调整，粮食播种面积占农作物种植面积的比重由 1952 年的 87.8% 下降到 1978 年的 80.3%，2018 年降至 70.5%；油料作物种植面积占比由 1952 年的 4.0% 提高到 1978 年的 4.1%，2018 年提高到 7.8%；蔬菜、瓜果的种植面积占比由 1978 年的 2.5% 提高到 2018 年的 13.6%。随着亩产效率的提升，我国人均油料占有量由 1978 年的 2.3 千克提高 2018 年的 24.7 千克，人均水果产量由 1952 年的 4.3 千克提高到 2018 年 184.4 千克。[②]

1952 年全国猪牛羊肉总产量仅 339 万吨。改革开放后，国家逐步放开了畜牧业产品价格，养殖业迅猛发展，畜产品产量快速增加，2018 年猪牛羊肉总产量增加到 6523 万吨，年均增长 4.6%，人均猪牛羊肉产量由 2000 年的 37.6 千克提高到 2018 年的 46.8 千克；人均牛奶产量由 1978 年的 0.9 千克提高到 2018 年的 2.1 千克，1980～2018 年全国牛奶产量年均增长 9.1%。人均禽蛋产量由 1990 年的 7 千克提高到 2018 年的 22.5 千克（见表 4-10）。新中国成立 70 多

①②　资料来源：根据历年的《中国统计年鉴》整理计算而得。

年来，我国水产品产量稳步提高，1949～2018 年全国水产品产量年均增长
7.5%，人均水产品产量由 1952 年的 2.9 千克提高到 1978 年的 4.9 千克，2018
年人均水产品产量 46.4 千克，约为改革开放初期的 10 倍。[①]

表 4-10　　　　　　　　按人口平均的主要农产品产量　　　　　　　单位：千克/人

年份	粮食	棉花	油料	糖料	猪牛羊肉	水产品	水果	牛奶	禽蛋
1952	288	2.3	7.4	13.4		2.9	4.3		
1978	319	2.3	5.5	24.9		4.9	6.9	0.9	
1980	327	2.8	7.8	29.7		4.6	6.9	1.2	
1990	393	4	14.2	63.6		10.9	16.5	3.7	7
2000	366	3.5	23.4	60.5	37.6	29.4	49.3	6.6	17.3
2010	418	4.3	23.6	84.5	46.2	40.2	150.2	22.7	20.8
2018	472	4.4	24.7	85.7	46.8	46.4	184.4	22.1	22.5

资料来源：历年的《中国统计年鉴》。

3. 农产品质量安全水平显著提高

我国政府一直高度重视食品安全问题。改革开放以来，国家相继颁发和实
施了系列法律法规，1979 年国务院发布了《食品卫生管理条例》、1982 年颁布
了《中华人民共和国食品卫生法（试行）》、1995 年开始施行《中华人民共和
国食品卫生法》、2006 年颁布了《中华人民共和国农产品质量安全法》、2009
年颁布《中华人民共和国食品安全法》、2015 对《中华人民共和国食品安全法》
进行了修订，与此同时，通过对"三品一标"认证认可，提高我国农产品质量
安全水平。根据农业农村部公布的信息，党的十八大以来，随着农业供给侧结
构性改革深入推进，全国主要农作物良种覆盖率超过 96%，2018 年主要农产品
监测合格率达到 97.5%，"三品一标"产品 12.2 万个。

（二）绿色发展引领乡村农业生产方式发生深刻变革

1. 适度规模经营快速发展

2005 年我国耕地流转面积 0.55 亿亩，2018 年流转面积达到 5.39 亿亩，
2005～2018 年年均增长 19.25%（见图 4-5）。第三次全国农业普查结果显示，
2016 年规模化耕种面积占比达到 28.6%。

---

①　资料来源：根据历年的《中国统计年鉴》整理计算而得。

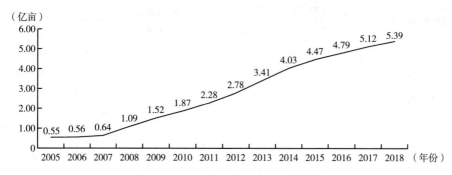

图 4 - 5　我国承包土地流转规模变动趋势

资料来源：历年的《中国统计年鉴》。

改革开放以来，以农民合作社为主的各类农业生产经营主体不断涌现，家庭农场数量不断增加，龙头企业的带动能力不断提升。截至 2019 年 10 月，全国依法登记的农民合作社达到 220 万家，约为 2009 年的 10 倍；合作社涉农产业链不断拓展，实现集生产、加工、物流与销售等一体化服务的数量占 53%，服务范围向种植养殖、观光农业和生态农业等多领域拓展，带动了全国约 50% 的农户，对农户的服务与带动能力持续提升。2019 年家庭农场 60 万家，全国农业产业化龙头企业共 9.3 万家，其中突破 100 亿元的龙头企业 70 家。2019 年全国各类返乡创新创业人员累计超过 850 万人，其中本地乡村创新创业人员达 3100 多万人，创业实体在乡镇以下占 87%，新型职业农民的发展为推动农业现代化注入了持久动力与活力。①

2. 农田水利条件明显改善，农业机械化水平大幅提升

由表 4 - 11 可知，2018 年我国耕地灌溉面积比 1978 年增长了 51.8%，年均增长 1.05%。2018 年全国万亩以上灌区数 7881 处，比 1978 年增长了 50.1%，年均增长 1.02%，灌区有效灌溉面积比 1978 年增长了 64.75%，年均增长 1.26%。2018 年全国水库库容量 8953 亿立方米，是 1978 年的 2.23 倍。2018 年全国节水灌溉面积比 2000 年增长了 120.5%，年均增长 4.5%。1978～2018 年，全国除涝面积年均增长 0.85%，水土流失治理面积年均增长 3.0%，修建堤防长度年均增长 1.6%，堤防保护耕地面积年均增长 6.5%。2018 年全国已建成高标准农田 6.4 亿亩，粮食生产功能区和保护区面积 9.7 亿亩，农田水利设施建设的力度不断加大，为粮食生产能力的稳步提升提供了保障。

---

① 经济日报. 2019 中国农业经济发展报告及展望 [EB/OL]. [2020 - 06 - 19]. http：// www. zgxc-zx. org. cn/guwen/1216. html.

表 4-11 改革开放以来我国农田水利建设情况比较

指　标	单位	1978 年	1990 年	2000 年	2018 年
耕地灌溉面积	千公顷	44965	47403.1	53820.3	68271.6
乡村办水电站装机容量	万千瓦	228.4	428.8	698.5	8043.5
万亩以上灌区数	处	5249	5363	5683	7881
灌区有效灌溉面积	万公顷	2022.7	2123.1	2449.3	3332.4
水库	座	84585	81527	83260	98822
水库库容量	亿立方米	4012	4660	5183	8953
节水灌溉面积	万公顷	—	—	1638.9	3613.5
除涝面积	万公顷	1728.1	1933.7	2098.9	2426.2
水土流失治理面积	万公顷	4043.5	5300	8096	13153.2
堤防长度	万公里	16.5	22	27	31.2
堤防保护耕地面积	万公顷	3192.4	3200	3960	4140.9

资料来源：历年的《中国农村统计年鉴》。

根据国家统计局的资料，新中国成立之初，我国农业生产主要依靠人力和畜力，1949 年全国农业机械总动力仅 8.1 万千瓦，1952 年提高到 18.4 万千瓦，但联合收获机仅 0.2 万台，大中型拖拉机 0.1 万台，其他机械化设备几乎为 0。1978 年全国农业机械总动力提升到 11749.6 万千瓦，2018 年升至 10.0 亿千瓦（见表 4-12）。1978～2018 年，40 年来我国农业机械总动力年均增长 5.51%，小型拖拉机年均增长 6.05%，联合收割机年均增长 12.4%，机动脱粒机年均增长 4.1%，节水灌溉类机械年均增长 7.67%，农用水泵年均增加 4.35%。2018 年全国主要粮食作物耕、种、收综合机械化率超过 80%。

表 4-12 改革开放以来我国农业机械化程度

指　标	单位	1978 年	1990 年	2000 年	2018 年
农业机械总动力	万千瓦	11749.6	28707.7	52573.6	100371.7
大中型拖拉机	万台	55.7	81.4	97.5	422
小型拖拉机	万台	173.7	698.1	1264.4	1818.3
大中型拖拉机配套农具	万部	119.2	97.4	140	422.6
联合收获机	万台	1.9	3.9	26.2	205.9
机动脱粒机	万台	210.6	493.3	876.2	1039.5
节水灌溉类机械	万套	12.5	39.3	91.9	240.2
农用水泵	万台	417.6	723.9	1392.5	2289.2

资料来源：历年的《中国统计年鉴》。

3. 科技兴农驱动力显著增强，生态农业引领农业发展

科技是第一生产力。改革开放以来，我国持续推进科教兴农战略，强化农业科技装备人才支撑，加强现代农业产业科技创新平台建设，推动产学研用融合发展，2017～2019年农业科技进步贡献率分别为57.5%、58.3%和59.2%。2019年全国主要农作物自主选育品种提高到95%以上。[①]

随着农业生产技术和科技水平的提升，农作物单位亩产效益稳步提升，2018年粮食每亩平均用工数量比2004年减少了52%，年均减少5.1%；每亩主产品出售数量增加了80.6%，年均增长4.3%；每亩主产品出售产值增长了1.87倍，年均增长7.84%，商品率由2004年的53%提高到2018年的91.1%，年均提高2.72个百分点（见表4-13）。进入新时代，"互联网+"以及数字技术对于设施农业、观光农业、无土栽培和精准农业的高质量发展具有重要作用。新型农业的迅猛发展促进了现代农业发展。

表4-13　　　　　　　　我国农业生产效益变动与比较

指标	单位	三种粮食平均			两种油料平均		
		2004年	2017年	2018年	2004年	2017年	2018年
每亩用工数量	日	9.97	5	4.8	11.37	7.5	7.3
每亩主产品出售数量	千克	190.5	371.2	344.1	113	149.2	151
每亩主产品出售产值	元	259.24	821.1	745.8	354.97	810.4	816.2
商品率	%	53	91	91.1	70.7	88.3	89.6

资料来源：根据历年《中国农村统计年鉴》整理计算。

（三）乡村产业生态化与生态经济发展成效显著

1. 乡镇企业为农业农村现代化提供强大动力

改革开放以来，各地农民通过投资兴办各类企业和经济实体，带动了乡村社会经济的发展。乡镇企业是我国农民的伟大创造，不仅为农村富余劳动力就业提供了途径，又增加了农民收入，促进了乡村产业发展，为我国经济社会发展作出了重要的历史性贡献。

1978～1991年我国乡镇企业增加值由209亿元增加到2972亿元，年均增长21.5%，从业人员从1978年的2826.6万人增加到9613.6万人，年均增长9.87%（见图4-6）。在此期间，农业富余劳动力就地转化为产业工人，以

[①]　根据历年《中国农村统计年鉴》整理计算。

"进厂不进城，离土不离乡"的方式促进了农村经济的繁荣稳定，为我国工业化和城镇化的有序推进注入了活力。90年代初期，随着市场化进程的加快，我国乡村个体经济及中小企业快速发展，乡镇企业从1991年的1908.7万家迅速增加到1996年的2336.3万家，就业人员从1991年的9613万人增加到1996年1.35亿人。1997年亚洲金融危机爆发，加之大量高污染、高耗能企业相继被淘汰，乡镇企业从1996年2336万家减至2000年的2084万家，就业人员减少到2000年的1.28亿人。进入21世纪，中央加大"三农"扶持力度，以促进乡镇企业回归农产品加工业，乡镇企业由2000年的2084万家增加到2011年的2844万家，就业人员增加到2011年的1.61万人，2000~2011年乡镇企业增加值的增速保持在10%以上，2011年农产品加工业占乡镇企业增加值比重达32.5%。

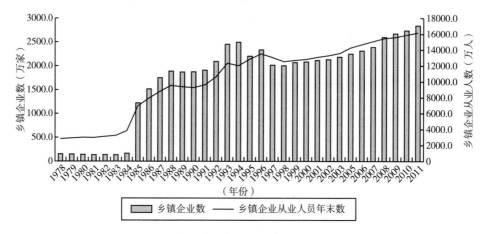

图4-6 改革开放以来我国乡镇企业数及就业人数

资料来源：根据历年《乡镇企业统计年鉴》整理计算。

近年来，我国乡镇企业逐步形成了以创新促创业、以创业促就业、以就业促增收的良性互动模式。2018年底，全国乡镇企业数量约3300多万个，从业人数1.64亿人，实现产值86万亿元，各类乡镇企业园区超过1万家，拥有技术创新中心和研发机构6.8万个。[①] 从"村村点火、处处冒烟"到产业集群、小城镇工业园区集中布局，新时代乡镇企业涌现了大量由新型现代企业经营模式。

2. 农产品加工生态化加速推进

根据农业农村部公开资料，2019年，国家投资支持298个农业产业强镇、45个国家现代农业产业园建设，认定300家农业产业化国家重点龙头企业。这

---

① 韩俊．新中国70年农村发展与制度变迁［M］．北京：人民出版社，2019：307．

些政策措施出台为促进农产品加工业发展创造了良好条件，粮食加工、植物油加工、肉类加工等农产品加工重点行业的整合力度持续增加，通过绿色发展引导企业发展低碳、低耗、循环、高效加工，形成一个绿色加工体系。大型龙头加工企业产能快速扩充，行业集中度明显提升。2019 年，面粉行业中"五得利""益海嘉里""中粮集团"加工量约占全国面粉总加工量的 30%；植物油加工行业"中粮"日产能增加 1.3 万吨，"益海嘉里"在黑龙江、山东、河南、广东等地新建大型油脂加工项目，植物油加工行业整合进一步加快。

3. 乡村生态旅游业蓬勃发展

改革开放 40 多年，随着居民收入的提高和居民生活品质的不断提升，旅游从曾经的"奢侈品"转变为公民日常"生活元素"，我国进入大众旅游、全域旅游新时代。2010 ~ 2019 年，我国农家乐相关企业注册总量由 2.6 万家增长至 21.6 万家。2012 ~ 2019 年，我国乡村旅游与农业休闲观光人数不断增加，2019 年我国乡村旅游达到 30.9 亿人次，总收入 1.81 万亿元，休闲农业成为居民旅居的重要目的地，旅游人次占国内旅游总人次的 50%。①

（四）城乡协调发展格局初步形成，美丽乡村建设成效显著

1. 农村基础设施投入力度持续加大

新中国成立初期，我国农村基础相对较为落后，居民生活条件艰苦，基本上吃水靠挖井，照明靠油灯，运输靠牛车。70 多年来，中央及各地政府持续加大农村基础设施建设力度，农村的道路硬化及生活电气化程度稳步提高。第三次农业普查资料显示，目前我国 21.5% 的乡镇有高速公路出入口，在全部建制村中，通电的村占 99.7%，通公路的占 99.3%，通客车的占 96.5%，通电话的占 99.5%，通有线电视的 82.8%，通互联网宽带的占 89.9%，有电子商务配送站点的占 25.1%，通天然气的占 11.9%，村内主要道路有路灯的占 61.9%。2018 年有管道供水入户的占比 79.7%，比 2013 年提高了 18.8 个百分点，使用经过净化处理的自来水农户占 65.3%，2013 年提高 19.7 个百分点。使用水冲式卫生厕所的农户占 36.2%。美丽宜居乡村建设成效显著，基本卫生条件明显改善，生活垃圾收运处置体系逐步完善，城镇污水管网逐步向周边村庄延伸覆盖，村容村貌焕然一新。2018 年垃圾集中处理的村占全国自然村的 83.6%，农

---

① 中国网. 文旅部：2019 年我国乡村旅游人次达 30.9 亿占国内旅游人次的一半［EB/OL］. https：//baijiahao. baidu. com/s?id = 1709277070314422958&wfr = spider&for = pc.

户使用卫生厕所的比重比 2013 年提高了 20 个百分点，达到 56.0%，农村"厕所革命"加快推进。[①]

2. 农村基本公共服务显著提升

改革开放以来，尤其是 21 世纪以来，国家城乡统筹力度不断加大，农村基本公共服务水平显著提升。2016 年末，全国有图书馆、文化站的乡镇占 96.8%，有剧场、影剧院的乡镇占 11.9%，有体育场馆的乡镇占 16.6%。59.2% 的村有体育健身场所，比 2006 年提高了 48 个百分点。2016 年末，96.5% 的乡镇有幼儿园、托儿所，98.0% 的乡镇有小学；32.3% 的村有幼儿园、托儿所。99.9% 的乡镇有医疗卫生机构，81.9% 的村有卫生室，新型农村合作医疗基本实现全覆盖，切实减轻了农民医疗负担。[②]

（五）农村居民收入显著提高，绿色生活方式逐步建立

1. 农村居民收入大幅增长，收入来源日趋多元化

新中国成立初期，面对战争留下的满目疮痍，中国共产党带领全国人民迅速恢复经济。国家统计局的资料显示：1949～1957 年，全国农村居民人均可支配收入由 44 元提高到 73 元，年均增长 3.5%；1957～1978 年，年均增长 2.3%，1978 年全国农村居民人均可支配收入升至 133.6 元。改革开放以后，随着农业生产效率提升和居民收入渠道的多元化，1978～1991 年，农村居民人均可支配收入年均增长 9.3%（见图 4-7）；农村居民人均消费支出年均增长 7.5%；恩格尔系数年均下降近 1 个百分点，农村居民温饱问题基本得到解决。1992 年以来，农业的市场化改革、乡镇工业迅速发展及城镇化进程加速推进，党和国家先后实施了系列惠农措施，1992～2012 年，我国农村居民人均可支配收入年均增长 6.7%；人均消费支出年均增长 6.9%；恩格尔系数年均下降 1.08 个百分点。

党的十八大以来，我国收入分配制度改革全面深化实施，脱贫攻坚深入推进，2013～2018 年我国农村居民人均可支配收入年均实际增长 7.7%；人均消费支出年均增长 8.5%；恩格尔系数年均降低 0.8 个百分点，从 34.1% 下降到 30.1%。2018 年，农村居民人均工资性收入占 41.0%，比 2014 年提高了 1.4 个百分点；财产净收入占 2.3%，比 2014 年提高了 0.2 个百分点；转移净收入

[①] 新中国成立 70 周年经济社会发展成就系列报告之十四［EB/OL］. http：//www. stats. gov. cn/ztjc/zthd/bwcxljsm/70znxc/201908/t20190809_1690097. html.

[②] 资料根据《全国第三次农业普查统计公报》整理。

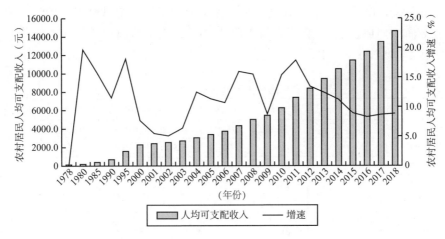

图4－7　农村居民人均可支配收入及增速

资料来源：根据历年《中国统计年鉴》整理绘制。

占20.0%，比2014年提高了2.1个百分点；第二、第三产业经营净收入比2014年分别提高了0.1个、0.9个百分点，第一产业经营净收入下降了4.7个百分点（见表4－14）。

表4－14　　　　　　　　　　农村居民可支配收入构成　　　　　　　　　单位：%

指标	2014年	2015年	2016年	2017年	2018年
可支配收入构成	100	100	100	100	100
工资性收入	39.6	40.3	40.6	40.9	41.0
经营净收入	40.4	39.4	38.3	37.4	36.7
第一产业经营净收入	28.6	27.6	26.4	25.2	23.9
第二产业经营净收入	2.5	2.4	2.3	2.4	2.6
第三产业经营净收入	9.3	9.4	9.6	9.8	10.2
财产净收入	2.1	2.2	2.2	2.3	2.3
转移净收入	17.9	18.1	18.8	19.4	20.0

资料来源：各年份的《中国统计年鉴》。

2. 居民生活水平显著提升，生活质量显著改善

由表4－15可知，2018年农村居民人均消费支出12124.3元，其中现金消费支出9862元，食品烟酒支出3645.6元，是1957年的52.4倍。居民消费水平的提高带动了消费结构的变化。2018年农村居民人均食品、烟酒消费占比30.1%，比1990年下降了28.7个百分点，交通通信上升了12.8个百分点，教

育文化娱乐上升了 5.3 个百分点，医疗保健上升了 6.9 个百分点。1954～2018 年，我国农村居民人均粮食消费量下降 33.0%，人均猪肉增长了 5.2 倍，人均蛋类消费量增长了 9.5 倍。①

表 4-15 农村居民人均消费支出及构成

指标	1990 年	2000 年	2015 年	2016 年	2017 年	2018 年
消费支出（元/人）	584.6	1670.1	9222.6	10129.8	10954.5	12124.3
消费支出构成（%）	100	100	100	100	100	100
（一）食品烟酒（%）	58.8	49.1	33.0	32.2	31.2	30.1
（二）衣着（%）	7.8	5.7	6.0	5.7	5.6	5.3
（三）居住（%）	17.3	15.5	20.9	21.2	21.5	21.9
（四）生活用品及服务（%）	5.3	4.5	5.9	5.9	5.8	5.9
（五）交通通信（%）	1.4	5.6	12.6	13.4	13.8	13.9
（六）教育文化娱乐（%）	5.4	11.2	10.5	10.6	10.7	10.7
（七）医疗保健（%）	3.3	5.2	9.2	9.2	9.7	10.2
（八）其他用品及服务（%）	0.7	3.1	1.9	1.8	1.8	1.8

资料来源：根据各年的《中国统计年鉴》整理。

新中国成立初期，农村居民家庭耐用消费品几乎没有。改革开放之初，平均每百户农村居民家庭拥有自行车 36.2 辆、缝纫机 22.6 架、手表 27.8 只、收音机 26.1 部。1990 年，平均每百户农村居民家庭拥有 9.1 台洗衣机、4.7 台彩色电视机、1.2 台电冰箱；2018 年彩电、冰箱、洗衣机在农村居民家庭逐步普及，同时每百户农村居民家庭拥有 116.6 部电视机、257 部移动电话、26.9 台计算机、22.3 辆汽车、68.7 台热水器和 65.2 台空调（见表 4-16）。

表 4-16 农村居民主要耐用消费品拥有量

耐用消费品	1990 年	1995 年	2000 年	2018 年
洗衣机（台）	9.1	16.9	28.6	88.5
电冰箱（台）	1.2	5.2	12.3	95.9
空调（台）			1.3	65.2
抽油烟机（台）		0.6	2.8	26.0
彩色电视机（台）	4.7	16.9	48.7	116.6
移动电话（部）			4.3	257.0
计算机（台）			0.5	26.9

资料来源：根据各年的《中国统计年鉴》整理。

---

① 新中国成立 70 周年经济社会发展成就系列报告之十四 [EB/OL]. http：//www.stats.gov.cn/ztjc/zthd/bwcxljsm/70znxc/201908/t20190809_1690097.html.

（六）生态环境保护力度加强，农村面源污染治理富有成效

1. 建立起最严格的耕地保护制度

新中国成立以来，我国耕地面积发生了较大波动。1949～1957年，我国耕地资源从9788万公顷增加到11183万公顷，年均增长1.58%，1957年达到历史峰值。但1958～1978年间经历了两次大幅滑坡，第一次是1958～1963年耕地面积累计减少了910万公顷；第二次是1966～1977年连续下降，累计减少435万公顷。改革开放后，全国各地非农建设项目陆续开工，农村基本建设占用的耕地大量增加，1978～1985年耕地面积累计减少330万公顷，年均减少47.14万公顷。1986年我国的《土地管理法》开始实施，耕地保护明显加强，并且为了加强对全国土地的统一管理，成立了国家土地管理局。1987～1995年，通过开荒围垦等途径增加257.6万公顷耕地，建设占用、农业结构调整和自然灾害等因素减少568万公顷耕地，全国耕地净减少310万公顷，年均净减少34.5万公顷，减少速度比改革开放初期明显放缓。1998～2003年，因生态退耕，以及建设占用、农业结构调整和灾害损毁等原因，耕地减少了878万公顷，通过开发整理复垦和农业结构调整增加耕地216万公顷，耕地净减少662万公顷，年均净减少110万公顷。2006年8月，国务院发出《关于加强土地调控有关问题的通知》进一步明确耕地保护问责制，此后，全国耕地面积呈现恢复性增长趋势。

党的十八大以来，中央对耕地保护更为重视，构建了耕地数量、质量、生态三位一体保护制度体系。2012～2017年间，全国共划定15.5亿亩永久基本农田；建设占用耕地1560万亩，补充2259万亩，实现耕地面积净增加[①]；建成高标准农田4.8亿亩，新增耕地2400多万亩，按照第三次农业普查结果，耕地面积基本稳定在13500万公顷。

2. 林业生态建设取得显著成效，生态功能逐渐增强

新中国成立以来，党和国家领导全国人民开展义务植树活动，加强林业生态建设。党的十八大以来，全国各地认真践行"绿水青山就是金山银山"发展理念，天然林保护、三北防护林、退耕还林工程持续推进，林业生态建设取得显著成效（见表4-17）。2017年全国共有自然保护区2750个，总面

---

① 人民日报. 2018年全国新增建设用地计划再减20万亩［EB/OL］. https：//www.tuliu.com/read-71163.html.

积 1.5 亿公顷，分别是 1997 年的 3 倍和 1.9 倍。2018 年全国林业用地面积比 1978 年增长 17.0%，森林覆盖率提高 9.6 个百分点，森林蓄积量增长 67.6%。[①]

表 4-17　　全国林业重点生态工程历年完成造林面积　　单位：万公顷

时期	合计	天然林保护工程	退耕还林工程	京津风沙源治理工程	三北及长江流域等防护林工程
1979~1985 年	1010.98				1010.98
"七五"时期	589.93				589.93
"八五"时期	1186.04			44.12	1141.92
"九五"时期	1391.76	119.43	113.15	110.43	1048.75
"十五"时期	2592.56	355.87	1660.66	259.96	316.06
"十一五"时期	1715.68	476.31	516.55	206.77	516.05
"十二五"时期	1318.32	255.44	302.90	217.53	542.46
2016 年	250.56	48.73	68.33	23.00	110.50
2017 年	299.12	39.03	121.33	20.72	94.79
2018 年	244.31	40.06	72.35	17.78	89.39
总计	10599.26	1334.87	2855.27	900.31	5460.83

注：2016 年起，国家将有林地和灌木林地封育、退化林修复更新造林等造林方式计入造林总面积，所以表中 2017 年、2018 年的合计数不等于后面的分项之和。

资料来源：根据历年的《中国农村统计年鉴》整理。

3. 农村农业面源污染防治力度不断加强

党的十八大以来，中共高度重视农村农业面源污染治理。2014 年全国农业工作会议上，中央明确提出控制农业用水总量、减少化肥、农药施用量，基本实现地膜、秸秆、畜禽粪便的资源化利用。五年来农村农业面源污染防治取得显著成效。

第一，化肥施肥量实现零增长。新中国成立到改革开放初期，我国化肥总体供应不足，农家肥是土地肥力的主要补充原料，1978 年全国的化肥施用量为 884 万吨，平均每亩的施用量仅为 3.9 千克。此后，随着我国工业生产能力不断增强，1995 年全国化肥施用量为 3593.7 万吨，平均每亩施肥量 16 千克，2015 年施用量增加到 6022.6 万吨，平均每亩施用量达 24.1 千克。从 2016 年开始，全国农用化肥总施用量和单位面积施用量逐年减少，2019 年全国化肥施用

[①] 资料来源：《中国农村统计年鉴 2019》。

量为5403万吨,平均每亩施用量减少到21.7千克,分别比2015年减少11.3%和9.8%(见图4-8)。

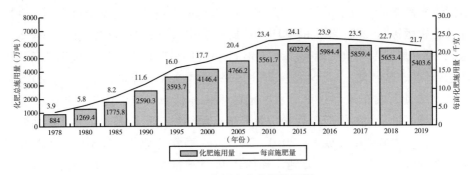

图4-8 全国农业化肥施用量

资料来源:根据历年的《中国农村统计年鉴》整理。

第二,农药使用量由增到减。农药在病虫害防控、调节植物生长、消除杂草等方面具有不可替代的作用。但农药如果不科学合理使用,将破坏土壤,污染环境,产生食品危害。改革开放以来,在发展农药产业的同时,我国加强了农药的管理,多次出台和修订《农药管理条例》,逐步实现禁用或停用剧毒、高毒高残留农药,控制农药使用量。2015年我国实施农药使用量零增长行动,农药使用量开始逐年下降,2015比上年减少1.2%,2018比2017年减少了9.1%,并且形成以使用低毒农药为主的格局(见图4-9)。[①]

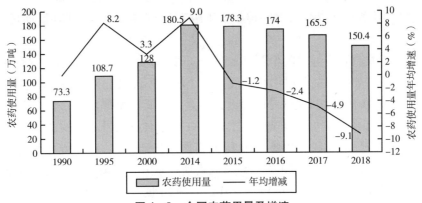

图4-9 全国农药用量及增速

资料来源:根据历年的《中国统计年鉴》整理。

———————————————

① 根据历年的《中国统计年鉴》整理计算。

第三，畜禽废弃物资源化利用水平不断提高。1984年5月，全国人大常委会通过的《中华人民共和国水污染防治法》明确规定，"畜禽养殖场、养殖小区建设畜禽粪便、废水的综合利用或者无害化处理设施，国家予以支持，并应保持正常运转"。2001年，国家环保总局制定实施《畜禽养殖污染防治管理办法》，并开展了专项执法检查。2013年11月，国务院颁布《畜禽规模养殖污染防治条例》，从预防、综合治理与利用、激励措施等方面进行了规定。2015年11月，农业部发布《促进南方水网地区生猪养殖布局调整优化的指导意见》，基于环境容量、饲料供应等因素，对养殖区域结构进行调整。近年来，畜禽粪污资源化利用取得明显成效。2010～2015年，畜禽养殖化学需氧量、氨氮排放量分别降低132万吨和10万吨，降幅达11.5%和15.4%，畜禽粪污资源综合利用率从不到50%提高到75%。①

第四，秸秆资源化利用水平提升。改革开放以来，国家一直鼓励通过扩大秸秆还田、推广秸秆氨化饲养技术、建设秸秆气化设施等提高农作物秸秆利用水平。从2006年开始，国家出台财税鼓励引导政策，推动农作物秸秆的资源化利用。2011年11月，国家发展改革委、农业部、财政部联合下发《"十二五"农作物秸秆综合利用实施方案》。经过多年的持续努力，农作物收获后"狼烟四起"的现象已经基本消除，可收集秸秆资源利用水平明显提高，农作物秸秆综合利用率已经达到80%以上，初步形成多元化利用的发展势头。《第二次全国污染源普查公报》显示，2017年全国秸秆产生量为8.05亿吨，秸秆可收集资源量6.74亿吨，秸秆利用量5.85亿吨。2018年畜禽粪污综合利用率达到70%，秸秆综合利用率达到84%，农用地膜回收率达到60%。

第五，农膜利用与回收机制开始健全。废旧地膜是乡村土地"白色污染"的主要来源，如果不能及时回收，残留在土壤而不能及时降解的，就会污染土地。2013年的中央一号文件专门提出，要大力开展地膜覆盖和回收方面的生产性服务。2007年的中央一号文件首次在中央指导农业农村工作的文件中明确提出积极发展可降解农膜。1995年我国地膜使用量47万吨，2016年增加到147万吨，年均增长10.9%。2017年我国地膜使用量开始下降，当年使用量140.4万吨，比2016年减少了1.2%。2018年使用量140.4万吨，比上年减少2.4%。② 近年来，各地在建立地膜回收机制方面进行了有效探索。

---

① 人民日报. 畜禽粪污处理能源化 农村养殖可以告别脏乱差［EB/OL］. http：//www. xinhua-net. com//food/2017-01/04/c_1120241371. htm.

② 根据历年的《中国统计年鉴》整理。

三、乡村生态治理与绿色发展实践经验

（一）坚持加强和改善党对农村工作的领导

在长期实践中，共产党人始终以马克思主义理论为指导，立足中国国情农情，高度重视并着力解决"三农"问题，始终坚持和加强对农村工作的领导，领导亿万农民推进农村发展，不断健全党领导农村工作的组织体系、制度体系和工作机制，在全党全社会形成关心和支持"三农"发展的良好氛围与强大合力。

在新民主主义革命时期，共产党人将工人阶级与农民群众空前团结起来，组成革命力量，最终赢得革命胜利。新中国成立以后，共产党领导亿万农民开展土地改革，推进农业社会主义改造，制定系列政策措施恢复农业生产。改革开放以后，共产党领导全国人民，推进农村体制改革，调动了农民百姓的生产积极性，提高了农业生产效率，推动了农业和农村经济快速发展。20 世纪 90 年代，党中央在推进市场化改革的进程中，坚持重视和加强农业基础地位，稳定和完善农村基本经营制度，推进农业经济结构优化调整，促进农业产业化经营模式转变，开创了"三农"工作新局面。

党的十六大以来，党中央根据工农城乡发展客观实际及全面建设小康社会的要求，确立了"重中之重"的"三农"战略定位，制定"多予少取放活"的方针，加大了社会主义新农村建设力度，农民全面发展取得实质性成效，为全面建成小康社会的实现奠定了重要基础。

党的十八大以来，党中央明确提出"加强党对农村工作的全面领导"，不仅将"三农"问题作为"重中之重"，并提出在乡村振兴过程中强化基层党组织的保障，确保新时代农村工作始终保持正确政治方向。历史和现实证明，办好农村的事，关键在党，只有坚持加强和改善党对农村工作的集中统一领导，我们才能战胜各种困难挑战，把握"三农"工作乃至全局发展的主动性。党对农村工作的全面领导是推动乡村绿色发展的政治和组织保证。

（二）坚持巩固和加强农业农村的基础地位

马克思主义经典作家始终高度重视"三农"问题。务农重本，国之大纲。中国共产党始终把解决好"三农"问题作为治国安邦的头等大事，把保障主要

农产品有效供给作为现代农业建设的首要任务。从毛泽东强调的"城乡必须兼顾"①，到邓小平同国家计委负责人谈话中指出的"农业是根本，不要忘掉"②，再到江泽民强调"农业、农村和农民问题，始终是一个关系我们党和国家全局的根本性问题"③。进入 21 世纪，党中央加大了对农业、农村和农民的支持力度，胡锦涛提出了把解决好"三农"问题作为国民经济中"重中之重"。党的十八大以来，习近平对破解"三农"问题提出"新观点、新论断和新思想"，我国农业基础地位不断加强，农村面貌焕然一新。

随着经济社会的不断发展，我国农业产值占国内生产总值的比重和农业人口占全国总人口的比重在下降，但农业作为基础性、战略性产业的地位没有改变，农业保供给、保收入、保生态、保稳定的功能没有改变。习近平强调任何时候都不能忽视农业、忘记农民、淡漠农村。推进乡村绿色发展，就是走绿色兴农、质量兴农之路。在当前面临国内外复杂多变的形势下，应对乡村千年未有之大变局，更需要守好"三农"这个后院，发挥好"三农"蓄水池、压舱石的作用，为社会大局稳定增添底气。在现代化的征程中，乡村绿色发展既是全社会绿色发展的基本支撑，更为绿色发展理念在乡村实践提供了更多现实注脚。

（三）坚持践行以人民为中心的发展理念

人民性是马克思主义最鲜明的品格。《共产党宣言》指出："过去的一切运动都是少数人的，或者为少数人谋利益的运动，无产阶级的运动是绝大多数人的，为绝大多数人谋利益的独立的运动。"④ 始终与人民在一起，为人民利益而奋斗，是无产阶级政党与其他政党的根本区别。坚持人民民主地位，充分调动人民积极性，始终是中国共产党立于不败的强大基因。习近平指出："时代是出卷人，我们是答卷人，人民是阅卷人。"⑤

中国共产党成立以来就一直把依靠农民、为亿万农民谋幸福作为重要使命，把"保障农民经济利益，尊重农民民主权利"作为对待农民的基本准则和制定党的政策的出发点和落脚点，紧紧依靠农民的智慧和力量推动农业农村的改革发展。新时代顺应亿万农民群众对美好生活和生产环境的呼唤，以绿色发展引

---

① 毛泽东选集（第四卷）［M］．北京：人民出版社，1991：1426．

② 邓小平文选（第三卷）［M］．北京：人民出版社，1993：23．

③ 中共中央文献研究室．十四大以来重要文献选编（上）［M］．北京：人民出版社，1996：421．

④ 马克思恩格斯选集（第一卷）［M］．北京：人民出版社，2012：441．

⑤ 中共中央宣传部．习近平新时代中国特色社会主义思想学习纲要［M］．北京：学习出版社，人民出版社，2019：43．

领乡村振兴体现了党对"三农"问题的实践关切。党的十九大提出，必须始终让改革发展成果更多更公平地惠及全体人民，朝着实现全体人民共同富裕不断迈进[①]。在实现中华民族伟大复兴中国梦的历史进程中，必须坚持"人民至上"的原则，必须发挥农民群众的主体性和创造性，确保农村社会既充满活力又和谐有序。

（四）坚持解放思想深化农村改革创新

持续深化改革，解放和发展农村生产力，是共产党人在推动农村发展的长期实践中得出的一条重要经验。[②] 只有不断解放和发展生产力，增强农业农村综合实力和竞争力，才能为高质量发展奠定坚实的物质基础。我国的农村改革是从调整农民和土地关系开启的。[③] 农村改革取得的巨大成就正是发挥"劳动力和土地"作为主要"生产要素"的基础作用。[④] 新中国成立以后，土改运动和社会主义改造确立了农民当家作主的地位，激发了农民生产的积极性和社会主义建设高潮，合作化运动和人民公社体制为大型农田水利建设提供了基础条件。始于1978年的家庭联产承保责任制改革的直接效果是农产品的产出效率大幅提升，1978～1984年，我国粮食总产量增长了33.65%，农业总产值增长了127.66%。农村改革的间接效应是：不仅调整国家产业结构，而且农业内部的产业结构也得以调整。1978年我国农、轻、重的产业结构比为27.8∶31.1∶41.1，改革开放五年之后，比例调整为35.0∶30.8∶34.2。农业种植业内部的粮食占比由1978年的76.7%降低到1984年的58.1%。[⑤] 农业生产效率提升为轻工业发展提供了原料，并且农业剩余及农民可支配比例的提升诱发了乡镇企业的迅猛发展。

20世纪80年代乡镇企业的发展有力推动了市场化、工业化和城镇化的进程。第一，由于乡镇企业的资金和原材料大多来源于计划分配之外，产品要依托市场竞争获取，因此乡镇企业既是市场机制发挥作用的产物，也是市场化改革的重要推力。第二，乡镇企业由于要在市场竞争中得以生存，其产品结构不仅是国有企业的有益补充，并且其所具有的比较优势有力促进了国有企业改革，

---

① 韩俊. 新中国70年农村发展与制度变迁［M］. 北京：人民出版社，2019：12.

② 中共中央文献研究室. 十六大以来重要文献选编（上）［M］. 北京：中央文献出版社，2005：117.

③ 中共中央党史和文献研究院. 习近平关于"三农"工作论述摘编［M］. 北京：中央文献出版社，2019：58.

④ 李振. "要资本，不要资本主义"如何可能［J］. 同济大学学报（社会科学版），2019，30（3）：102－103，110.

⑤ 根据历年的《中国统计年鉴》整理.

推动了我国工业化进程。第三，乡镇企业解决了城镇化进程中农民的就业难题。第四，尽管乡镇企业在发展过程中曾造成一定程度的乡村环境局部污染，但这符合改革过程中的摩擦成本的规律，中央和国家通过对高耗能高污染企业的关停并转等系列措施，不断矫正和规范乡镇企业的发展和乡村环境的治理。从20世纪90年代的农村税费改革到完全取消农业税，以及粮食购销市场化改革，减轻了农民负担，推进了农业农村市场化改革进程，国家财政支农机制的建立保障了农村公共事业的稳定发展。从土地流转制度改革到"三权分置"制度建立，既保障了农民的权益，又为农业规模化经营与农业现代化建设创造了条件。

从总体看，在无可照抄的模式和可借鉴经验的背景下，中国的农村改革是在坚持社会主义基本制度前提下进行的，是在中国共产党领导下摸索前进的，这也保证了中国农村改革与发展的渐进式改革特征，每一次改革都具有与时俱进的鲜明特征，每一次渐进式改革既具有广泛群众基础，又有党的坚强领导和政策保障，既有利于降低改革风险，又有利于降低改革成本，同时为乡村生产力的解放，为现代化提供了动力，为农民生活水平的提升创造了条件。

（五）坚持建立健全乡村生态法制体系

法治是治国理政不可或缺的重要手段。习近平强调："法治兴则国家兴，法治衰则国家乱。"[1] 乡村生态环境问题与国家对乡村环境保护的制度建设密切相关，尽管在建设、改革与发展中乡村生态环境问题逐步显露，但是共产党人坚持从实际出发，实事求是，不断完善乡村环境保护与治理的相关法律法规，正确处理乡村发展与环境的矛盾问题，为新时代中国乡村绿色发展奠定了坚实基础。从中国乡村生态环境问题萌发与生态治理的相关法律建设历程分析，其演进历程可分为五个阶段[2]。

第一个阶段为新中国成立至20世纪70年代。这一时期我国乡村环境保护政策几乎处于空白期，直至1972年6月，我国政府派代表团参加联合国人类环境会议，受会议的影响，国家计划委员会于1973年8月5～22日召开了第一次全国环境会议，会议制定的《关于保护和改善环境的若干规定（试行草案）》成为我国第一部综合性环境保护行政法规，1974年国家组建了国务院环境保护领导小组。

---

① 中共中央宣传部. 习近平新时代中国特色社会主义思想学习纲要［M］. 北京：学习出版社，人民出版社，2019：96.

② 杜焱强. 农村环境治理70年：历史演变、转换逻辑与未来走向［J］. 中国农业大学学报，2019，36（5）：83.

第二阶段为改革开放后至 20 世纪 90 年代初期。这一时期，我国的环境保护制度逐步建立，但乡村环境治理缺少有效的实际行动。1978 年的《中华人民共和国宪法》首次列入环境保护内容，环境保护成为国家职能。1979 年 9 月，第五届全国人大常委会第十次会议通过了《中华人民共和国环境保护法（试行）》。20 世纪 80 年代至 90 年代初，国家陆续颁布了多部与乡村环境保护治理相关法规和政策文件，包括 1982 年的《中华人民共和国海洋环境保护法》、1983 的《关于加强乡镇、街道企业环境管理的决定》、1984 年的《关于加强环境保护工作的决定》、1985 年的《关于开展生态农业，加强农业生态环境保护工作的意见》、1986 年的《中华人民共和国渔业法》、1988 年的《中华人民共和国野生动物保护法》和《中华人民共和国水法》、1989 年的《中华人民共和国环境保护法》。

第三阶段为 20 世纪 90 年代初期至 21 世纪初期。这一时期党中央加强了对乡村环境保护与治理力度，以防止农村环境污染的蔓延和急剧恶化，1993 年《中华人民共和国农业法》颁布实施，同年 9 月，经国务院批准通过的《中国环境保护行动规划》阐述了我国环境保护目标，提出跨部门环境保护行动计划。1994 年 6 月出台了《中国生物多样性保护行动计划》，1995 年农村环境状况首次在《中国环境状况公报》得到反映，此后国家加大了对高污染高耗能乡镇企业淘汰力度，2000 年出台了《中国湿地保护行动计划》，2001 年颁发了《畜禽养殖污染物排放标准》。

第四阶段为 2002~2012 年。这一时期我国乡村环境问题呈现工业污染与面源污染叠加，中央提出全面贯彻落实科学发展观，不断加大对乡村环境治理力度，治理的内容和范围更加广泛，2010 年国家出台了《全国农村环境连片治理工作指南》。

第五阶段为 2013 年至今。党的十八大以来党中央加强生态文明建设力度，加大农村人居环境整治，美丽乡村建设卓有成效，国家相继出台了多项法规政策，包括 2013 年农业部《关于开展美丽乡村创建活动意见》、2014 年新修订的《中华人民共和国环境保护法》以及《关于改善农村人居环境得指导意见》、2015 年的《关于大号农村面源污染防治攻坚战得实施意见》与《关于全面推进农村垃圾治理的指导意见》、2017 年的《全国农村环境综合整治"十三五"规划》、2018 年的《农村人居环境整治三年行动方案》和《关于实施乡村振兴战略的意见》等。法律法规政策出台的演进经历了从法律空白到逐步完善的过程，治理力度不断加强，治理的范围从碎片化向系统化转变，治理的主体从政府一元向多元化转变，法律法规的不断完善，既彰显了中国共产党人对乡村环境治理的决心与意志，同时为新时代乡村绿色发展提供了法律保障。

四、新时代实现乡村绿色发展面临的问题

（一）要素资源紧缺对乡村绿色发展的制约

乡村绿色发展离不开生产要素的有力支撑，当前我国乡村发展不仅耕地资源、淡水资源紧缺，耕地利用强度过大，灌溉效率较低，水土流失严重，削弱了乡村绿色发展的能力，而且农民老龄化、农业边缘化和农村空心化造成的人才与资本的缺位对乡村绿色发展形成制约。

首先，土地资源禀赋条件差，耕地质量低。20世纪50年代以后，我国滥垦、滥牧、滥伐现象加剧，造成了严重的后果。研究表明，截至2010年，水土流失给我国造成的经济损失约相当于GDP总量的3.5%。[①] 水土大量流失给我国经济社会发展带来的损失巨大，每年因此损失的耕地一度达到100万亩，并削弱河道行洪和湖库调蓄能力。"荒漠化和沙化土地面积分别占我国国土面积的1/4以上和1/6以上，这是我国生态最为脆弱的地带"[②]。总体看，盲目开垦问题严重，耕地质量低下且迅速退化。

其次，水资源紧缺，低效和过度利用较为严重。一方面，我国是一个水资源极为匮乏的国家，水资源总量先天不足，干旱问题一直是影响农业发展的突出制约因素。由于多数耕地为旱地，农业的丰歉很大程度上取决于降水状况。我国水资源总量一般年份在27万~28万亿立方米，人均水资源占有量在2000立方米左右，仅大约相当于世界平均水平的1/4。在空间分布上，我国水资源的分布情况是南多北少，而耕地的分布却是南少北多。北方地多水少，耕地面积占全国的60%以上，而水资源量一般年份所占比重不超过15%。南方耕地面积占全国的比重已经低于35%，而水资源量占全国总量的80%以上。另一方面，地下水超采现象普遍，用水效率低。目前我国产业发展、城乡居民生活对地下水的依赖程度较高。第三次农业普查表明，灌溉用水主要水源中，使用地下水的农户和农业生产单位占30.5%，其中东部地区、中部地区、西部地区、东北地区分别为36.9%、35.7%、12.1%和59.3%。农业是水资源消耗最大的

[①] 水土流失造成相当于我国GDP总量3.5%的经济损失 [EB/OL]. http：//www. gov. cn/jrzg/2010 - 10/29/content_1733482. htm.

[②] 滕玲. 第五次全国荒漠化和沙化土地监测结果发布十年治沙：剩下的都是"硬骨头" [J]. 地球，2016（2）：50 - 53.

产业，历年农业用水量占全社会用水量的比例超过 60%，近年来，农业用水总量总体呈现上升趋势，2016 年农业用水为 3768 亿立方米，占全社会用水总量的 62.4%。2016 年，我国农田灌溉水有效利用系数是 0.524，而美国、法国已经达到 0.7~0.8 的水平，我国每生产 1 千克粮食需要耗费 1 吨水，而国外平均生产 1.2 千克粮食才需要 1 吨水，差距比较明显，长期过度开采地下水，导致部分地区水位持续下降。①

再其次，乡村绿色发展的人才支撑不够。从人力资源来看，当前农村从事农业的人口老龄化和女性化，青壮年劳动力和农业科技人才缺乏，以浙江省为例，2016 年，全省从事种植业人员中，55 岁及以上的占 53.64%，初中以下文化程度的占 91.59%，受过农业专业技术培训的仅占 1.9%。② 在城镇化进程中农村劳动力流失，尤其是技术型青壮年劳动力不足制约了乡村绿色发展。

最后，资本的缺位是乡村绿色发展的堵点和难点。推进农业科技创新、农村基础设施建设、农村环境治理等农业农村的重大项目，都需要长期投入且短时难以实现高回报。一方面，农村农业支持保护制度是农村经济制度的重要组成部分，中央与地方的财政投入是乡村发展的重要基础，从新中国成立后兴修农田水利、发展农用工业、调整农产品价格、增加农业生产投入等政策，到 21 世纪以来的构建农村基础设施投入、农产品价格支持、农业生产经营补贴、农业生态环境补偿等政策为主的支持保护政策体系有力支撑了乡村发展，但当前财政支农投入碎片化现象依然严重，"土地出让金用于农业农村比例偏低"③，长期呈现"取之于农、用之于城"尴尬局面。另一方面，党的十八大以来，我国农村金融发展和改革虽取得成效，初步解决了农村基本金融服务的问题，但由于农村金融本身的特性和多年以来农村金融改革不到位，农村金融仍是金融体系中最薄弱的环节。特别是，随着农村规模经营发展和农村现代化水平的提高，对照推进农业供给侧结构性改革和乡村绿色发展的要求，农村金融服务还有较大差距，表现在农村金融处于弱势境地的局面仍未得到根本改善，农村金融服务供给缺口依然巨大，农村金融有效竞争的格局还没有真正形成，农村信用合作社逐步从合作性金融机构演变为商业性金融机构，倾向于追求利润最大化，"三农"业务成本高、收益低，其服务"三农"的积极性下降，存在离农脱农的倾向，简单复制城市金融模式难以有效适应农村经济发展要求。

---

① 马永红．浅谈治理地下水污染的途径 [J]．中国集体经济，2013（12）：23 - 24.
② 宁自军．浙江粮食安全问题研究 [R]．浙江省第三次农业普查课题研究报告，2019.
③ 韩长赋：土地出让金用于农业农村比例偏低 [EB/OL]．https：//www. sohu. com/a/309460615_114988.

（二）乡村生态环境仍处于压力叠加期

首先，乡村生态环境面源污染不容乐观。21世纪以来，农业农村经济快速发展，化肥农药投入品过量使用，农业生产自身带来的污染日益凸显，加之农业废弃物回收率不高，资源化、无害化效率较低，导致农业面源污染严重。尽管从2015年农业施肥量开始逐年下降，但2017年我国农作物平均每亩化肥用量仍达21.9千克，约为欧美国家的2.5倍。[①] 农产品残留超标依然存在，给人民的健康带来严重的威胁。畜禽养殖业是农业面源的最大排放源，2017年畜禽养殖业排放的化学需氧量1000.53万吨，氨氮11.09万吨，分别占农业源排放总量的94.20%和51.29%。[②] 我国主要流域水质状况不容乐观，主要表现在劣V类水质占比较高。党的十八大以来，环境治理和环保督察力度加大，七大水系及主要流域水质状况有所改善，劣V类水质占比下降到10%以下，但水环境污染状况依然不容乐观，2018年《中国环境状况公报》监测结果显示，我国主要流域劣V类水质占比为6.9%。

其次，食品安全的基础比较脆弱。在市场放开和市场竞争激烈的情况下，部分食品生产经营主体为降低成本、提高生产效率和经营效益，具有使用低价或超标准使用投入品的动机，使得大量危害性因子不可避免地在生产、加工、储存、流通等各个环节进入食品之中。农药、兽药、肥料、食品添加剂、饲料添加剂等的不合理使用甚至违法违规使用，不仅会直接影响食品的安全性，而且会对资源和生态环境产生危害。

（三）乡村绿色发展的内生动力缺失

乡村绿色价值文化缺失，导致微观主体动力不足，村民人居环境意识尚需提高。本书在对乡村生态治理的调查中，64.2%的村民认为村民自身卫生意识不够、习惯不好，农村人居环境整治工作重点难点主要是村民环境意识不高。一般认为，经济活动的外部性是资源环境问题的主要成因。以垃圾分类为例，在垃圾分类活动中，村民的内生驱动力来源于自然力和经济力的合力，自然驱

---

① 王克. 中国亩均化肥用量是美国2.6倍 农药利用率仅为35% ［EB/OL］. http://caijing.china-daily.com.cn/finance/2017-08/29/content_31274764.htm.

② 第二次全国污染源普查公报 ［EB/OL］. https：//www.mee.gov.cn/home/ztbd/rdzl/wrypc/zlxz/202006/t20200616_784745.html.

动力是垃圾排放对环境破坏及自然界各种资源的不可再生性对人类行为的惩罚，经济驱动力的源泉是废弃物资源化的价值创造，自然力和经济力的耦合是垃圾分类活动行为的内生演进驱动力。在倡导生态文明与绿色发展的今天，村民虽然意识到垃圾分类可有力促进"乡村环境整治"，切实推进"美丽乡村"建设，对村庄附近企业污染物排放深恶痛绝，但对自身家庭垃圾投放行为却不以为然，环境治理的内生动力不足。

第五章　新时代乡村绿色
发展的路径

生态文明建设和乡村振兴战略的实施为乡村绿色发展打开解放之门，以绿色发展引领乡村振兴是一场深刻的革命，是中国共产党人的伟大创举，既无现成的可照搬照抄的经验，也无可供模仿的现成模式，只有坚持以马克思主义理论为指导，基于乡村建设规律优化乡村绿色发展路径。

一、新时代中国乡村绿色发展的三重向度

向度是指事物所隐藏或呈现出的不同指向的特征。乡村绿色发展正是着眼于马克思主义的运用，着眼于新的实践和新的发展，坚持在改革中守正创新，在开放中博采众长，不断开辟马克思主义新境界。首先，人民性是马克思主义的鲜明品格，也是无产阶级政党一切实践活动的原则和依据，乡村绿色发展是坚持人民主体地位的重大体现，是马克思主义人民性的继承与发展，是中国乡村绿色发展的根本遵循。其次，"两山"理念是马克思主义生态思想的最新理论成果，是新时代乡村绿色发展的行动指南。最后，乡村振兴战略和"农业农村优先发展"总方针是中国共产党着眼于新时代中国城乡发展不平衡和乡村发展不充分的矛盾，为加快补齐乡村发展短板作出的重大战略决策，是对马克思城乡关系理论的继承与发展，是新时代推进中国乡村发展的战略原则和政策导向，是乡村绿色发展的根本保障。

（一）践行"以人民为中心"发展理念：乡村绿色发展的根本遵循

坚持"以人民为中心"理念推进乡村绿色发展，源于人民是历史的创造者，发展的终极目标是为了更好地为了人民、依靠人民、服务人民。人民性是马克思主义一以贯之的价值立场。这一价值立场包含了"乡村绿色发展为了人

民""乡村绿色发展依靠人民""乡村绿色发展成果为人民享有"等维度。

1. 人民性是无产阶级政党一切实践活动的原则和依据

人民性不仅是中国共产党一切实践活动的价值考量，而且是一切实践活动的原则和依据。万事万物基于其本质的内在规定性以及自身划设的某种价值立场，都会有一种内在的发展逻辑，这种发展逻辑呈现出事物由"是"的实然到"能"的应然的内在性，马克思主义的人民性正是推动中国共产党人践行初心由"是"到"能"的提升。纵观中国革命、建设和改革的各个历史时期，中国共产党始终坚持人民性特质，得民心、顺民意、谋民利，取得了举世瞩目的辉煌成就。在新民主主义革命时期，毛泽东指出，"人民，只有人民，才是创造世界历史的动力"，"一切从人民的利益出发，……向人民负责……这些就是我们的出发点"①。新中国成立后，在社会主义建设中，毛泽东再次强调"我们应当相信群众，我们应当相信党，这是两条根本的原理。如果怀疑这两条原理，那就什么事情也做不成了。"② 他同时强调"一定要每日每时关心群众利益，时刻想到自己的政策措施一定要适合当前群众的觉悟水平和当前群众的迫切要求。凡是违背这两条的，一定行不通，一定要失败。"③ 毛泽东从对人民负责，相信人民群众，关心群众利益及党的政策要适合群众的要求，否则将"什么事情也做不成""一定要失败"等论述中，系统阐释了中国共产党代表广大人民群众根本利益的基本原理。改革开放过程中，邓小平指出"群众是我们力量的源泉，群众路线和群众观点是我们的传家宝"④。市场过程中，面对发展遇到的新问题，江泽民指出"我们想事情，做工作，……要有一个根本的衡量尺度，这就是人民拥护不拥护，人民赞成不赞成，人民高兴不高兴，人民答应不答应"⑤。胡锦涛强调，和谐社会建设，要从解决人民群众最关心、最直接、最现实的利益问题入手，为群众多办好事、事实⑥。中国特色社会主义事业之所以能取得伟大成就，根本原因在于共产党代表了广大人民群众的根本利益，在改革与发展中充分依靠人民群众，调动了人民的积极性、主动性和创造性。不忘初心，方得始终，为人民谋幸福是中国共产党人的初心。为了人民、依靠人民，为人民发展、由人民享有，是中国发展要解决的根本问题，也是马克思主义政党的根本价值取向。

---

① 毛泽东选集（第三卷）[M]．北京：人民出版社．1991：1031，1094-1095．
② 毛泽东文集（第六卷）[M]．北京：人民出版社．1999：423．
③ 毛泽东文集（第八卷）[M]．北京：人民出版社．1999：33．
④ 邓小平文选（第二卷）（第二版）[M]．北京：人民出版社，1994：368．
⑤ 江泽民．论党的建设 [M]．北京：中央文献出版社，2001：193-194．
⑥ 胡锦涛．论构建社会主义和谐社会 [M]．北京：中央文献出版社，2013：79．

2. 人民对美好生活的需要是乡村绿色发展的价值取向

追求美好生活是人类历史、人类发展的根本目的。民生是人民幸福之基础、社会和谐之本，习近平强调"人民对美好生活的向往，就是我们的奋斗目标"①。早在古希腊时期，人类就已萌发对幸福生活的美好理想与追求，苏格拉底曾写到："未经审视的生活是没有价值的"，这里的"有价值生活"既包括个体灵魂的完美和修缮（即个人发展），又包含社会秩序的健全和完备（即社会的发展）之意。② 17 世纪，苏格兰哲学家休谟指出："一切人类努力的伟大目标在于获得幸福。"③ 工业革命以来，资本主义在追求财富最大化过程中遗忘了生活的真谛，造成了生态、世态以及人类心态的严重失衡。马克思和恩格斯对资本主义进行了深刻的批判，资本主义的生产生活方式造成了生态环境污染与破坏，已经被证明是不可持续的。只有通过无产阶级的解放乃至人类的解放，使人重归于自身全面发展，克服人与自然、人与社会、人与人之间的矛盾，人类追求的美好生活方可由哲学理想变为现实。可以说，"对幸福生活之向往和追求，是不同时代、不同经济和文化背景下人们的共同欲求。从这一意义上说幸福似乎可以成为一种普遍主义的价值理想"④。

进入新时代，"城乡失衡"和"生态失衡"已经成为制约人民美好生活需要的主要因素。"美好生活"不仅是中国共产党执政的重要政治话语，而且在实践中成为中国特色话语体系的重要概念。主要矛盾转化不仅决定了政党执政的价值理念，而且决定了不同时代政党施政纲领的价值取向。新时代的"美好生活"不是单维度的物质欲望的追求，而是站在中华民族从"站起来""富起来"到"强起来"伟大飞跃的历史坐标对人的全面发展的幸福追求，既是中国共产党作为无产阶级政党的执政必然，也是社会主义国家经济发展到一定阶段的逻辑应然。改革开放以来，我国人民的生活水平显著提升，在此过程中粗放式发展造成的局部生态环境污染成为民心所痛，成为党中央要破解的问题。新时代人民对美好生活的向往更加强烈，中国共产党时刻将人民对美好生活的期盼和需要作为执政目标，以绿色发展引领乡村振兴既是发展理念的一场深刻革命，也是中国特色社会主义乡村发展史上的一场深刻革命，是中国共产党带领亿万农民追求和实现美好生活的必然选择。

---

① 习近平谈治国理政（第一卷）［M］. 北京：外文出版社，2018：3.

② 王鑫，袁祖社. 绿色发展与美好生活［J］. 武汉大学学报（哲学社会科学版），2018，71（4）：29 - 39.

③ 休谟. 人性的高贵与卑劣［M］. 杨适译. 上海：三联书店，1988：81.

④ 王露璐. 幸福是什么——从亚里士多德与密尔的幸福观谈起［N］. 光明日报，2017 - 11 - 13.

自然、经济和社会系统三者具有复杂的交互关系，乡村自然系统是经济系统的基础和社会系统的载体，自然为经济系统提供山水林田湖等生产条件和初级生产投入品，为乡村居民的繁衍生息提供生存空间和生活消费品。经济系统的乡村发展有助提高自然系统的投入能力和提升生产能力，并为社会提供更丰富的物质财富，但若经济系统对自然生态过度摄取而不加以维持保护，或自然生态系统超出其自然消解与自身修复能力，则自然系统必将失去对经济系统和社会系统的支撑，人类生存环境的健康将受到威胁。在自然系统承载限度内的经济发展，为乡村居民生活水平提升及乡村基础设施与公共服务能力的投入提供了保障，兼顾效率与公平的分配制度和经济激励机制有利于乡村社会和谐发展。居民素质的提升为经济系统提供了人力资本，社会进步与居民生态意识的觉醒为乡村绿色生产生活方式提供内源性力量，促进对自然生态系统的保护和投入。

3. 人民群众是乡村绿色发展的主体力量

首先，坚持乡村居民的主体地位。马克思和恩格斯指出"历史活动是群众的活动，随着历史活动的深入，必将是群众队伍的扩大。"[①] 人民是历史的创造者，诚如毛泽东所言"共产党人好比种子，人民好比土地"[②]，坚持人民主体地位，是中国特色社会主义前进的不竭动力。作为一个农业大国，农民群众在我国革命、建设和改革发展中作出了卓越贡献，从打土豪到分田地，从互助合作到大兴水利农田，从家庭联产承包责任制到乡镇企业异军突起，从农民工进城务工到土地"三权分置"改革，中国乡村的改革、突破与发展，每一次经验的创造与积累，都凝聚着亿万人民的实践与智慧。进入新时代，以绿色发展引领乡村振兴是"前无古人、后无来者的伟大创举，没有现成的、可照抄照搬的经验"[③]。但只要坚持"人民的主体地位"这一立场原则，充分发挥乡村居民的主体作用，调动亿万农民重农务农的积极性、主动性和创造性，新时代乡村绿色发展就没有克服不了的困难、没有完成不了的任务。

其次，尊重人民群众的首创精神，依靠全社会力量推动乡村绿色发展。改革是乡村绿色发展的"重要法宝"，从家庭联产承包责任制改革、乡镇企业异军突起、土地流转、"三权分置"都蕴含着人民群众的伟大创造。习近平强调："深化农村改革，要解放思想，逢山开路、遇河架桥，破除体制机制壁垒，突破

---

① 马克思恩格斯文集（第一卷）［M］. 北京：人民出版社，2009：287.

② 毛泽东选集（第四卷）［M］. 北京：人民出版社，1991：1162.

③ 中共中央党史和文献研究院. 习近平关于"三农"工作论述摘编［M］. 北京：中央文献出版社，2019：23.

利益固化藩篱，让农村资源要素活起来，让广大农村积极性和创造性迸发出来，让全社会支农助农兴农力量汇聚起来"①，紧扣城乡工农关系重塑，健全多元投入保障机制，推动人才、土地、资本要素在城乡间双向流动，构建城乡融合发展的体制机制。依靠改革创新，调动全社会力量共谋乡村绿色发展，营造全社会关注农业、关心农村、关爱农民的浓厚氛围，以科技创新引领和支撑乡村绿色发展，以人才汇聚推动和保障乡村绿色发展，增强农业农村生态经济化与经济生态化的内生发展动力。

最后，尊重农民主体意愿，保障农民的根本利益。"大国小农"是中国的基本国情农情，小规模家庭经营是中国农业的本源性制度。中国的农村改革从调整农民和土地关系开始，小农生产在传承农耕文明、弘扬生态文化、稳定农业生产、解决农民就业增收、促进乡村社会和谐方面具有不可替代的作用，户均不过十亩田的小农生产方式也是我国乡村发展需要长期面对的现实。新时期深化农村改革，以绿色发展引领乡村振兴必须坚持家庭经营的基础地位，稳定土地承包关系，在土地流转改革中，要尊重农民的意愿和维护农民的权益，把选择权交给农民，通过示范和引导，把小农生产引入现代农业发展轨道。通过宣传教育，充分调动广大农民参与的积极性，让农民成为乡村绿色发展参与者、贡献者和推动者，让乡村居民成为发展成果的受益者和守护者。由此可见，依靠人民、为了人民、成果由人民共享是新时代乡村绿色发展的根本出发点和落脚点。

4. 生态惠民利民为民是乡村绿色发展的价值旨归

乡村绿色发展具有崇高的理论旨趣和鲜明的实践特色。为人民谋幸福是中国共产党人的初心，中国共产党确立的全心全意为人民服务根本宗旨，是中国特色社会主义前进的不竭动力，人民对美好生活的追求是推动文明进步的持久力量。从中国的政治语境而言，乡村振兴和生态文明建设既要看"为什么人"，又要看"对谁负责，让谁满意"。习近平指出："检验我们一切工作的成效，最终都要看人民是否真正得到了实惠，人民生活是否真正得到了改善，这是坚持立党为公、执政为民的本质要求，是党和人民事业不断发展的重要保证。"②

新中国成立70多年以来，人民群众从"盼温饱"到"盼环保"，从"求生存"到"求生态"。在社会经济发展中，垃圾围村与人居环境问题是民心之痛、民生之患，不仅影响乡村居民生命安全，而且一些疾病的发生与蔓延

---

① 中共中央党史和文献研究院. 习近平关于"三农"工作论述摘编 [M]. 北京：中央文献出版社，2019：16.

② 习近平. 全面贯彻落实党的十八大精神要突出抓好六个方面工作 [J]. 求是，2013（1）：6.

源于环境污染；人民群众生活水平和生活质量的提高，也有赖于生态环境质量的改善。

乡村绿色发展是人民共建共治共享的发展，人民是美好生活的享受者。坚持生态惠民、生态利民、生态为民，创造新时代公平正义的社会环境，让改革与发展成果由人民共享，为乡村绿色发展凝聚共识、获取改革发展的最大公约数提供了良性机制。生态环境是最公平的公共产品，乡村绿色发展是人民群众共同参与、共同建设、共同享有的事业，人民群众以积极主动的状态参与其中，成为建设者、实践者、受益者，让建设美丽乡村成为全体人民的自觉行动。

（二）践行"两山"理念：乡村绿色发展的根本途径

1. 绿色发展理念是马克思主义生态思想的创新性成果

坚持和发展马克思主义是中国共产党从中国革命和建设的历史中得出的重要经验和结论。党的十八大以来，以习近平同志为核心的党中央，确立了包括绿色发展在内的新发展理念，提出了实施乡村振兴战略，制定了"两个一百年"奋斗目标。理念是实践的先导。以"绿水青山就是金山银山"为内核的绿色发展理念是对马克思主义生态思想的继承与发展，体现了对中国改革开放中"乡村成长的烦恼"实践关切，是以习近平同志为核心的党中央对当今世界生态文明建设规律的把握和探索。乡村绿色发展道路的智慧结晶，是马克思主义生态思想的最新成果。以绿色发展引领乡村振兴就是要牢固树立和践行"绿水青山就是金山银山"的理念，破解农业农村现代化进程中的经济社会发展与生态矛盾，谋求实现以生态为导向的乡村现代化。

其一，从马克思的对象性关系理论到和谐共生理论。① 人与自然关系是人类社会最基本的关系。马克思指出："人本身是自然界的产物"②，"人靠无机界生活""人是自然界的一部分"③。马克思充分表达了自然界对人类的产生、生活和发展具有本原地位。在马克思看来，人从自然界这个母体脱胎出来，又以母体的乳汁养育成长，人是自然界的有机体，而自然是人的无机体，人类社会生产活动，是在自然物质存在的基础上进行的，没有自然界，没有感性的外部

---

① 解保军. 人与自然和谐共生的现代化—对西方现代化模式的反拨与超越 ［J］. 马克思主义与现实，2019（2）：40.

② 马克思恩格斯全集（第二十六卷）［M］. 北京：人民出版社，2014：39.

③ 马克思恩格斯全集（第三卷）［M］. 北京：人民出版社，2002：272.

世界，人什么也不能创造。人的第一个历史活动就是生产满足"吃喝住穿以及其他一些东西"需要的资料，即"生产物质生活本身"，这是"一切人类生存的第一个前提，也就是一切历史的第一个前提"。① 在马克思的语境中，"人是有意识的类存在物""人的生产是全面的""人只有凭借现实的、感性的对象才能表现自己的生命"，因而人与自然应当是和谐共生的，但是资本主义的异化劳动不仅导致了人与人关系的异化，也导致了人与自然关系的异化。② 绿色发展以实现"人与自然和谐共生"为核心要义。习近平强调，"自然是生命之母，人与自然是生命共同体，人类必须敬畏自然、尊重自然、顺应自然、保护自然"③。党的十九大报告在"基本方略"论述中，提出"树立和践行绿水青山就是金山银山理念、形成绿色发展方式和生活方式"、坚持推动构建人类命运共同体——"构筑尊崇自然、绿色发展的生态体系"。"人与自然和谐共生"是共产党人以马克思人与自然关系理论为基石，在反思西方现代化模式的弊端，总结我国在改革开放中处理人与自然关系问题的经验教训过程中，所作的理论创新，是对西方现代化模式的反拨与超越，为广大发展中国家实现现代化开辟了非西方的道路，其影响无疑将是世界性的。④

其二，"两山"理论对马克思自然生产力的创新。习近平继承和发展了马克思"自然生产力"思想，更为形象地以"绿水青山就是金山银山"深刻阐述社会、经济与生态之间的辩证统一及其内在关系。"两山"理念是马克思主义绿色发展观的最新成果和中国共产党人的智慧结晶，是乡村发展的导航仪和方向标。乡村发展决不能以牺牲乡村生态资源为代价，而要实现乡村社会经济与环境保护相互协调发展。"既要绿水青山，也要金山银山"，强调社会经济发展与生态保护要两者兼顾；"宁要绿水青山，不要金山银山"，说明社会经济发展与生态保护矛盾冲突不可调和之际，宁可不开发也不能破坏生态环境。"绿水青山就是金山银山"揭示了优美的生态环境也可创造经济效益。绿色发展理念以"绿水青山就是金山银山"为基本内核，以实现人与自然和谐共生，形成生产生活生态的协调发展、良性循环和持续繁荣为宗旨，以实现生态经济化和经济生态化的现实转向为基本内涵，以构建资源节约型、环境友好型、生态宜居、

---

① 马克思恩格斯选集（第一卷）[M]. 北京：人民出版社，2012：158.

② 解保军. 人与自然和谐共生的现代化——对西方现代化模式的反拨与超越 [J]. 马克思主义与现实，2019（2）：41.

③ 中共中央宣传部. 习近平新时代中国特色社会主义思想学习纲要 [M]. 北京：学习出版社，人民出版社，2019：167.

④ 解保军. 人与自然和谐共生的现代化——对西方现代化模式的反拨与超越 [J]. 马克思主义与现实，2019（2）：45.

生活富裕和社会和谐为主要目标。新时代乡村绿色发展必须牢固树立和贯彻落实"绿水青山就是金山银山"理念，科学认识和把握乡村经济发展与生态建设之间的辩证关系，将社会经济发展与乡村生态文明建设有机融合起来，努力实现美丽乡村建设与乡村社会经济的高质量发展相得益彰。

2. 绿色发展理念对马克思主义实践方法论的继承与发展

"实践是历史唯物主义的基本概念，也是现实的落脚点。"[①] 马克思主义理论本质上是实践哲学和实践理论，实践方法论是马克思主义发展理论中的重大方法论。绿色发展坚持绿色与发展的统一，体现了自然观、历史观与实践观的统一。绿色发展理念一方面说明人与自然的关系是一种实践关系，另一方面说明绿色发展的理论和方法既来自实践，又要回到实践并在实践检验中得到进一步的丰富和发展。[②]

首先，绿色发展理念的提出、形成与完善是对我国乡村发展现实矛盾和生态问题的主动回应，体现了马克思生态思想对现实问题的实践关切，蕴含着强烈的问题意识，具有明确的目标导向。改革开放以后，我国国民经济一直保持高速增长，经过多年的发展，乡村的面貌发生了巨大变化，然而乡村发展相继遭遇环境污染的"生态烦恼"。以地处东部沿海地区的浙江为例，浙江省人均资源占有量水平较低，一次能源95%以上靠外省调入。[③] 改革开放后，浙江利用相对丰富的人力资本和社会资本，逐步形成了众多以"一乡一产业，一村一产品"的产业集聚区。这种以再生资源利用为特色的产业集聚区的形成和发展，对推动浙江国民经济的快速发展及区位优势产业的形成发挥了巨大作用，浙江从资源小省转变为制造业大省。值得注意的是，浙江的再生资源利用和特色产业发展是依托内源性民间力量发展起来的，虽具有体制机制等活力优势，但非正规的民间行为亦存在许多不规范、不协调行为，粗放型的发展方式造成了局部地区较为严重的环境污染，如土冶炼污染、重金属对水的污染等。2005年习近平在安吉余村考察时对关停矿山走生态优先的绿色发展道路进行了肯定。习近平强调必须让良好的生态成为乡村发展的有力支撑点，自然生态本身可以转化为经济优势。[④] 安吉余村15年的发展成效，成为向世人展现"绿水青山就是金山银山"的现实样板。高投入、高污

---

① 课题组.《"两山"重要思想在浙江的实践研究》[M]. 杭州：浙江人民出版社，2017：167.
② 方世南. 论绿色发展理念对马克思主义发展观的继承和发展 [J]. 思想理论教育，2016（5）：28-33.
③ 周华富. 提高资源产出率的方法与路径研究 [M]. 北京：人民出版社，2021：3.
④ 何建明. 那山，那水 [M]. 北京：红旗出版社，2017：2.

染及过度开发的传统乡村发展模式，不仅使乡村生态资源遭遇破坏，而且导致乡村的可持续发展之路受阻，要破解乡村周边环境受损等生态问题，突破资源和环境对乡村发展的瓶颈制约，只有坚持绿色发展理念，大幅提升农业农村生产的绿色化程度。

其次，"两山"理念阐明了乡村生态振兴的实践路径。乡村良好的生态资源是以农立国的中华民族生息繁衍的源泉，随着社会的发展，乡村不仅承载着农业生产的功能，而且具有重要的生态涵养功能，乡村也是传承中华文明的重要载体，拥有种类繁多的自然遗产和文化遗产。乡村不仅要为城乡居民提供优质安全的农产品生产，而且也可为城乡居民敞开休闲体验的空间。以民宿产业为例，党的十九大提出促进乡村一二三产业融合发展，产业生态化和生态产业化成为推进乡村振兴的有力抓手，落实乡村绿色发展的重要载体，生态富民的重要途径。其一，随着社会经济城市化进程加快，乡村人口、小镇人口向城镇、中心城区转移、工业向工业园区集中，农民住宅、城镇居民私房、商品住宅房、旧厂房、仓库等建筑物闲置数量越来越多，乡村旅游和民宿产业发展正是利用这些闲置建筑物改造成为接待游客的住所，充分利用了社会闲置资源。其二，休闲农业和民宿产业的发展，给当地居民更多的就业机会特别是灵活就业的机会，相应增加了居民收入。本书对浙江嘉兴 14 个社区（村）统计调查发现，民宿从业人员为 3301 人，其中 32.1% 为兼职人员，2018 年上半年，民宿雇员人均月平均工资为 3293 元，月平均劳动报酬（工资、福利、五险一金）为 3357元。其三，民宿产业成为增强区域经济活力，推动乡村经济发展的新动能。民宿产业不仅盘活地区闲置民居资源，缓解因城市化造成的区域"空心化"，推进一二三产业融合发展，促进乡村及周边现代服务业加快发展，带动各种要素流向乡村，实现富民增收，而且成为推动乡村经济发展的新动能。

此外，在乡村绿色发展过程中，乡村释放出经济转型升级的消费需求，为产业和产品的绿色转型敞开了空间和市场。21 世纪以来，我国乡村发展不仅实现了农业年年丰收、农民收入年年增长，而且实现了农村消费需求年年扩大。当前我国乡村消费需求已发生量和质两方面的深刻变化，乡村消费需求已迈入新的阶段，达到新水平，消费需求的变化涵盖了需求规模的扩大、需求种类的多元化、需求的可持续性显著增强等多个维度，无论是现代农业建设、农村居民住房改善、乡村基础设施建设，还是乡村生态环境治理、农产品流通体系建设，以及乡村社会事业发展，都蕴藏着巨大的消费需求潜力，乡村巨大的消费需求是我国特有的市场优势，为推动乡村绿色发展提供新动力和新机遇。

（三）坚持农业农村优先发展：中国乡村绿色发展的根本保障

2017 年，习近平在中央农村工作会议上深刻阐述了"坚持农业农村优先发展"的现实意义，明确要求在"干部配备、要素配置、资金投入和公共服务"等四个方面优先保障的方针要求。"坚持农业农村优先发展"的总方针为乡村绿色发展指明了方向、提供了遵循、提振了信心。

1. 坚持农业农村优先发展是马克思主义城乡关系理论的创新发展

城市和乡村是西方经济和社会发展过程中最持久的隐喻之一①，由传统农业社会向现代都市社会转型，是人类历史演进的一般规律。英国作为最早建立起资产阶级政权的国家，在殖民掠夺中积累的财富为本国工业革命奠定了社会资本，技术革命促使生产方式由工场手工业向大机器生产过渡，并由此揭开了城市化的序幕。古典政治经济学家詹姆斯·斯图亚特和亚当·斯密表述了城乡分工和城乡关系在资本主义转型中的地位和作用，李嘉图则站在大工业的立场上阐释了城乡关系并对城乡对立问题进行了论证。法国在工业化与城市化进程中长期存在工业化和小农业的矛盾，空想社会主义者一方面秉承启蒙运动和法国大革命的自由、平等观念，另一方面受法国农业及重农主义思想的影响，批判甚至否定现代城乡分工，将其视作社会不公和社会分裂的根源。德国资产阶级在经济上和政治上都落后于英国和法国，因此德国资产阶级是以古典哲学的思辨性和普遍主义逻辑阐发其经济、政治要求，黑格尔认为"城市是市民工商业的所在地，在那里，反思沉入在自身中并进行细分。乡村是以自然为基础的伦理所在地"②，黑格尔哲学话语中的"市民社会"概念以及"城市＝社会"而"乡村＝自然"的隐喻，较早站在现代国民经济学家的立场上，把握了城市和乡村在社会化进度和程度上的差别。③

在《资本论》中马克思将城乡关系变迁概括为"城乡分离"到"工业化与城市化"再到"城乡融合"三个阶段④。在马克思看来，城市是人类社会发展到一定程度形成的产物，它产生于第二次社会大分工以后，是在农业生产有了剩余、手工业从农业分离、社会分工细化进而商品交换扩大形成固定交易市场

---

① Holton R J. Cities, Capitalism and Civilization [M]. London：Allen &Unvin, 1986：10.
② 黑格尔. 法哲学原理 [M]. 范扬，张启泰，译. 北京：商务印书馆，1961：252.
③ 屈婷，樊红敏. "自然的"乡村何以社会化 [J]. 山西财经大学学报，2015 (S1)：15.
④ 白永秀. 城乡二元结构的中国视角：形成、拓展、路径 [J]. 学术月刊，2012 (5)：68.

并与具有防御功能的村庄融为一体中，由村庄逐步发展起来的①。马克思在《德意志意识形态》中指出，"物质劳动和精神劳动的最大的一次分工，就是城市和乡村的分离。……城市已经表明了人口、生产工具、资本、享受和需求的集中这个事实；而在乡村则是完全相反的情况：隔绝和分散"②。

作为一个农业大国，几千年来，农民是华夏农业文明的创造者。中国共产党始终在革命、建设、改革各个历史时期，高度重视农业农村农民的地位与作用，毛泽东在《论十大关系》中强调以农、轻、重为原则构建产业结构体系，并指出农业是国民经济的基础。改革开放以来，中国共产党通过普遍实行家庭承包经营制度、提高农产品收购价格、放活农村经济，农民的生产积极性得到充分调动，农民收入和生活水平快速提高。进入21世纪，党中央提出"工业反哺农业、城市支持农村"的指导方针，明确了"建设社会主义新农村"的重大历史任务，共产党人坚持推动城乡统筹发展的理论创新和实践探索。

党的十八大以来，习近平多次对"农业强不强、农村美不美、农民富不富，决定着全面小康社会的成色和社会主义现代化的质量"进行了科学论述，进一步明晰了对乡村优先发展的战略考量，在迈向社会主义现代化强国征程中，决不能丢了乡村这一头。坚持农业农村优先发展，顺应了社会发展和城乡关系演进的规律，是对破解城乡发展不平衡、乡村发展不充分的主动回应，是对马克思城乡关系理论的继承和创新，是新时代党的创新性理论成果。

2. 坚持农业农村优先发展具有鲜明的问题导向和目标导向

新中国成立之初，我国依靠城乡要素的"剪刀差"支撑了工业化和国民经济的恢复发展。改革开放以后，乡镇企业的发展以及农村富余劳动力有效转移进一步推动了城镇化和工业化的有序发展。在20世纪80年代末和20世纪末两个时间节点上，我国先后实现了解决人民温饱问题、人民生活总体上达到小康水平的发展目标。党的十八大以来，党和国家把保障和改善民生作为农村工作的根本出发点和落脚点，收入分配制度改革全面深化实施，重点群体收入增长措施持续发力，精准扶贫、精准脱贫政策深入推进，2013～2018年农村居民人均可支配收入从9430元提高到的14617元，年均实际增长7.7%；人均消费支出由7485元增加到12124.3元，年均增长8.5%；恩格尔系数从34.1%下降到

---

① 龚万达，刘祖云. 从马克思物质变换理论看城镇化与生态文明建设 [J]. 重庆大学学报，2015（4）：162.

② 马克思恩格斯选集（第一卷）[M]. 北京：人民出版社，2012：184.

30.1%，年均下降 0.8 个百分点。① 党的十九届五中全会深入分析了我国发展环境面临的深刻复杂变化，并指出，当前我国实现国家现代化的第二个百年奋斗目标就是要缩小城乡差别，同步实现农业农村的现代化。②

在马克思看来，正如城乡分离是生产力发展的必然产物一样，随着生产力的进一步发展，城市和乡村的对立也将消失。共产主义社会将真正实现每个人自由而全面的发展，到那时，"生产将以所有的人富裕为目的"③，"由社会全体成员组成的共同联合体来共同地和有计划地利用生产力；把生产发展到能够满足所有人的需要的规模；……所有人共同享受大家创造出来的福利"④。共产党人正是立足于现实基本国情和农情，提出"坚持农业农村优先发展"，就是要扭转过去较长时期"重工轻农、重城轻乡"的思维定式，建立起新时代"工农互促、城乡互补、全面融合、共同繁荣"的新型工农城乡关系。尽管我国城镇化率已经达到 60%，但以习近平同志为核心的党中央反复强调，如果在现代化进程中把农村四亿多人落下，既不符合党的执政宗旨，也不符合社会主义本质要求。⑤

2019 年，我国人均 GDP 已达到 7.09 万元，全员劳动生产率 11.5 万元/人，城镇就业人员占全国就业人员比重为 57.1%，全国农民工总量 29077 万人，其中本地农民工 11652 万人，占 40%，全国农民工人均月收入 3962 元，比上年增长 6.5%。⑥ 2019 年国内游客 60.1 亿人次，其中休闲农业与乡村旅游接待人次达到 30.9 亿人次⑦。进入新时代，我国具备了工业反哺农业、城市支持乡村的经济能力和各项条件。坚持农业农村优先发展，不仅符合马克思主义的发展规律论和价值论，也符合我国社会主义现代化建设规律，符合我国的国情和农情。坚持农业农村优先发展总方针既有中国共产党的坚强领导政治保障，又有强大的经济条件支撑，同时拥有亿万农民的首创精神，因而实现农业农村优先推动乡村绿色发展完全有基础、有条件。

① 根据历年的《中国统计年鉴》整理而得。
② 中共十九届五中全会在京举行 [N]. 人民日报，2020-10-30 (1).
③ 马克思恩格斯全集（第三十一卷）[M]. 北京：人民出版社，1998：104.
④ 马克思恩格斯选集（第一卷）[M]. 北京：人民出版社，2012：308.
⑤ 中央党史和文献研究院. 习近平关于"三农"工作论述摘编 [M]. 北京：中央文献出版社，2019：44.
⑥ 中国新闻网. 2019 年农民工总量达 29077 万人 月均收入 3962 元 [EB/OL]. [2020-04-30]. https：//baijiahao. baidu. com/s?id=1665384045154493298&wfr=spider&for=pc.
⑦ 中国发布. 文旅部：2019 年我国乡村旅游人次达 30.9 亿 占国内旅游人次的一半 [EB/OL]. [2021-08-27]. https：//baijiahao. baidu. com/s?id=1709234241588136653&wfr=spider&for=pc.

二、新时代中国乡村绿色发展路径优化

（一）巩固和完善农村基本经营制度，走共同富裕之路

　　共同富裕，是马克思主义的第一个目标。① 自古以来，实现共同富裕是人类的梦想，早在古代中国大同世界的构想之中，就蕴含着"共同富裕"的理想追求。新中国成立之初，毛泽东就提出发展、富强的目标，并指出这个"富"是"共同的富"，这个"强"是"共同的强"。"共同富裕是中国特色社会主义的根本原则，实现共同富裕是我们党的重要使命。"② 实现共同富裕从根本上说就是要依靠发展。透视农业发展的演进规律，推进农业规模化生产经营是农业现代化的必然选择，但从我国基本的国情农情分析，小规模家庭农业生产在较长时间内仍是我国乡村的基本经营形态。在不打破我国农村家庭经营格局前提下，通过"三权分置"实现土地流转，推动规模化经营引领，同时以专业化、社会化的服务组织弥补家庭经营细碎化管理的不足。按照市场经济规律要求构建现代乡村集体经济运行机制，增强乡村集体经济的发展活力，努力实现集体资产的保值增值，保障农民的利益。

　　首先，巩固和完善农村基本经营制度。马克思指出，私有财产和金钱统治之下形成的自然观，是对自然界的真正蔑视和实际贬值。③ 我国农村改革从"包产到户、包干到户"开启，改革的理论与实践价值在于坚持农村土地集体所有制的前提下，将土地长期分包给农户使用，家庭联产承包责任制重塑了"家庭"在农村经营中的基础性地位。"缴够国家的，留足集体的，剩下都是自己的"这一经营方式，使农民获得生产和分配自主权，将农业生产的"责、权、利"紧密结合，解决了农业生产中劳动监督困难的问题，克服了平均分配方式中"搭便车"行为，使农民的收益与其努力程度相对应，因而具有激发农民生产的积极性和提高产出效率的作用。农业生产效率的提升使农业产出和农村劳动力有了富余，进而诱发了乡镇企业的迅猛发展，为推进国家的城镇化和工业化创造了条件。随着改革开放的深入，城镇化率越来越高，以家庭经营为

---

　　① 中共中央宣传部 . 习近平新时代中国特色社会主义思想学习纲要［M］. 北京：学习出版社，人民出版社，2019：44.

　　② 中共中央宣传部 . 习近平新时代中国特色社会主义思想学习纲要［M］. 北京：学习出版社，人民出版社，2019：45.

　　③ 解保军 . 生态学马克思主义名著导读［M］. 哈尔滨：哈尔滨工业大学出版社，2014：107.

基础，各类新型经营主体应势而生，农业经营体系和服务体系逐步建立健全。第三次农业普查资料显示，2016年全国农业经营户20743万户，其中规模农业经营户398万户，农民合作社总数179万个。从历史发展看，我国"大国小农"的基本国情农情并未改变，家庭经营在较长时期内适应于农业生产的特性，家庭式精耕细作不误农时的生产方式既是对农民权益的保障，也是农业生产的基础。在市场经济的竞争下，农户会不断学习新的技术和生产方式，不断调整种养种类，实现生产效益最大化，同时也可依靠土地市场流转政策，实现土地资源要素的合理化配置。改革开放40多年的实践证明，家庭经营的基础性地位是不可动摇和替代的。进入新时代，面对农业农村新模式新业态的出现，应在坚持家庭经营基础性地位不变的基础上，积极推动农民合作社和家庭农场培育，建立和完善支持政策体系，完善"农户+合作社""农户+公司"利益联结机制，推动现代农业有效发展。

其次，深化农村土地制度改革。土地是农业最基本的生产资料。无论是家庭农户经营模式，还是适度规模化经营组织方式，人地关系的调整都是乡村改革发展中需要面对和解决的首要问题。一方面，我国当前农户承包耕地的户均为六块承包地块，处于零散细碎的状态，与现代农业及机械化操作不相适应。客观上，承包地块零散细碎化式"家庭承包"是历史的必然结果。村集体范围内的耕地本身由于土壤质量及距离村庄的远近等存在差异，土地承包责任制开启之初，村集体按照不同等次不同位置将土地分别分配给农户，符合地权平均、公民平等的客观实际和农民的要求，但承包地块分散、零碎的局面也同时成为农业现代化的制约因素，因而完善土地的交换、流转政策是时代要求。另一方面，国家统计局资料显示，进入新时代，我国城镇化率已经超过60%，农村空心化、农民老龄化也是客观现实，实现承包权与经营权分置是乡村发展的客观规律。中央提出的"三权分置"制度为家庭经营承包责任制和统分结合双层经营体制注入了新的内涵。在坚持农村土地集体所有的前提下，保持农村土地承包关系稳定并长久不变，深化农村土地制度改革，按照市场规律，要制定切实可行，保障农民自身利益的第二轮土地承包到期后延包的具体办法，以确保土地改革政策衔接的平稳过渡。积极开展土地确权工作，保障农民土地权益，完善土地流转政策，防止土地非农化和私有化。完善农村集体经营性建设用地入市制度改革，实现农村土地权利资本化，让更多农民能够分享城镇化进程中土地增值收益。

最后，深化农村集体产权制度改革，完善农业支持保护制度。农村集体资产清产核资是深化产权制度改革的前提，因而要通过建立农村集体资产监督管理平台，健全乡村集体资产各项管理制度。与此同时，要建立健全农村产权流转交易市场，在公开、民主的基础上推动各类产权流转交易的市场化和规范化运行，通过制定适合农村集体经济组织特点的税收优惠政策，提高村集体和农民有获得感和收益感。恩格斯早在《法德农民问题》中就指出，"可能我们那时将有能力给这些合作社提供更多的便利：由国家银行接收它们的一切抵押债务并将利率大大减低；从社会资金中抽拨贷款来建立大规模生产（贷款不一定或者不主要是货币，而且可以是必需的产品：机器、人造肥料等等）及其他各种便利"①，乡村绿色发展离不开党和国家对农业农村的支持保护政策。以绿色发展引领乡村振兴战略的实施关键在农民，落脚点在农村，重点在农业。一方面，农业本身具有准公共产品属性，既承担着为社会提供物质产品的功能，又相对于工业的生产效率本身处于劣势，农民也处于相对弱势地位，目前我国有5亿多农民，需要维持一个相对稳定的农业生产环境。另一方面，在经济全球化和市场化过程中，现代农业发展中不确定性因素显著加大，既有自然风险，又有市场风险等。在小农生产方式面对大市场竞争的基本格局下，如果缺乏必要的农业支持保护制度，小农生计农业形态将会快速裂解，由此带来更高的社会成本②。因而要完善农业支持保护制度，强化和突出高质量绿色发展导向作用，强化对优势特色农产品以奖代补的实施范围，通过调整改进"黄箱"政策，扩大"绿箱"政策使用范围，推动农村各类金融机构回归本源，拓展绿色产业信贷业务，为乡村绿色发展服务。

（二）构建现代乡村绿色产业体系，走生态优先之路

马克思把"经济的社会形态的发展理解为一种自然史的过程"③，"历史的每一阶段都遇到有一定的物质结果、一定数量的生产力总和、人和自然以及人与人之间在历史上形成的关系"④。产业是人与自然关系的一种基本的存在方式，是人作用于自然的、现实的、感性的客观活动过程，以满足人类合理需求、促进人的全面发展为目的，以自然物质产品、社会关系产品和人文精神产品的生产为内涵的社会组织的集合。⑤ 马克思指出"各种经济时代的区别，不在于生产什么，而在于怎样生产，用什么劳动资料生产。"⑥一方面，产业的发展要受到自然规律和社会规律的制约；另一方面，社会的发展和技术的变革影响着

---

① 马克思恩格斯选集（第四卷）[M]. 北京：人民出版社，2012：371.
② 胡冰川，杜志雄. 完善农业支持保护制度与乡村振兴[J]. 中国发展观察，2017（24）：22-24.
③⑥ 马克思恩格斯全集（第四十四卷）[M]. 北京：人民出版社，2001：10.
④ 马克思恩格斯选集（第一卷）[M]. 北京：人民出版社，1972：43.
⑤ 刘红玉，彭福扬. 马克思的产业思想与当代产业发展[J]. 自然辩证法研究，2011，27（2）：62.

经济的社会形态，变革着产业结构。以绿色发展引领乡村振兴，就是要处理好经济发展和生态环境保护的关系，实施生态绿色产业化战略，以资源节约、环境友好为导向，以绿色技术创新为驱动，以绿色低碳循环的产业体系为核心，统筹推动乡村产业生态化，通过市场培育与商业模式创新，促进乡村产业融合发展，让绿色低碳循环发展成为农村农业生产活动的主旋律，推动乡村经济提质增效。在保持乡村经济高质量发展，带来新的增长机遇和就业机会的同时，降低资源消耗、生态破坏、环境污染和气候变化代价，最终实现乡村生产生活生态协调发展。

第一，夯实农业生产的基础地位。党的十八大以来，我国农业生产年年丰收，为国家粮食安全提供了保障，较稳定地实现了粮食基本自给，但我国的粮食安全在较长时期内仍处于紧平衡的状况。未来，随着城镇化推进、人民生活水平的提升，肉类及水产类产品消费水平的提升，将带动饲料粮需求快速增加，粮食消费需求量仍将呈现刚性增长态势。为此，一方面，要严守耕地红线，落实永久基本农田特殊保护政策，推进高标准农田建设，改善农田水利基础条件，完善监督和考核机制，实现精准化监督与管理；另一方面，要推进我国农业机械化装备与水平的有效升级，积极开展优质品种的育种研发与推广，通过农作物栽培技术与机械化生产的有效匹配，提高农业生产的效率。此外，通过龙头公司的带动，以及利用现代数字经济技术建立产供销一体化服务平台，实现产供销一体化的有效衔接。

第二，推进农业结构优化与布局调整。党的十九届五中全会明确提出："加快发展现代产业体系，推动经济体系优化升级；……保障国家粮食安全，提高农业质量效益和竞争力，……优化国土空间布局，推进区域协调发展。"[①] 改革开放以来，我国农、林、牧、渔业的产值结构由 1978 年的 80.0∶3.4∶15.0∶1.6 调整到 2018 年的 54.1∶4.8∶25.3∶10.7，农业总产值占比明显下降，牧业和渔业比重显著提高。种植业内部粮食作物播种面积占比由 1995 年 73.43% 下降到 2018 年的 70.55%，蔬菜瓜果播种面积占比由 1995 年的 7.08% 提高到 2018 年的 13.60%。[②] 农业内部结构的调整与种植业结构的优化，为城乡居民提供了丰富的物质产品。进入新时代，人民对美好生活的期盼更加强烈，居民收入和消费水平提高，消费更加多元化，同时对农产业质量和安全的要求更高，对农业结构不断优化升级提出更高要求。推进乡村绿色发展，就是要构建农林牧渔业结构更趋合理，粮食、经济作物和饲料种植更加均衡，种植业、养殖业和加工

---

① 中共十九届五中全会在京举行［N］. 人民日报，2020 – 10 – 30（1）.
② 根据历年的《中国统计年鉴》计算而得。

业相互衔接的现代农业体系。一方面，要优化畜牧业养殖结构，发展内陆水域养殖，降低近海渔业的捕捞强度，推进远洋渔业的规范有序发展。另一方面，要优化农业生产力的空间布局。改革开放40多年来，我国农业生产的区域呈现不平衡态势。以浙江省为例，1953～1978年农田水利等基础设施的改善促进了粮食生产能力的提升，浙江基本实现粮食由产需不足向自给有余转变，年均上调国家粮食约50万吨。20世纪80年代初期农村经济体制改革促进了粮食生产效率提升，种植技术逐步改进，良田复种指数提高，浙江省粮食单位亩产和总产量显著增加，1984年粮食产量达到1817万吨历史最高水平。1978～1984年全省年均产销节余粮食36.5万吨。随着浙江城乡居民生活水平的提升和食物消费结构调整，居民口粮消费稳中缓降，肉禽蛋奶副食品消费明显增加，饲料用粮需求持续加大，1985年以后全省粮食供需平衡逐渐由自给有余转向自给不足。1994年浙江消费粮食1652万吨，粮食产量1404万吨，总量缺口248万吨，粮食自给率为85%，2018年浙江粮食消费总量2353万吨，粮食产需缺口1754万吨，粮食自给率仅为25.5%，成为全国仅次于广东省的第二大缺粮省份。2018年浙江省外购粮食总量1595万吨，其中粳稻米主要来从江苏和黑龙江购入，小麦源自河南和山东等地，玉米从东北和内蒙古调入。[①] 由此可见，推进乡村绿色发展，必须立足各地比较优势，优化农业生产的空间布局。从全国的布局看，东北地区拥有"大粮仓"的优势，应将其打造为粮食、肉食和奶制品的综合生产加工基地；要发挥华北地区粮油蔬菜种植与加工能力优势，优化长江中下游水产品生产的品质结构，稳定提高华南地区畜禽及水产品养殖发展规模；同时，坚持生态保护优先原则，发展西北地区特色农牧产业，壮大各区域特色产业。

第三，通过绿色技术创新，提升乡村自然资源利用效率。科技是一把双刃剑，既为人类利用自然提供了工具，同时又造成了严重的生态环境问题，但是科学创新依然是解决生态问题的支撑力量。[②] 乡村绿色发展，必须"要建设创新引领、协调发展的产业体系，建设资源节约、环境友好的绿色发展体系"[③]。一是培育各类创新主体，构建绿色创新体系，提升要素资源的配置效率，实现乡村发展中要素资源投入的"减量化"，资源利用的"循环化"和末端处置的"资源化"和"无害化"。通过绿色循环低碳技术的应用，促进乡村产业生产加工利用形成绿色循环型发展模式，减少对资源与环境的依赖，实现对乡村资源

---

① 宁自军. 浙江粮食安全问题研究［R］. 浙江省第三次农业普查课题研究报告，2019.

② 刘海霞. 马克思恩格斯生态思想及其当代加之研究［M］. 北京：社会科学出版社，2016：84.

③ 中共中央宣传部. 习近平新时代中国特色社会主义思想学习纲要［M］. 北京：学习出版社，人民出版社，2019：120.

环境的有效保护。二是积极开展农业科技园区和高新技术产业示范区建设，积极培育农产品加工领域的高新技术企业，提高我国农产品的安全技术标准和市场竞争力。三是面向新时代城乡居民对优质绿色生态产品的需求，加大产学研合作力度，促进农产品生产加工技术的集成应用和示范推广，通过绿色金融保障绿色技术研发资金需求，提高绿色技术的市场供给，提高绿色技术的自主创新能力和成果转化能力。

第四，培育乡村绿色发展的新产业新业态。顺应新时代我国城乡居民消费升级及需求多元化的趋势，按照三次产业在乡村绿色发展中"同步升级、同步增值、同步受益"的原则要求，以绿色生态产业为导向，推进乡村产业向绿色生态化转变、向循环型产业转变、向低碳型产业转变。一是加大特色农产品生产、加工和仓储物流一体化建设力度，发挥龙头企业示范和集聚效应，形成特色农业产业集群。二是依托乡村资源禀赋，发掘乡村文化价值，发挥乡村生态屏障和休闲体验功能，发展休闲农业和民宿产业，推进乡村全域旅游。三是发展乡村现代生产性服务业，构建市场化、专业化和社会化服务体系，通过农商互联有效促进农产品的产销衔接，延伸乡村产业上下游产业链，推进农村电商产业发展，为农产品销售敞开渠道。通过特色小镇建设，打造"一乡一业、一村一品"的产业模式，形成乡村现代绿色农业、生态工业、休闲旅游业等协调发展格局。

（三）深化农业供给侧结构性改革，走质量兴农之路

根据《中国统计年鉴2019》，2019年我国居民人均消费2.16万元，其中城镇居民人均消费2.81万元，农村居民人均消费1.33万元，分别比上年增长了7.5%和9.9%，城乡居民的恩格尔系数分别为27.6%和30.0%。现阶段，我国城乡居民的消费结构已发生了巨大变化，城乡居民不仅要求"吃得饱、吃得好"，还要求能够吃上绿色优质的生态健康食品。质量兴农是乡村绿色发展的基本要求，同时也是满足人民对美好生活的切实需求。坚持人与自然和谐共生，以绿色发展引领乡村生态振兴，要从大力发展绿色生态产品入手，提高农业生产的经济效益和环境效益。

第一，推进农业生产的清洁化。提升农产品质量的根本在于源头生产的清洁化。党的十八大以来，党中央和国务院对农业生产中化肥农药的使用监管与考核力度持续加大，2018年全国农用化肥施用量5653万吨，比2015年减少了6.13%。[①] 当前，

---

① 根据相关年份的《中国统计年鉴》计算而得。

推进化肥农药减量施用机制并不稳固，必须加强对农业生产中投入品的规范化管理，完善农药技术标准体系，健全秸秆禁烧监管力度，提高秸秆资源化合理利用水平，依托技术创新提升废旧地膜的回收与资源化利用效率，健全农村废弃包装物的回收处理体系，推进畜禽养殖的粪污资源化利用工程，减少乡村面源污染对农业生产的影响。

第二，推进农产品质量体系建设，培育提升农业品牌。通过建立农产品质量分级及产地准出、市场准入制度，落实主体责任，强化经营主体的质量安全意识，提高基层监管能力，完善信用体系和惩戒制度。加大传统名优品牌的宣传与推介力度，完善农产品品牌保护制度，帮扶本地区企业和居民注册名优农产品的商标，加强市场违规行为执法和打击力度。

（四）构筑宜居宜业宜游的美丽乡村，走生态惠民之路

在《共产党宣言》中，马克思和恩格斯采用强烈对比的方法，深刻揭示了资本主义片面发展观、异化发展观和畸形发展观的弊端，即：既造成了大工业城市的"普遍污染"，又造成了"农村生活的愚昧状态"。[①] 马克思和恩格斯建议把人口平均地分布到全国逐步消灭城乡差别。[②] 将马克思和恩格斯的建议置于当代语境之中，就是加强乡村人居环境治理，通过特色小镇的建设实现就地城镇化，发挥乡村的生态宜居功能，以此避免人口过度集中于城市，既减轻城市环境的压力，又发挥乡村生态涵养的功能。构筑宜居宜业宜游的美丽乡村是乡村绿色发展的关键和重要任务，绿色是乡村振兴的底色，乡村与自然的紧密结合构成了人类最理想的宜居空间。生态宜居事关亿万农民的切身利益，美丽乡村建设是普惠民生生态福祉的重要体现，发展乡村休闲旅游是生态富民的重要途径。

第一，以建设美丽宜居乡村为导向，重塑乡村价值，让乡村成为新时代居民美好生活的空间载体。科学规划乡村发展的空间布局，着力提升村容村貌，提升乡村民房规划与设计的景观化水平，因地制宜，突出地域民族特色和乡土特征。加快补齐乡村基础设施突出短板，进一步完善交通、停车场、污水治理、旅游厕所、通信宽带、标识标志等基础设施建设。以乡村生活垃圾分类、面源污染治理为主攻方向，开展农村人居环境整治行动，推进生态修复保护工程，开展乡村面源污染治理、道路环境绿化和公共交通服务提升行动，全面提升农

---

① 解保军. 生态学马克思主义名著导读 [M]. 哈尔滨：哈尔滨工业大学出版社，2014：112.
② 解保军. 生态学马克思主义名著导读 [M]. 哈尔滨：哈尔滨工业大学出版社，2014：113.

村人居环境质量，让乡村成为"山清水秀、天蓝地净，车在路上行，人在画中游"的优美景区。

第二，盘活乡村闲置资源，为返乡人才提供更多创业机会。随着社会经济城市化进程加快，乡村人口、小镇人口向城镇、中心城区转移以及工业向工业园区集中，农民住宅、城镇居民私房、商品住宅房、旧厂房、仓库等建筑物闲置数量越来越多，乡村旅游和民宿产业作为一种新的活动形式，既可以发挥自然资源的多重效益，传承社会文化和教育价值，同时可以盘活乡村闲置资源，为乡村发展创造就业机会，提升经济和社会效益。乡村旅游为推动乡村绿色发展，为当地社区的生活方式、文化形象的再生和延伸提供了途径，通过对农村地区资源的开发和利用，为人才资源返乡创业提供机遇。根据本书对浙江西塘、乌镇的调查统计，民宿建筑物来源以租赁私宅改造、租赁民宿、租赁公房改建三种来源为主，占63.6%。就全国而言，可因地制宜发展生态旅游及生态种养等产业，盘活森林、草原、湿地等自然资源，构建生态产业链。推进旅游、康养、体育、设施农业等产业开发。同时要推行行业经营许可制度，建立相应的审批与监管机制，完善评价反馈机制，避免出现先发展后治理的情况，为乡村生态休闲产业的健康长远发展提供制度保障。真正将乡村资源变资本、产品变商品、村民变股民、人力变人才，进而在乡村实现做美生态、做优环境、做强产业、做好生活。

（五）传承弘扬乡村生态绿色文化，走文明兴盛之路

马克思和恩格斯指出，"剥夺自然""统治自然"是对人类主体意识的片面张扬。[①] 生态文化是审视人类社会发展和演进不可或缺的重要维度。

第一，实施绿色生态文化普及化战略。绿色生态文化是乡村绿色发展的内源性动力，是美丽乡村建设的向心力。生态优良、环境宜居与高尚的心灵境界是构成美丽乡村的基本要素。在农业农村现代化建设中，人民都向往着蓝天白云，山清水秀，气净地洁的宜居环境，实施绿色生态文化普及化战略就是通过宣传、教育和示范，将绿色理念、绿色消费习俗和绿色道德观念普及到各个相关主体，内化于心并外化于行。从政府的角度，要求各级政府尤其是乡镇村等基层干部树立正确政绩观，告别 GDP 崇拜，积极推动乡村绿色发展。从企业的角度，要求企业承担起绿色生产的社会责任，以绿色需求为导向，通过清洁生产为消费者供给绿色产品。就乡村居民而言，要求树立正确的消费观，崇尚勤

---

① 刘海霞. 马克思恩格斯生态思想及其当代加之研究［M］. 北京：社会科学出版社，2016：82.

俭节约，反对铺张浪费，人人爱护环境，并对他人的行为予以监督。通过绿色文化普及化战略的实施，全社会的消费方式从"奢侈"转向"适度"、从"生态破坏性"转向"生态保护性"、从"一次性"转向"循环型"，逐步形成资源节约型、环境友好型、适度够用型的消费习惯和意识，进而使绿色消费成为社会新时尚。

第二，保护和传承农耕文化。农耕文化是中华优秀文化的有机组成，乡村是农耕文明的有效载体。推进乡村绿色发展，要将传统农耕文化与现代性相结合，既要挖掘传统农耕文化中的绿色智慧、人文精神和生态伦理，在传承中发挥其在聚集人心、淳化乡风中的价值和作用，又要紧密结合现代乡村旅游业发展新趋势，增加绿色生态产品和服务供给，推出反映乡村绿色生产生活方式的优秀文艺作品，加强乡村居民的科普工作，提高乡村居民的科学文化素养。

（六）创新和完善乡村绿色治理体系，走乡村善治之路

马克思在继承空想社会主义"无国家"社会追求、国家理性主义等成果的基础上，基于"国家—社会"关系提出了科学的国家观，对我国乡村治理具有重要启示意义。在马克思语境下，国家是一种完全为统治阶级谋利的共同体，社会则是物质的生活关系的总和，即"社会有机体"。① 马克思一方面肯定社会对国家的决定作用，另一方面又承认国家对社会的反作用，并认为维系国家与社会发展及二者关系的基础在于人民群众。② 乡村绿色发展离不开和谐稳定的社会秩序，建立健全乡村绿色治理体系，有利于改变农业过度依赖资源消耗的发展模式。

第一，加强党对乡村绿色发展的领导。无产阶级政党是社会主义革命和建设事业的领导核心。习近平强调，党管农村工作，是我们最大的政治优势。推进乡村绿色发展，首先要全面加强党对农村工作的集中统一领导，确保基层党组织在乡村工作中的领导核心地位。加强党对"三农"的领导，就是要通过创新党组织设置，发挥党基层组织的凝聚力作用，提升基层组织在乡村绿色发展中的威信和影响力。在乡村基层干部配备上，要优先满足乡村发展的需要，将乡村基层组织作为培养干部的重要渠道，将基层干部在乡村发展中的实绩作为衡量干部的重要依据，让优秀干部夯实乡村基层组织，确保基层组织在乡村绿

---

① 刘英博，刘彤. 农村基层治理也需要马克思主义 [J]. 人民论坛，2018（8）：104－105.
② 孙迪亮，孙泽玮. 马克思国家与社会关系理论视域下乡村社会治理共同体构建 [J]. 桂海论丛，2020，36（1）：83.

色发展中战斗堡垒作用有效发挥。

第二，发挥乡村党员在绿色发展中的带头作用。乡村绿色发展与环境治理蕴含着实施主体意愿与行动双重逻辑，不仅需要引导村民改变陈规陋习和生活习惯，而且要培养全民自觉参与意识。通过强化村干部和党员理念培训，扭转基层干部思想；组织志愿者、义工进村入户，着力提高乡村居民的生态意识和习惯，让村民亲身体会人居环境治理责任义务，以及环境意识的道德感召，在潜移默化中理解和践行绿色发展理念。

第三，促进乡村自治、法治、德治有机结合。健全"自治、法治、德治"相结合的乡村治理体系，是实现乡村善治的有效途径[①]。坚持以德为先，滋养法治、涵养自治，以法治为本，强化法律权威地位，以自治为基的乡村现代治理体系是乡村绿色发展的基础，是调动群众积极参与的重要途径和保障。政府在乡村绿色发展中做好顶层设计、政策制定、激励机制以及公民教育等方面，发挥村级党组织的引领、组织职能，强化"村委会—组长—村民"的基层治理网络，以居民征询制度和协商议事制度为抓手，发挥"三会"制度作用，带动居民积极参与乡村绿色发展任务落实。利用基层组织和社会力量，发挥村民在乡村建设中的主体力量，提升公众参与意识，夯实村民责任和义务。推广"枫桥经验"，推动精准化、精细化的基层服务和管理，构建乡村绿色发展善治之路。

（七）加强乡村要素供给保障，走城乡融合发展之路

在马克思看来，只有在共产主义社会，生产力高度发展，人民生活极度富裕，消灭了阶级、消灭了分工，才能彻底铲除城乡差别、城乡对立的基础。在资本主义向共产主义过渡时期，无产阶级专政的国家政权要想缩小甚至消灭城乡分离和工农差别，应加强对农村农业的支援。乡村绿色发展需要贯彻农业农村优先发展的总方针，促进城乡融合发展。

第一，健全城乡要素合理流动体制机制。21世纪以来，党中央和国务院在统筹城乡发展，以工补农，以城带乡方面出台了多项政策，提出了"多予、少取、放活"的原则，城乡一体化建设取得了积极进展，但总体上城乡要素不平等交换问题仍然比较突出，乡村资源要素流失问题仍很严重。农村老龄化问题严重制约农业生产，乡村发展中金融供给不足对新型农业经营主体形成制约，

---

① 中共中央党史和文献研究院. 习近平关于"三农"工作论述摘编［M］. 北京：中央文献出版社，2019：135.

乡村"融资难、融资贵"尚未得到很好解决。实现乡村绿色发展必须强化对乡村的政策设计和制度性供给，破除城乡要素不平等交换壁垒，形成城乡要素双向流动格局。

第二，加大财政支农的政策支持力度，在资金投入上优先保障。党的十八大尤其是乡村振兴战略实施以来，国家加大了财政支农惠农的力度。2021 年，农业农村部和财政部发布了实施重点强农惠农政策，包括粮食生产的 6 项政策补贴，耕地保护与质量提升的 6 项政策，种业创新发展的 3 项政策，畜牧业健康发展的 4 项政策，农业全产业链提升的 3 项政策，新型经营主体培育的 3 项政策，农业资源保护利用的 6 项政策，农业防灾减灾的 3 项政策，以及农村人居环境整治的 1 项政策。2017 年中央农村工作会议上，习近平指出："国家投到'三农'上的项目不少，但碎片化严重，九龙治水的事还不少，但大家各管一摊，都在撒胡椒面，钱拢不起来，最后解决不了问题。"[1] 新时代坚持农业农村优先，推进乡村绿色发展，就是要逐步解决乡村多年来发展中的欠账较多问题，各级财政要认真落实资金投入的优先原则，加快建立支农惠农直接统筹整合的长效机制。对乡村建设中的公益性项目，要通过财政资金发挥"四两拨千斤"的杠杆作用，撬动社会资本的投入。

第三，积极促进乡贤返乡创业。随着城镇化进程的加快，我国许多乡村呈现不同程度的"空心化"，宅基地闲置浪费现象在许多地方比较突出，农村闲置土地资源得不到有效利用。同时，返乡下乡创业创新人员又面临产业发展用地难的问题。为此，国家已连续出台多项政策，完善政策支持体系，鼓励返乡人员发展乡村产业。2019 年，全国返乡入乡创新创业人员达 850 万人，在乡创业人员超过 3100 万人。2020 年，农业农村部会同国家发展改革委等 9 部门联合印发的《关于深入实施农村创新创业带头人培育行动的意见》中提出："重点扶持返乡创业农民工、鼓励入乡创业人员、发掘在乡创业能人，强化培训、优化服务，培育农村创新创业带头人，提升农村创新创业层次水平"。这些政策措施的出台，为乡贤回乡生活和创业提供了便利条件。

第四，积极发挥金融支农的作用。习近平强调全面深化改革对中国特色社会主义建设"最重要的一条"，就是进一步推进金融领域深化改革[2]。改革开放40 多年来，从家庭联产承包责任制到粮食购销市场化改革，从乡镇企业的遍地

① 中共中央党史和文献研究院. 习近平关于"三农"工作论述摘编 [M]. 北京：中央文献出版社，2019：17.

② 李振. "要资本，不要资本主义"如何可能 [J]. 同济大学学报（社会科学版），2019，30 (3)：102 – 103.

开花到转型发展，从农业税费改革到党的十八大以来的全面深化农村改革，农村社会经济取得全面进步，但是，不可否认的是，与工业相比，农业是一个"弱质产业"，随着市场化改革的深入，乡村的规模化经营程度不足、市场反应不灵敏、公共服务能力滞后等系列问题必然会凸显，其最根本的措施就是必须鼓励"资本下乡"，解决农业农村投资主体"融资难""融资贵"问题，把金融"活水"引入农业农村投资，促使"资本和农业"的紧密结合，提升农产品的质量和市场竞争力，促使"产业兴旺"，分享全产业链价值增值效益。同时，要在乡村绿色发展中警惕和防范"资本主义"，防止被资本权力所绑架，保证乡村文明之正道，促使广大农村能够"共享发展"。[①]

（八）加强和完善生态法制法规，走生态法治之路

马克思指出，从历史上看，人类社会在其发展进程中大致经历了"部落所有制""古代公社所有制""国家所有制""封建等级所有制""资本主义所有制"几个阶段，在这几个阶段演变过程中，法大致经历了"无法时代""非法时代""特权法时代"以及资本主义的"虚伪法时代"。[②] 马克思和恩格斯在对资本主义农业法的生态批判过程中指出，资本主义的"圈地运动"在政府的强制法令庇护下成为"合法化"，将不愿离开家园的农民的村庄破坏和烧毁，把大片土地占为己有，"他们不是把荒地变为可耕的土地，而是把农民已经开垦的土地变为牧场，把人赶走，使整片整片的土地荒芜"[③]，进而揭示了资产阶级法的阶级本质。马克思始终把人的全面发展和人类解放作为一切经济社会和法的问题研究动因与目的。在马克思看来，共产主义社会应是人的全面发展与人类解放的社会。[④] 加强和完善法律法规是乡村绿色发展重要保障。

第一，加强和完善乡村生态环境保护制度。乡村绿色发展涉及农业农村生产方式和乡村居民价值观念和思维方式的变革。不仅需要通过宣传教育引导，更需要最严格的法律制度为乡村绿色发展提供保障。以绿色发展引领乡村振兴必须加快完善法律制度，增强制度供给，强化制度执行，让法律制度成为刚性的约束。

第二，全面建立资源高效利用制度。以绿色发展引领乡村振兴，就必须改

---

① 李振. "要资本，不要资本主义"如何可能［J］. 同济大学学报（社会科学版），2019，30（3）：110.

② 李娟. 马克思法制观与人类解放［J］. 河北理工大学学报（社会科学版），2011，11（5）：33.

③ 马克思恩格斯选集（第三卷）［M］. 北京：人民出版社，1995：520.

④ 李娟. 马克思法制观与人类解放［J］. 河北理工大学学报（社会科学版），2011，11（5）：34.

变经济发展方式，走节约集约高效利用之路。党的十九届五中全会提出"全面提高资源利用效率"。① 提升乡村要素资源的高效利用资源，要以资源产权明晰为前提，全面落实资源总量管控、有偿使用、厉行节约的制度。完善生态补偿制度，通过法治法规推动乡村要素资源集约高效利用。

第三，严明乡村生态环境的保护责任制度。推进乡村绿色发展，加强乡村生态环境保护，必须严明保护责任，建立起生态责任追究制度，严格实行赔偿制度，把乡村绿色发展纳入依法治理轨道，逐步建立起由政府调控、市场引导、公众参与等构成的较完整的法律制度框架。

第四，完善乡村绿色发展考评制度。制度的生命力在于执行②。2020 年 6 月全国人大常委会审议的《中华人民共和国乡村振兴促进法（草案）》中明确要求，建立实施乡村振兴战略目标责任制和考核评价制度③。地方党委和人民政府承担促进乡村振兴的主体责任，县级以上地方党委和人民政府应当以适当方式考核本级党委和人民政府相关部门负责人、下级党委和人民政府及其负责人完成乡村振兴目标情况，考核结果作为领导班子和领导干部综合考核评价的重要内容。乡村绿色发展评价就是建立在统计数据、检测数据、问卷调查基础上的对地区乡村绿色发展水平的量化标准或指标体系。乡村绿色发展是乡村经济社会和生态协调发展的手段，而非目的本身，衡量乡村绿色发展的标准要以乡村绿色发展的内涵为基础，按照"五位一体"的总体战略布局要求，可将生态、经济、社会、政治、文化等"五位一体"的核心要素作为乡村绿色发展评价的基本框架，形成由生态环境之美、绿色发展之美、社会和谐之美、文化传承之美和体制完善之美构成的"五维一体"乡村绿色发展评价理论框架。同时把资源效率、环境损害、生态效益等指标纳入考核体系之中，引导乡村走绿色高质量发展道路。同时面向不同类型乡村人地和谐的现代化建设新格局和新需求，综合考虑乡村自然地理区划、人文地理区划、主体功能区划的现状，制订承载与融合乡村发展全要素及不同区域的乡村绿色发展进程的评估方案，选取适用的评估方法，科学构建美丽中国建设的评估框架，因地制宜地评价和凸显区域乡村绿色发展的模式、样本和成效。

---

① 中共十九届五中全会在京举行［N］. 人民日报，2020 - 10 - 30（1）.

② 中共中央宣传部. 习近平新时代中国特色社会主义思想学习纲要［M］. 北京：学习出版社，人民出版社，2019：175.

③ 中华人民共和国乡村振兴促进法（草案）［EB/OL］. http：//www. agriplan. cn/industry/2020 - 06/zy - 5695_6. htm.

三、新时代中国乡村绿色发展的价值彰显

（一）开辟了马克思主义理论与实践统一之新境界

马克思主义理论与中国实践的结合，每一次的与时俱进，都以回应时代呼声的鲜明特色彰显了解决领导革命、建设、改革和发展中实际问题的历史与时代价值。在马克思主义视野中，城乡融合发展是历史的必然趋势，社会应是人与自然的完整统一，自然界和劳动者是一切财富的源泉，只有两者的结合才能创造财富。因此，未来的社会主义社会中，应由联合起来的生产者合理地调节他们和自然之间的关系，通过社会成员的联合劳动，来避免资本主义经济危机对生产力和资源的破坏和浪费。乡村绿色发展正是着眼于马克思主义的立场、观点和方法的创造性应用，从时代的城乡关系、生态环境治理保护、人民美好生活需要的内在逻辑入手，"立足时代之基、回答时代之问"，在发现问题、剖析问题、解决问题的过程中探寻乡村绿色发展"中国方案"，是在继承与发展中对马克思主义理论的创新型发展。

1. 为推进乡村转型发展提供了新思路

马克思和恩格斯主张，要通过更加深刻的社会革命和技术革命，在更高层次实现人与自然的"新陈代谢"。[①] 从 18 世纪 50 年代起到 21 世纪初期，人类社会先后经历了农业革命、工业革命、信息革命和绿色革命。人类的现代化不是一次性完成或单向维度演进与发挥，而是不断推进、不断修正、不断寻求新目标的过程，由低水平到中等水平再到高水平，由高消耗高污染向低资源消耗低污染转变。20 世纪 60 年代起全球绿色革命风起云涌，绿色经济成为全球发展的新趋势。绿色产业成为新时代社会经济的新增长点，绿色产品成为消费新宠和市场方向，绿色消费成为新方式。绿色发展洞悉了现代化演进的趋势和特征，揭示了人类社会发展规律，推进和引导现代化走向人与自然的全方位、和谐、深度绿色化。

近年来，我国加大了环境治理与生态保护力度，乡村生态环境正在改善，但仍呈现"碎片化"治理与面源污染交织的状态，乡村面源污染和生活垃圾污染仍与日俱增。进入新时代，广大人民群众对美好生态环境的需求更加迫切，

---

① 解保军. 生态学马克思主义名著导读［M］. 哈尔滨：哈尔滨工业大学出版社，2014：113.

环境和生态问题的凸显要求我们必须实现转变发展模式，寻求环境和经济利益的平衡点，加快转变经济发展方式是化解发展与资源约束、发展与环境矛盾，实现永续发展的不二法则。为此，中央提出以乡村良好的生态资源作为乡村振兴的支撑点，践行"绿水青山就是金山银山"发展理念，以绿色发展确保乡村生产生活生态协调发展。绿色发展成为经济社会发展的主流声音和实践导向。进入新时代，新技术革命和商业模式发展降低了交易费用，帮助很多乡村的特色农产品包括一些手工艺制品等完成市场突破，从而为偏远地区和不发达地区开辟出一些非常有生机的产业，休闲农业和乡村旅游业的蓬勃兴起为生态服务业发展打开了新发展空间。

2. 为补齐乡村发展短板提供了新机遇

马克思认为，资本主义社会的城乡分离、城乡对立是资产阶级文明异化本质的一个重要表现。"在无产阶级被剥夺了新鲜空气、清洁环境和真正的物质谋生手段的同时，资本主义制度下的农民则被剥夺了与文明世界的联系"[①]。因而，在马克思和恩格斯看来，"任何反抗资本主义的社会革命，第一个任务就是消除对立的城乡分离。"[②] 新中国成立之初，党中央基于当时的历史条件和国家环境，实施了重工业优先战略，社会主义新中国在一穷二白的基础上，依靠农业农村支持，恢复了国民经济发展。改革开放后，中国的工业化和城镇化加速推进，农村劳动力、土地、资金等要素为国家作出巨大贡献。进入21世纪，我国农业连年丰产、农民连年增收，新农村建设加速推进。党的十八大以来，农村改革持续深化，美丽乡村建设富有成效。进入新时代，中国正处于以工业化、城镇化与农业现代化为导向的历史关口，中国乡村发展道路也处在传统农业社会向现代乡村社会体系的转变之中。"同时，我们也要看到，同快速推进的工业化、城镇化相比，我国农业农村的步伐还跟不上来，'一条腿长，一条腿短'问题比较突出。"[③]

现阶段，我国农业基础薄弱，安全农产品供给不足，农村生态环境脆弱，城乡最直观最大的差距是基础设施和公共服务差距，而当前，我们"具备了支撑城乡一体化的物质技术条件，到了工业反哺农业、城市支持农村的发展阶段"[④]。以绿色发展引领乡村振兴，坚持农业农村优先原则，为统筹城乡发展提

---

① ② 解保军. 生态学马克思主义名著导读 [M]. 哈尔滨：哈尔滨工业大学出版社，2014：112 - 113.

③ 中共中央党史和文献研究院. 习近平关于"三农"工作论述摘编 [M]. 北京：中央文献出版社，2019：43.

④ 中共中央党史和文献研究院. 习近平关于"三农"工作论述摘编 [M]. 北京：中央文献出版社，2019：34.

供了新机遇，也必将开启城乡融合发展和现代化建设新局面。

3. 为解放和发展乡村绿色生产力开辟了新空间

马克思在资本主义发展的初期就洞察到，资本主义原始积累的加剧和大工业的迅猛发展，必然造成对资本主义农业生产条件和生态环境的破坏。在马克思生态思想中，人与土地之间的良性物质交换和新陈代谢是实现人与自然和谐的基础。马克思和恩格斯主张，消灭土地私有制，任何人和任何团体都不是土地的占有者，只是土地的使用者，我们要像家长关爱孩子那样去关爱我们的土地。同时，对土地的开发和利用要有总的计划，开垦荒地和改良土壤要符合生态学要求。① 新中国成立初期，以"农业合作化"为主导的社会主义乡村改造，重构了乡村的社会关系与生产关系。1978 年，家庭联产承包责任制改革掀开了我国农村改革序幕，改革开放解放和发展了农村生产力，促使中国农村社会经济得到全面进步与发展。与此同时，中国共产党人对改革与发展过程中积累的生态环境问题也从不回避。习近平强调，过去多年所积累的环境问题一段时间内成为民生之患、民心之痛，随着社会主要矛盾的转化，人民群众热切期盼加快提高生态环境治理。"必须把生态文明建设摆在全局工作的突出地位，积极回应人民群众所想、所盼、所急，大力推进生态文明建设。"②

人类发展离不开自然界这个基础和前提，如何在实现人与自然和谐相处的基础上，合理利用自然、改造自然，解放和发展生产力、改善人民生活条件，推进生产生活生态协调发展是人类面临的重大现实问题。早在主政浙江时期，习近平就提出了"绿水青山就是金山银山"的重要发展思想③。"两山"理论突破了把生态保护与发展生产力对立起来的僵化思维，体现了以习近平为代表的中国共产党人直面生态危机的问题意识、勇于攻坚克难的担当精神，体现了中国共产党人在指导实践、贯彻理论意图、政策意图上的果断性和坚定性，体现了自然生产力发展的历史逻辑。以绿色发展引领乡村振兴为我国探索乡村发展道路指明了方向，也警醒人们解放和发展生产力必须遵循自然优先原则，推进乡村振兴必须遵循自然生产和再生产客观规律，在乡村资源与环境可承受范围之内，推进乡村生产、生活和生态协调发展。

4. 为美丽乡村建设铺展出美美与共的新画卷

马克思认为"植物、动物、石头、空气、光等等，一方面作为自然科学的

---

① 解保军. 生态学马克思主义名著导读 [M]. 哈尔滨：哈尔滨工业大学出版社，2014：113.

② 中共中央宣传部. 习近平新时代中国特色社会主义思想学习纲要. [M]. 北京：学习出版社，人民出版社，2019：168.

③ 习近平. 之江新语 [M]. 杭州：浙江人民出版社，2007：186.

对象，一方面作为艺术的对象，都是人的意识的一部分，是人的精神的无机界，是人必须事先进行加工以便享用和消化的精神食粮"①。人与地球上其他动物的一个重要的不同之处就在于人是具有审美情趣的类。人类社会的历史是人与自然交互作用、相互制约的历史，是人化自然和自然人化的辩证史。新时代中国乡村绿色发展不仅体现了跳出人类中心主义的思维方式，在发展中不仅融入生态因子，也融入了中国农耕文明的文化特色因子，同时融入了满足人民美好生活需要，实现共同富裕的价值追求。习近平强调，良好的人居环境是广大农民的殷切期盼，乡村绿色发展不仅聚焦农村生活垃圾处理、生活污水治理、村容村貌整治、山水林田路房的整体改善，更要注重地域特色，尊重文化差异，以多样化为美，发挥好乡村能工巧匠的作用，通过规划、建设、园林、景观、艺术设计和文化策划，把挖掘原生态村居风貌和引入现代元素结合起来，打造各具特色的现代版"富春山居图"。② 2015 年 1 月，在云南洱海，习近平总书记说，这里环境整洁，又保持着古朴形态，这样的庭院比西式洋房好，记得住乡愁。③"记得住乡愁"，就是守望我们共有的家园，就是要诗意地栖居于中国大地。乡村绿色发展正是着眼于广大人民群众日益增长的美好生活的需要，为实现农业农村现代化注入澎湃动力。

（二）为建构全球生态治理体系贡献中国智慧和中国方案

1. 彰显了中国对全球生态治理的责任担当

工业革命以来，人类在创造巨大生产力的同时，人与自然的嫌隙日渐凸显，生产、消费和废弃物引发的各类生态矛盾相互交织，生态后遗症严重威胁着人类永续发展的根基。习近平指出"人类生活在同一个地球村里，生活在历史和现实交汇的同一个时空里，越来越成为你中有我、我中有你的命运共同体"④，建设生态文明关乎人类的未来，国际社会应该携手共行，共谋全球生态文明建设之路，牢固树立尊重自然、顺应自然、保护自然的意识，坚持走绿色、低碳、循环、可持续发展之路，实现世界的可持续发展和人的全

① 马克思恩格斯全集（第三卷）[M]. 北京：人民出版社，2002：272.
② 中共中央党史和文献研究院. 习近平关于"三农"工作论述摘编 [M]. 北京：中央文献出版社，2019：115.
③ 新华网. 习近平：这样的庭院比西式洋房好 记得住乡愁 [EB/OL]. http：//www.wenming.cn/wmcz/yw_1632/201501/t20150122_2414370. shtml.
④ 中共中央宣传部. 习近平新时代中国特色社会主义思想学习纲要 [M]. 北京：学习出版社，人民出版社，2019：208.

面发展。

新中国成立 70 多年来，中国依靠自身力量端牢自己的饭碗。这既是中国人民自己发展取得的伟大成就，也是为世界粮食安全作出的重大贡献。在改革与发展过程中，由于粗放型发展所积累的生态环境问题逐渐显露，近年来党中央围绕生态文明建设提出了系列新理念、新思想、新战略，全国生态治理和保护发生了历史性、转折性和全局性变化。与此同时，习近平强调，"中国将继续承担应尽的国际义务，同世界各国深入开展生态文明领域的交流合作，推动成果分享，携手共建生态良好的地球美好家园"①。党的十九大从解决我国社会主要矛盾出发，提出实施乡村振兴战略，以绿色发展引领乡村振兴也彰显了中国对全球生态治理的责任担当。

2. 为建构绿色发展的话语体系提供了事实与样本

长期以来，西方资本主义社会化大生产与生产资料私人占有之间的根本矛盾，使世界范围内的资本主义社会存在着一种不可逆转的环境危机，尽管西方国家在其垄断的框架下有一些生态治标的药方，但因其追求利润最大的目标不会改变，不惜代价追求自身经济利益，包括剥夺和牺牲世界绝大多数人的利益的方式难以发生根本变革。西方发达国家原有的"先污染，后治理"的发展模式理应在全球生态治理上负起更大的责任与义务，援助发展中国家实现绿色发展的转向，但美国等发达国家反而将守护绿色家园的生态责任和义务更多推卸给发展中国家。

改革开放以来中国乡村所取得的发展成就，尤其是党的十八大以来中国统筹城乡发展及生态文明建设所取得丰硕成果，用事实证明了中国特色社会主义理论、道路、制度的优越性，但是在国际话语权上仍处于弱势。习近平强调："落后就要挨打，失语就要挨骂。"② 因而在"共商共建共享"的原则基础上，积极构建绿色发展的中国话语体系，引领全球生态治理体系改革，是"构建人类命运共同体"的必然要求，习近平强调，"中国将继续发挥负责任大国作用，积极参与引领全球治理体系改革和建设"，"引导应对气候变化等领域的国际合作，成为全球生态文明建设的重要参与者、贡献者和引领者"。③ 乡村绿色发展彰显了中国担当大国责任，在积极探寻自身发展道路的同时，率先成为绿色发展的先行者和领路人，为全球绿色发展和乡村治理体系提供经验和示范。以绿

---

① 习近平. 习近平谈治国理政 [M]. 北京：外文出版社，2014：212.

② 习近平. 在全国党校工作会议上的讲话 [M]. 北京：人民出版社，2016：20.

③ 习近平. 决胜全面建成小康社会 夺取新时代中国特色社会主义伟大胜利 [M]. 北京：人民出版社，2017：6.

色发展引领乡村振兴是贡献给世界的"中国智慧""中国方案"，必将为"大国话语"奠定更坚实雄辩的事实依据。

3. 为全球美丽乡村建设贡献中国智慧和中国方案

中国共产党成立以来，坚持以马克思主义理论为指导，乡村生态建设与绿色发展的理论创新不仅具有马克思主义理论的哲学根基，同时积极汲取了中华农耕文明的绿色智慧，借鉴了世界文明的有益成果和精神养分。华夏文明所孕育的丰富生态思想可以为人们认识和改造世界提供有意的启迪，具有永不退色的时代价值。① 乡村绿色发展和生态文明建设关乎人类的未来，中国作为世界经济的重要引擎，作为全球化的新舵手，有责任也有义务为全球生态治理贡献自己的力量。习近平强调，我们正在探索一条中国特色社会主义乡村振兴道路，我国干好乡村振兴事业，本身就是对全球的重大贡献。② 走乡村绿色发展道路，为全球解决乡村问题贡献中国智慧和中国方案，是中国作为全球生态文明建设的参与者、贡献者和引领者的时代要求，世界好，中国才能好，中国好，世界才更好。

党的十八大以来，以绿色发展引领乡村振兴的理论创新，以一系列逻辑严密的新观点、新理念、新论断和新思想，深化和丰富了共产党人对人类美好生活提升规律、社会主义乡村建设规律、社会主义生态文明建设规律的认知和把握，创新了马克思主义生态思想的与时俱进和新的历史飞跃，开辟了马克思生态思想与乡村发展的理论与实践统一之新境界，开拓了农业农村现代化和绿色发展的新路径，呈现了中国乡村发展的美好前景，彰显了共产党人治国理政的中国魅力，焕发了世界社会主义的生机活力，为解决人类全球性的乡村生态治理和生态文明建设贡献中国智慧和方案。

---

① 习近平. 在纪念孔子诞辰 265 周年研讨会开幕式上的讲话 [N]. 人民日报，2014 – 9 – 25（1）.
② 中共中央党史和文献研究院. 习近平关于"三农"工作论述摘编 [M]. 北京：中央文献出版社，2019：14.

结 束 语

生物学家约翰·霍普金斯说："任何一门科学都像一条河流。它有着朦胧的、默默无闻的开端；有时在平静地流淌，有时湍流急奔；它既有涸竭的时候，也有涨水的时候。借助于许多研究者的辛勤劳动，或当其他思想的溪流给它带来补给时，它就获得了前进的势头，它被逐渐发展起来的概念和归纳不断加深和加宽"①。马克思主义理论指导下的中国乡村建设与发展也并非一条平坦笔直的道路，正如习近平所说："建设什么样的乡村、怎样建设乡村，是近代以来中华民族面临的一个历史性课题。"② 党的十八大以来，中国共产党将生态文明纳入"五位一体"总体布局统筹推进，绿色发展理念的确立和美丽乡村建设加快推进，乡村生态环境得到明显好转，农业供给侧结构性改革促进了农产品质量的有效提升，"三权分置"改革巩固和完善了农村基本经营制度，激发了农业生产效率提升，我国农业连年丰产、农民连年增收，乡村居民的获得感和幸福感显著增强，在马克思主义理论指导下我国走出了一条中国特色社会主义乡村发展道路。

与西方国家由于城乡对立而引发的乡村衰退不同，新中国成立后的乡村建设与发展是在经历西方列强殖民掠夺和多年战乱后的基础上进行的。新中国成立初期，党中央基于当时的历史条件和国家环境，实施了重工业优先战略，国家在一穷二白的基础上，依靠农业农村支持，建立起较完整的工业体系和国民经济体系，在此阶段林业资源有效支撑了社会主义建设和重工业化战略的实施，拓荒造田运动是基于当时生产力发展水平及解决人民温饱问题的现实所需。改革开放以后，乡镇企业的发展尽管引发了不同程度的乡村环境污染问题，但不可否认的是，乡镇企业为解决农村剩余劳动力就业，增加农民收入，推动我国城镇化和工业化作出了巨大贡献，这也符合改革通常需要支付实施成本和摩擦

---

① 雷切尔·卡尔森. 寂静的春天. 辛红娟译. 南京：译林出版社，2018.
② 中共中央党史和文献研究院. 习近平关于"三农"工作论述摘编 [M]. 北京：中央文献出版社，2019：12.

成本的基本规律。

面对改革与发展中出现的乡村环境问题和城乡失衡问题，党中央和各级政府自20世纪80年代开始致力于寻求生态保护与治理的有效途径。从80年代保护生态环境成为基本国策，到90年代的可持续发展战略实施，乡镇企业中高污染高耗能产业的关停并转，再到21世纪科学发展观的确立和社会主义新农村建设的实施，再到党的十八大以来绿色发展理念的确立、美丽乡村建设以及乡村振兴战略的实施，我国乡村建设、改革与发展取得了极大成功，并由此推动农业农村现代化进程和乡村居民生活水平的提升。

进入新时代，绿色发展理念的确立和乡村振兴战略实施，既为乡村绿色发展提供理论指南，又为乡村绿色发展提供了实践机遇。在如期实现全面建成小康社会目标之后，中国共产党将带领全国人民乘势而上，开启全面建设社会主义现代化国家的新征程，党的"三农"工作重心由脱贫攻坚转向全面推进乡村振兴。站在新的历史方位，乡村绿色发展具有多方面的优势和条件，同时国际环境日趋复杂，各类疫情和自然灾害等不稳定不确定性显著增强，推进乡村绿色发展仍会面临诸多困难。但只要将马克思主义基本原理与中国乡村发展实际相结合，坚持党对"三农"工作的全面领导，以习近平新时代中国特色社会主义思想为指导，科学把握乡村发展规律，增强机遇意识和风险意识，发挥农民的首创精神，唱响"绿色发展与乡村振兴主旋律"、做好"生态经济与经济生态化加减法"、用好"政府主导与市场调节两只手"，正确处理好长期目标和短期目标关系，善于在危机中育新机，善于在变局中开新局，中国的乡村绿色发展就一定会为社会主义现代化建设注入新活力，美丽乡村一定会成为现代化强国的标志，中国乡村绿色发展道路必定会为世界贡献自身独特的"智慧"和"方案"。

参 考 文 献

一、马克思主义经典著作与重要文献

［1］邓小平．目前的形势和任务［M］．北京：人民出版社，1980.

［2］邓小平文选（一～三卷）［M］．北京：人民出版社，1994.

［3］恩格斯．自然辩证法［M］．北京：人民出版社，2015.

［4］胡锦涛．论构建社会主义和谐社会［M］．北京：中央文献出版社，2013.

［5］胡锦涛文选（一～三卷）［M］．北京：人民出版社，2016.

［6］江泽民．论社会主义市场经济［M］．北京：中央文献出版社，2006.

［7］江泽民文选（一～三卷）［M］．北京：人民出版社，2006.

［8］列宁．列宁全集（十九、二十卷）［M］．北京：人民出版社，2017.

［9］马克思恩格斯全集（第二版）（一～三、十～二十一、二十五～二十六、二十八、三十一～三十六、三十～四十三卷）［M］．北京：人民出版社，1995 – 2018.

［10］马克思恩格斯文集（一～十卷）［M］．北京：人民出版社，2009.

［11］马克思恩格斯选集（第二版）（1 – 4 卷）［M］．北京：人民出版社，1995.

［12］马克思．1844 年经济学哲学手稿［M］．北京：人民出版社，2014.

［13］毛泽东文集（一～八卷）［M］．北京：人民出版社，1993 – 1999.

［14］毛泽东选集（一～四卷）［M］．北京：人民出版社，1991.

［15］习近平．决胜全面建成小康社会 夺取新时代中国特色社会主义伟大胜利［M］．北京：人民出版社：2017.

［16］习近平．习近平谈治国理政（一～三卷）［M］．北京：外文出版社，2018 – 2020.

［17］习近平．之江新语［M］．杭州：浙江人民出版社，2007.

［18］中共中央党史和文献研究院．习近平关于"不忘初心、牢记使命"重要论述摘编［M］．北京：中央文献出版社，2019.

［19］中共中央党史和文献研究院．习近平关于"三农"工作论述摘编［M］．北京：中央文献出版社，2019.

［20］中共中央，国务院．"三农"工作一号文件汇编（1982 – 2014）［M］．北京：人民出版社，2014.

［21］中共中央，国务院．乡村振兴战略规划（2018 – 2022）［M］．北京：人民出版社，2018:

　　[22] 中共中央文献研究室. 邓小平年谱（1975 - 1997）[M]. 北京：中央文献出版社，2004.

　　[23] 中共中央文献研究室. 邓小平思想年编（1975 - 1997）[M]. 北京：中央文献出版社，2011.

　　[24] 中共中央文献研究室，国家林业局. 毛泽东论林业（新编本）[M]. 北京：中央文献出版社，2003.

　　[25] 中共中央文献研究室. 建党以来重要文献选编（1 - 26 册）[M]. 北京：中央文献出版社，2011.

　　[26] 中共中央文献研究室. 建国以来重要文献选编（1 - 20 册）[M]. 北京：中央文献出版社，1992 - 1998.

　　[27] 中共中央文献研究室. 江泽民思想年编（1989 - 2008）[M]. 北京：中央文献出版社，2010.

　　[28] 中共中央文献研究室科研管理部. 邓小平著作是怎样编辑出版的 [M]. 北京：中央文献出版社，2010.

　　[29] 中共中央文献研究室. 十八大以来重要文献选编（上）[M]. 北京：中央文献出版社，2014.

　　[30] 中共中央文献研究室. 十六大以来重要文献选编 [M]. 北京：人民出版社，2005.

　　[31] 中共中央文献研究室. 十七大以来重要文献选编 [M]. 北京：中央文献出版社，2013.

　　[32] 中共中央文献研究室. 十四大以来重要文献选编 [M]. 北京：人民出版社，1996.

　　[33] 中共中央文献研究室. 十五大以来重要文献选编 [M]. 北京：人民出版社，2001.

　　[34] 中共中央文献研究室. 十一届三中全会以来重要文献选读. 北京：人民出版社，1987.

　　[35] 中共中央文献研究室. 新时期农业和农村工作重要文献选编 [M]. 北京：中央文献出版社，1992.

　　[36] 中共中央文献研究室. 周恩来年谱（上卷）[M]. 北京：中央文献出版社，1997.

　　[37] 中共中央文献研究室. 朱德年谱（下卷）[M]. 北京：中央文献出版社，2006.

　　[38] 中共中央宣传部. 习近平新时代中国特色社会主义思想三十讲 [M]. 北京：学习出版社，2018.

　　[39] 中共中央宣传部. 习近平新时代中国特色社会主义思想学习纲要 [M]. 北京：学习出版社，人民出版社，2019.

　　[40] 中央财经领导小组办公室. 中国经济发展五十年大事记 [M]. 北京：人民出版社，1999.

二、学术著作

［1］阿尔文·托夫勒．第三次浪潮［M］．黄明坚，译．北京：中信出版集团，2018．

［2］安东尼·吉登斯．社会的构成——结构化理论纲要［M］．李康，李猛，译．北京：中国人民大学出版社，2016．

［3］蔡宏进．乡村社会学［M］．台北：三民书局，1989．

［4］陈国庆，张养年．道德经注译［M］．合肥：安徽人民出版社，2001．

［5］陈锡文，罗丹，张征．中国农村改革 40 年［M］．北京：人民出版社，2018．

［6］陈学明，姜国敏．马克思主义哲学与中国道路［M］．北京：中国人民大学出版社，2019．

［7］陈学明，李冉，等．新时代的历史大视野［M］．上海：上海人民出版社，2019．

［8］黛玉琴．村民自治的政治文化基础［M］．北京：社会科学文献出版社，2007．

［9］德内拉·梅多斯，等．增长的极限［M］．李涛，王智勇，译．北京：机械工业出版社，2006．

［10］杜欢政．中国资源循环利用产业发展研究［M］．北京：科学出版社，2010．

［11］杜润生．中国农村体制变革重大决策纪实［M］．北京：人民出版社，2005．

［12］范金．可持续发展下的最优经济增长［M］．北京：经济管理出版社，2002．

［13］方世南．马克思恩格斯的生态文明思想——基于马克思恩格斯文集的研究［M］．北京：人民出版社，2017．

［14］费孝通．江村经济［M］．北京：商务印书馆，2001．

［15］费孝通．乡土中国［M］．北京：中华书局，2013．

［16］弗朗索瓦·佩鲁．新发展观［M］．张宁，丰子义，译．华夏出版社，1987．

［17］弗·梅林．马克思传［M］．樊集，译．北京：人民出版社，1965．

［18］傅晓华．可持续发展之人文生态——兼论马克思主义绿色发展观［M］．长沙：湖南人民出版社，2013．

［19］盖尔·约翰逊．经济发展中的农业农村农民问题［M］．林毅夫，译．北京：商务印书馆，2017．

［20］谷树忠，谢美娥，张新华．绿色转型发展［M］．杭州：浙江大学出版社，2016．

［21］顾钰民．马克思主义制度经济学［M］．上海：复旦大学出版社，2005．

［22］国家行政学院编写组．中国新发展理念［M］．北京：人民出版社，2016．

［23］韩俊．新中国 70 年农村发展与制度变迁［M］．北京：人民出版社，2019．

［24］何建明．那山，那水——美丽中国从这里开始［M］．北京：红旗出版社，2017．

［25］贺雪峰．三农政策重点和中国现代化农业发展道路选择［M］．北京：中信出版集团，2016．

［26］贺雪峰．乡村治理与农业发展［M］．武汉：华中科技大学出版社，2017．

［27］贺雪峰．新乡土中国［M］．北京：北京大学出版社，2013．

［28］赫伯特·马尔库塞．爱欲与文明［M］．黄勇，薛民，译．上海：上海译文出版

社，2005.

[29] 胡鞍钢．中国：创新绿色发展［M］．北京：中国人民大学出版社，2012.

[30] 胡建．马克思生态文明思想及其当代影响［M］．北京：人民出版社，2016.

[31] 黄季焜．制度变迁和可持续发展［M］．上海：格致出版社，2008.

[32] 黄正林．陕甘宁边区社会经济史（1937—1945）［M］．北京：人民出版社，2006.

[33] 贾学军．福斯特生态学马克思主义思想研究［M］．北京：人民出版社，2016.

[34] 解保军．马克思生态思想研究［M］．北京：中央编译出版社，2019.

[35] 解保军．生态学马克思主义名著导读［M］．哈尔滨：哈尔滨工业大学出版社，2014.

[36] 李繁荣．马克思主义农业生态思想及其当代价值研究［M］．北京：中国社会科学出版社，2014.

[37] 李宏伟．马克思主义生态观与当代中国实践［M］．北京：人民出版社，2015.

[38] 李晓西．绿色抉择［M］．广州：广东经济出版社，2017.

[39] 李新等．中国新民主主义革命时期通史（第一、二卷）［M］．北京：人民出版社，1962.

[40] 李勇强．马克思生态人学思想及其当代价值研究［M］．北京：人民出版社，2020.

[41] 联合国开发计划署驻华代表处．2002 中国人类发展报告：绿色发展，必选之路［M］．北京：中国财政经济出版社，2002.

[42] 梁海明．易经译注［M］．太原：山西古籍出版社，1999.

[43] 梁漱溟．乡村建设理论［M］．北京：商务印书馆，2015.

[44] 林毅夫，蔡昉，等．中国的奇迹：发展战略与经济改革［M］．上海：上海三联书店，1994.

[45] 林毅夫．制度、技术与中国农业发展［M］．上海：上海三联书店，1992.

[46] 刘德海．绿色发展［M］．南京：江苏人民出版社，2016.

[47] 刘海霞．马克思恩格斯生态思想及其当代价值研究［M］．北京：社会科学出版社，2016.

[48] 刘晓勇．生态学马克思主义与当代中国可持续发展研究［M］．北京：中国社会科学出版社，2018.

[49]"绿水青山就是金山银山"重要思想在浙江的实践研究课题组．"两山"重要思想在浙江的实践研究［M］．杭州：浙江人民出版社，2017.

[50] 罗勇．区域经济可持续发展研究［M］．北京：化学工业出版社，2005.

[51] 倪瑞华．英国生态学马克思主义研究［M］．北京：人民出版社，2011.

[52] 牛文元．2010 中国科学发展报告［M］．北京：科学出版社，2010.

[53] 逄先知，金冲及．毛泽东传［M］．北京：中央文献出版社，2003.

[54] 彭曼丽．马克思恩格斯生态思想发展史研究［M］．北京：人民出版社，2020.

[55] 乔纳森·休斯．生态与历史唯物主义［M］．张晓琼，译．南京：江苏人民出版

社，2011.

［56］《十八大以来治国理政新成就》编写组．十八大以来治国理政新成就［M］．北京：人民出版社，2017.

［57］史春风．论十大关系导读［M］．北京：中国出版集团，2012.

［58］史念海．河山集（第3卷）［M］．北京：人民出版社，1988.

［59］特德·本顿．生态马克思主义［M］．曹荣湘，李继龙，译．北京：社会科学文献出版社，2013.

［60］温铁军．八次危机：中国的真实经验1949－2009［M］．上海：东方出版社，2013.

［61］休谟．人性的高贵与卑劣［M］．杨适，译．上海：三联书店，1988.

［62］徐民华，刘希刚．马克思主义生态思想研究［M］．北京：中国社会科学出版社，2012.

［63］言心哲．农村社会学概论［M］．上海：中华书局，1934.

［64］杨铁婕．三农问题：从历史、现状到未来［M］．上海：上海科学技术文献出版社，2016.

［65］应星．农户、集体与国家［M］．北京：中国社会科学出版社，2014.

［66］约翰·贝拉米·福斯特．马克思的生态学——唯物主义与自然［M］．刘任胜，肖峰，译．北京：高等教育出版社，2006.

［67］张维为．国际视野下的中国道路和中国梦［M］．北京：学习出版社，2015.

［68］张五常．佃农理论［M］．姜建强，译．北京：中信出版集团，2017.

［69］张晓山，李周．新中国农村60年的发展与变迁［M］．北京：人民出版社，2009.

［70］赵成，于萍．马克思主义与生态文明建设研究［M］．北京：中国社会科学出版社，2016.

［71］中央党校哲学教研部．五大发展理念——创新协调绿色开放共享［M］．北京：中共中央党校出版社，2016.

［72］朱立元，王振复．魂系中华——天人合一的艺术文化精神［M］．沈阳：沈阳出版社，1997.

［73］诸大建．生态文明与绿色发展［M］．上海：上海人民出版社，2001.

三、期刊与报刊文献

［1］白瑞，秦书生．论我国绿色发展思想的形成［J］．理论月刊，2012（7）：106－109.

［2］陈金龙，董海军．新中国制度优势话语建构的历史演进［J］．马克思主义研究，2020（6）：83－90，156.

［3］陈金清．马克思关于人与自然关系生态思想的当代价值［J］．马克思主义研究，2015（11）：35－42，159－160.

［4］陈学明．马克思唯物主义自然观的生态意蕴——约翰·贝拉米·福斯特对马克思主义的解释［J］．马克思主义与现实，2009（6）：104－113.

［5］陈学明．马克思"新陈代谢"理论的生态意蕴——J. B. 福斯特对马克思生态世界

观的阐述 [J]．中国社会科学，2010（2）：45-53．

[6] 陈学明．在马克思主义指导下进行生态文明建设 [J]．江苏社会科学，2010（5）：66-70．

[7] 陈颖，韦震，王明初．毛泽东生态文明思想及其当代意义 [J]．马克思主义研究，2015（6）：41-50．

[8] 程恩富，鲁保林，俞使超．论新帝国主义的五大特征和特性 [J]．马克思主义文化研究，2020（1）：191-192．

[9] 迟全华．从政治高度深刻认识绿色发展理念重大意义 [N]．光明日报，2016-04-10（6）．

[10] 东秀萍，王停停．马克思恩格斯农业合作社思想及其当代价值 [J]．长春理工大学学报（社会科学版），2019，32（4）：6-10．

[11] 董翀．乡村振兴投融资保障机制研究 [J]．中国延安干部学院学报，2019，12（4）：119-127．

[12] 杜欢政，宁自军．新时期我国乡村垃圾分类治理困境与机制创新 [J]．同济大学学报（社会科学版），2020，31（2）：108-115．

[13] 范伟．为什么必须坚持绿色发展理念 [N]．学习时报，2015-11-12（1）．

[14] 方世南．建国70年来我国生态文明制度建设回眸与展望 [J]．新时代马克思主义论丛，2019（2）：161-179．

[15] 方世南．论绿色发展理念对马克思主义发展观的继承和发展 [J]．思想理论教8育，2016（5）：28-33．

[16] 方世南．马克思恩格斯关于美好生活的生态权益向度思想研究 [J]．毛泽东邓小平理论研究，2018（12）：46-50，104-105．

[17] 弗朗切斯科·瓦莱里奥·德拉克罗齐，卢卡·凡齐尼，陈文旭，张金曦．人类命运共同体与中国经验 [J]．马克思主义与现实，2020（4）：48-52，204．

[18] 符妹，李振．有机马克思主义视野中的"现代性批判" [J]．云南社会科学，2017（2）：25-31．

[19] 高欢欢．绿色经济的马克思主义生态理论基础 [J]．生态经济，2019，35（3）：220-223．

[20] 龚万达，刘祖云．从马克思物质变换理论看城镇化与生态文明建设 [J]．重庆大学学报，2015（4）：162．

[21] 龚晓莺，王朝科．"三农"问题形成原因探讨——基于劳动力流动的分析视角 [J]．经济问题，2017（12）：81-83．

[22] 龚晓莺．要素流动：破解"三农问题"和建设社会主义新农村的新视角 [J]．理论与当代，2006（4）：9-10．

[23] 谷树忠，谢美娥，张新华，等．绿色发展：新理念与新措施 [J]．环境保护，2016（12）：13-15．

[24] 顾益康．实施乡村振兴战略的创新路径与改革举措 [J]．浙江经济，2018（6）：

17 - 19.

[25] 国家统计局.改革开放40年我国农业农村发展成就综述 [J].中国农业文摘——农业工程，2019，31（1）：17 - 22.

[26] 韩长赋.坚持农业农村优先发展 大力实施乡村振兴战略 [J].农业工程技术，2019（8）：1 - 3.

[27] 韩冬梅，刘静，金书秦.中国农业农村环境保护政策四十年回顾与展望 [J].环境与可持续发展，2019，44（2）：16 - 21.

[28] 韩美群.新时代传承与发展中华优秀传统文化的方法论探析 [J].马克思主义与现实，2020（5）：97 - 102.

[29] 何林.论习近平对马克思生态思想的丰富与发展 [J].广西社会科学，2017（4）：1 - 5.

[30] 何萍.中国社会主义道路的探索与中国现代性的建构 [J].马克思主义哲学研究，2020（1）：139 - 152.

[31] 郇庆治.生态文明及其建设理论的十大基础范畴 [J].中国特色社会主义研究，2018（4）：2，16 - 26.

[32] 郇庆治.习近平生态文明思想视域下的生态文明史观 [J].马克思主义与现实，2020（3）：62 - 67.

[33] 郇庆治，张沥元.习近平生态文明思想与生态文明建设的"西北模式"[J].马克思主义哲学研究，2020（1）：16 - 25.

[34] 郇庆治.作为一种转型政治的"社会主义生态文明" [J].马克思主义与现实，2019（2）：21 - 29.

[35] 黄茂兴，叶琪.马克思主义绿色发展观与当代中国的绿色发展——兼评环境与发展不相容论 [J].经济研究，2017，52（6）：17 - 30.

[36] 黄雯.马克思人与自然关系和谐思想对生态文明建设的启示 [J].思想教育研究，2013（9）：34 - 38.

[37] 黄正林，栗晓斌.关于陕甘宁边区森林开发和保护的几个问题 [J].中国历史地理论丛，2002（3）：111 - 117.

[38] 贾学军.马克思唯物主义的自然观传统及其生态意蕴——基于福斯特分析的解读 [J].社会科学论坛，2016（11）：181 - 190.

[39] 金瑶梅.绿色发展的理论渊源探究 [J].海派经济，2016（3）：116 - 124.

[40] 金瑶梅.马克思人化自然观视域中的绿色发展 [J].现代哲学，2016（5）：24 - 29，42.

[41] 金瑶梅.中国传统自然观视域中的绿色发展理念 [J].黑龙江社会科学，2018（2）：1 - 6.

[42] 邝艳湘.中国特色社会主义制度的显著优势及国际比较 [J].马克思主义研究，2020（6）：33 - 42，111.

[43] 李冰.乡村变迁：新时期乡村伦理的一种解释与构建基础 [J].齐鲁学刊，2021

（1）：80 - 88.

[44] 李栋桦．马克思的生态美学思想及其当代价值 [J]．自然辩证法研究，2020，36（9）：8 - 12.

[45] 李芳．试析抗战时期陕甘宁边区的生态保护工作 [J]．延安大学学报（社会科学版），2007（3）：33 - 37.

[46] 李高东．胡锦涛农业农村发展思想论析 [J]．延安大学学报（社会科学版），2008（5）：48 - 51.

[47] 李海．中国特色社会主义社会治理之路的生成逻辑 [J]．高校马克思主义理论研究，2020，6（2）：51 - 61.

[48] 李建忠，张维香，何骅，梅德祥．包容性绿色发展的马克思主义生态哲学基因 [J]．宁夏社会科学，2020（4）：19 - 25.

[49] 李洁．从"批判""引领"到"治理"：新时代社会思潮研究范式的转换 [J]．高校马克思主义理论研究，2020，6（3）：37 - 44.

[50] 李娟．马克思法制观与人类解放 [J]．河北理工大学学报（社会科学版），2011，11（5）：33 - 35.

[51] 李棉管．发展型社会政策与新农村建设的新思路 [J]．浙江社会科学，2011（4）：71 - 76.

[52] 李萍，田世野．论马克思产权思想与我国农村产权改革的深化 [J]．马克思主义研究，2020（6）：61 - 71，155 - 156.

[53] 李维意．略论马克思恩格斯"两个和解"思想 [J]．理论导刊，2011（5）：52 - 53，56.

[54] 李占才．农民是社会主义新农村建设之本 [J]．西安财经学院学报，2008（5）：78 - 81.

[55] 李占才．20 世纪五六十年代中国农村社会经济思潮 [J]．安徽史学，2003（3）：70 - 77.

[56] 李振．论马克思主义指导下的国家治理 [J]．思想理论研究，2015（3）：33 - 38.

[57] 李振．论"四个自信"的"文明逻辑" [J]．同济大学学报（社会科学版），2017（6）：106 - 113.

[58] 李振．"要资本，不要资本主义"如何可能——基于"资本形而上学"批判的时代反思 [J]．同济大学学报（社会科学版），2019，30（3）：101 - 113.

[59] 厉磊．邓小平的生态思想及其当代价值 [J]．理论界，2016（9）：11 - 18.

[60] 刘红玉，彭福扬．马克思的产业思想与当代产业发展 [J]．自然辩证法研究，2011，27（2）：62 - 66.

[61] 刘荣军．马克思对"社会生活"的论述与新时代美好生活需要 [J]．马克思主义研究，2020（6）：51 - 60.

[62] 刘守英，王一鸽．从乡土中国到城乡中国——中国转型的乡村变迁视角 [J]．管理世界，2018，34（10）：128 - 146，232.

［63］刘顺．资本的辩证逻辑：生态危机与生态文明——对生态马克思主义的批判和超越［J］．当代经济研究，2017（4）：44－51．

［64］刘燕．从劳动异化到生态异化：马克思的资本批判逻辑［J］．宁夏社会科学，2015（6）：4－8．

［65］刘燕华．关于绿色经济与绿色发展若干问题的战略思考［J］．中国科技奖励，2012（12）．

［66］刘英博，刘彤．农村基层治理也需要马克思主义［J］．人民论坛，2018（8）：104－105．

［67］刘永凌，李连波．马克思主义视域下新自由主义生态危机批判［J］．当代世界与社会主义，2019（5）：42－48．

［68］刘永凌，王立胜．全面建成小康社会与中国现代性建构［J］．马克思主义与现实，2020（4）：11－16，203．

［69］鲁品越．《资本论》的存在论思想及其对唯物主义的四大贡献［J］．新时代马克思主义论丛，2019（2）：3－25．

［70］罗任权．论江泽民同志的"三农"思想［J］．经济体制改革，2001（5）：20－23．

［71］罗志勇，方世南．马克思恩格斯经典著作中的生态公正思想探析［J］．东吴学术，2018（2）：13－21．

［72］毛华兵，闫聪慧．习近平生态文明思想对马克思主义自然观的发展［J］．学习与实践，2020（7）：5－12．

［73］孟志中．邓小平农村教育与农科教结合思想［J］．毛泽东思想研究，2006（3）：88－93．

［74］聂惠．马克思生态哲学思想研究［J］．湖南社会科学，2014（4）：34－37．

［75］宁自军，范丽娟．地域文化与区域特色产业发展——以永康五金特色产业为例［J］．嘉兴学院学报，2009，21（5）：39－43．

［76］宁自军，钱亚畅，严国丽，周巧巧．嘉兴古镇民宿发展状况及启示——以西塘、乌镇为例［J］．嘉兴学院学报，2019，31（1）：54－59．

［77］宁自军，隗斌贤，刘晓红．长三角雾霾污染的时空演变及影响因素——兼论多方主体利益诉求下地方政府雾霾治理行为选择［J］．治理研究，2020，36（1）：82－92．

［78］宁自军，隗斌贤．乡村振兴战略下民宿产业演进特征与发展路径［J］．科技通报，2020，36（2）：112－120．

［79］宁自军．新时期粮食供需平衡态势与粮食安全对策［J］．嘉兴学院学报，2020，32（1）：66－76．

［80］宁自军．资源循环利用与区域特色产业发展互动机制——以永康五金产业为例［J］．嘉兴学院学报，2015，27（2）：68－72．

［81］庞艳宾．论社会进步的评价尺度［J］．马克思主义哲学研究，2020（1）：127－135．

［82］裴艳丽．"人与自然和谐共生"的价值意蕴［J］．马克思主义哲学研究，2020（1）：26－34．

[83] 彭福扬，彭曼丽．马克思《1844 年经济学哲学手稿》中的生态思想及其意义 [J]．湖南科技大学学报（社会科学版），2012，15（6）：32－35．

[84] 彭继红，李姝丽．从《1844 年经济学哲学手稿》到《共产党宣言》看马克思创立唯物史观的初心 [J]．马克思主义哲学研究，2020（1）：37－46．

[85] 秦书生，王宽．马克思恩格斯生态文明思想及其传承与发展 [J]．理论探索，2014（1）：39－43．

[86] 秦书生，杨硕．习近平的绿色发展思想探析 [J]．理论学刊．2015（6）：4－11．

[87] 邱海平．马克思主义关于共同富裕的理论及其现实意义 [J]．思想理论教育导刊，2016（7）：19－23．

[88] 任理轩．坚持绿色发展——"五大发展理念"解读之三 [N]．人民日报，2015－12－22（7）．

[89] 荣开明．全面理解绿色发展思想的科学内涵 [J]．学习月刊，2016（10）：4－6．

[90] 邵光学，王锡森．马克思恩格斯生态思想形成的理论渊源及当代价值 [J]．经济学家，2018（12）：22－28．

[91] 沈满洪．"两山"重要思想在浙江的实践研究 [J]．观察与思考，2016（12）：23－30．

[92] 沈满洪．绿色发展应有更高更新的战略目标 [J]．浙江经济，2015（22）：30－31．

[93] 施德军．论马克思主义中国化与绿色发展观 [J]．中外企业家 2015（11）：34－37．

[94] 史战芳．抗战时期毛泽东的根据地经济建设思想 [J]．史学月刊，2008（9）：132－135．

[95] 孙德忠．新发展理念的中国路径与时代价值 [J]．马克思主义哲学研究，2020（1）：246－255．

[96] 孙迪亮，孙泽玮．马克思国家与社会关系理论视域下乡村社会治理共同体构建 [J]．桂海论丛，2020，36（1）：83－88．

[97] 唐爱军．把牢解读中国制度的话语权 [J]．马克思主义与现实，2020（5）：82－89．

[98] 田国强．富民才能强国的经济学内在逻辑 [J]．学术月刊，2013（11）：65－74．

[99] 王常冉，韩璞庚．马克思物质变换概念的来源之争及其生态启思 [J]．浙江学刊，2020（1）：80－89．

[100] 王丹，熊晓琳．以绿色发展理念推进生态文明建设 [J]．红旗文稿，2017（1）：20－22．

[101] 王峰明．"一个活生生的矛盾"——马克思论资本的文明面及其悖论 [J]．天津社会科学，2010，6（6）：11－20．

[102] 王鸽，李庆霞．生态学马克思主义视域中的绿色发展理念研究 [J]．思想教育研究，2016（10）：30－35．

[103] 王季潇，吴宏洛．习近平关于乡村生态文明重要论述的内生逻辑、理论意蕴与实践向度 [J]．广西社会科学，2019（8）：7－12．

[104] 王宽．论习近平新时代人民观的生态幸福维度 [J]．当代中国马克思主义评论，

2020（1）：58 – 68.

[105] 王历荣，陈湘舸. 新时代中国特色社会主义思想与传统文化的传承发展 [J]. 马克思主义文化研究，2020（1）：78 – 89.

[106] 王平. 马克思思想的生态关怀向度及其启蒙意义——对生态虚无主义的批判 [J]. 哲学动态，2019（10）：27 – 32.

[107] 王平. 生态虚无主义的症候及其诊治路径 [J]. 马克思主义与现实，2017（5）：192 – 197.

[108] 王平. 现代性风险及其治理：吉登斯生态思想要旨 [J]. 苏州大学学报，2018（2）：24 – 31.

[109] 王鑫，袁祖社. 绿色发展与美好生活——基于优良制度的实践——价值逻辑 [J]. 武汉大学学报（哲学社会科学版），2018，71（4）：29 – 39.

[110] 王艳华，张雪敏. 马克思自然观的生态文明价值 [J]. 辽宁大学学报（哲学社会科学版），2020，48（2）：24 – 30.

[111] 王雨辰. 论生态文明理论研究和建设实践中的环境正义维度 [J]. 马克思主义哲学研究，2020（1）：3 – 15.

[112] 王雨辰. 以历史唯物主义为基础的生态文明理论何以可能？——从生态学马克思主义的视角看 [J]. 哲学研究，2010（12）：10 – 16，124.

[113] 王越芬，赵凯丽. 习近平绿色发展思想探析 [J]. 佳木斯大学社会科学学报，2017（1）：47 – 49.

[114] 温家宝. 关于农村政策研究的几个问题 [J]. 求是，1995（6）：2 – 7.

[115] 吴苑华. 深入理解习近平的绿色发展思想 [J]. 马克思主义研究，2016（10）：50 – 58.

[116] 吴重庆. 小农户视角下的常态化扶贫与实施乡村振兴战略的衔接 [J]. 马克思主义与现实，2020（3）：8 – 15，195.

[117] 夏承伯，包庆德. 马克思生产力论的生态意蕴及其绿色向度 [J]. 中国社会科学院研究生院学报，2016（6）：14 – 20，145.

[118] 肖安宝，王磊. 习近平绿色发展思想论略 [J]. 长白学刊，2016（3）：82 – 88.

[119] 肖贵清，车宗凯. 善于运用中国特色社会主义制度优势化危为机 [J]. 马克思主义与现实，2020（5）：73 – 81，204.

[120] 谢璐妍，杨乐馨，王晶. 论马克思生态伦理观的内在逻辑及当代价值 [J]. 思想政治教育研究，2019，35（6）：40 – 45.

[121] 徐倩，张荣华. 马克思主义农业生态理论与当代中国实践 [J]. 农业技术经济，2020（6）：143.

[122] 徐田，苏志宏. 习近平新时代"三农"战略思想的三维解析 [J]. 求实，2018（5）：21 – 30.

[123] 徐艳玲，王敏. 考量新时代人民美好生活生成逻辑的三个维度 [J]. 马克思主义研究，2020（4）：44 – 52，104.

[124] 许涤新. 马克思与生态经济学——纪念马克思逝世一百周年 [J]. 社会科学战线, 1983 (3): 50-58.

[125] 许建文, 赵洋, 王刚毅. 论马克思恩格斯的资本主义和社会主义农业思想 [J]. 马克思主义研究, 2010 (8): 33-41.

[126] 许先春. 习近平关于构建人类命运共同体的战略思考 [J]. 马克思主义与现实, 2020 (3): 141-147, 196.

[127] 薛丁辉, 郭广银. 习近平绿色发展思想研究 [J]. 求实, 2017 (2): 4-12.

[128] 薛念文, 刘雪利. 有机马克思主义视野下的"中国特色绿色发展"如何可能 [J]. 安徽理工大学学报 (社会科学版), 2017 (4): 23-26.

[129] 闫庆生, 黄正林. 抗战时期陕甘宁边区的农村经济研究 [J]. 近代史研究, 2001 (3): 132-171.

[130] 严金强, 夏碧英. 马克思主义自然观视域下的生态文明新理念研究 [J]. 理论探讨, 2020 (4): 77-82.

[131] 杨莉, 张卓艳. 试析绿色发展对科学发展观的创新 [J]. 西南交通大学学报 (社会科学版), 2016 (6): 116-121.

[132] 杨世伟. 绿色金融支持乡村振兴：内在逻辑、现实境遇与实践理路 [J]. 农业经济与管理, 2019 (5): 16-24.

[133] 杨卫军. 习近平绿色发展观的价值考量 [J]. 现代经济探讨, 2016 (8): 15-18.

[134] 杨伟兰. 新农村建设背景下生态治理中的农民环境行为探析 [J]. 农业经济, 2017 (6): 69.

[135] 余锦龙. 马克思生产力理论所蕴含的生态经济思想 [J]. 中国特色社会主义研究, 2013 (4): 38-41.

[136] 余维祥. 马克思主义生态思想的当代价值 [J]. 学术论坛, 2015, 38 (6): 6-9.

[137] 余永跃, 王世明. 习近平对党的生态文明建设思想的创新发展——学习习近平总书记关于生态文明建设的重要论述 [J]. 福建行政学院学报, 2015 (4): 59-63.

[138] 韵晓雁. 桑基鱼塘：古代农业生态系统的典范 [J]. 农村·农业·农民 (A版), 2016 (10): 55-57.

[139] 臧乃康, 张士威. 人民性：习近平全面深化改革重要思想的价值归依 [J]. 党政研究, 2018 (6): 82-88.

[140] 张丹. 马克思主义哲学中国话语的发展历程与主要经验 [J]. 马克思主义哲学论丛, 2020 (1): 89-98.

[141] 张赓, 马芳. 中国共产党生态文明思想演进历程及实践路径 [J]. 中南林业科技大学学报 (社会科学版), 2020, 14 (6): 9-17.

[142] 张菊, 李振. 现代化追求的"时代自觉"：论新发展理念的动力发育 [J]. 宁夏党校学报, 2017 (6): 29-33.

[143] 张乐民. 马克思主义生态文明思想与开创生态文明新时代 [J]. 理论学刊, 2013 (10): 10-16.

［144］张乐民．全面理解和深入践行绿色发展新理念［J］．理论学习，2016（2）：7－10．

［145］张利晨，王延庆，乔晓晖．习近平新时代"两手论"对农业农村发展的指导意义［J］．农场经济管理，2020（12）：3－7．

［146］张利民，刘希刚．中国生态治理的自然义务观及其马克思主义底蕴［J］．江海学刊，2020（4）：5－11，254．

［147］张思军．毛泽东探索新农村建设的哲学思维特色［J］．毛泽东思想研究，2011，28（2）：36－39．

［148］张宇，朱立志．关于"乡村振兴"战略中绿色发展问题的思考［J］．新疆师范大学学报（哲学社会科学版），2019，40（1）：65－71．

［149］张云飞，李娜．习近平生态文明思想对21世纪马克思主义的贡献［J］．探索，2020（2）：5－14．

［150］张云飞．社会主义生态文明的人民性价值取向［J］．马克思主义与现实，2020（3）：68－75，196．

［151］赵聪聪．新时代美丽中国建设的理论缘起与实现理路——基于马克思主义生态观视角［J］．中共天津市委党校学报，2019，21（1）：40－48．

［152］赵建军．中国绿色发展道路探析［R］．中国环境科学学会学术年会论文集，2011．

［153］赵鲁晋．工业反哺农业、城市带动农村的新农村建设机制［J］．山西财经大学学报，2017（S2）：46－47．

［154］周春兰．论绿色发展与美好生活的哲学逻辑［J］．实事求是，2019（6）：37－43．

［155］周丹．如何建设核心价值观——对国外相关经验的概述及思考［J］．马克思主义哲学论丛，2020（1）：164－174．

［156］周建群．胡锦涛"三农"思想初探［J］．贵州大学学报（社会科学版），2010，28（4）：14－19．

［157］周晓敏，杨先农．绿色发展理念：习近平对马克思生态思想的丰富与发展［J］．科学社会主义，2016（5）：50－54．

［158］朱炳元．习近平新时代中国特色社会主义思想对马克思主义的继承与发展［J］．马克思主义与现实，2020（4）：33－41，203．

［159］庄友刚．准确把握绿色发展理念的科学规定性［J］．中国特色社会主义研究，2016（1）：89－94．

［160］邹巅，廖小平．绿色发展概念认知的再认知——兼谈习近平的绿色发展思想［J］．湖南社会科学，2017（2）：115－123．

［161］左亚文，刘争明．中华和谐辩证思维的智慧特色与理性回归［J］．新时代马克思主义论丛，2019（2）：199－212．

四、学位论文

［1］白瑞．中国共产党绿色发展思想及其实践研究［D］．沈阳：东北大学，2015．

［2］蔡清伟．中国共产党农村社会治理的基本特点研究［D］．成都：西南交通大学，2014．

［3］陈池波．中国农村市场经济发展研究［D］．武汉：华中农业大学，2002．

［4］陈增贤．马克思主义生态思想与中国西部地区生态文明建设研究［D］．兰州：兰州商学院，2010．

［5］范星宏．马克思恩格斯生态思想在当代中国的运用和发展［D］．合肥：安徽大学，2013．

［6］冯亮．中国农村环境治理问题研究［D］．北京：中共中央党校，2016．

［7］高岳峰．马克思主义农村发展理论与社会主义新农村建设［D］．武汉：武汉大学，2014．

［8］葛福东．改革开放以来中国共产党农村社会建设理论与实践研究［D］．长春：吉林大学，2010．

［9］郝栋．绿色发展道路的哲学浅析［D］．北京：中共中央党校，2012．

［10］胡馨月．论马克思主义整体性的认识和把握［D］．长沙：中南大学，2013．

［11］江小容．改革开放以来农村经济发展历程研究［D］．西安：西北农林科技大学，2012．

［12］李红梅．社会主义新农村生态文明建设研究［D］．武汉：武汉大学，2011．

［13］李建桥．我国社会主义新农村建设模式研究［D］．北京：中国农业科学院研究生院，2009．

［14］梁枫．新时代中国农村生态文明建设研究［D］．保定：河北大学，2019．

［15］刘会强．可持续发展理论的哲学解读［D］．上海：复旦大学，2003．

［16］刘希刚．马克思恩格斯生态文明思想及其在中国实践研究［D］．南京：南京师范大学，2012．

［17］陆波．当代中国绿色发展理念研究［D］．苏州：苏州大学，2017．

［18］马永俊．现代乡村生态系统演化与新农村建设研究［D］．长沙：中南林业科技大学，2007．

［19］宁华宗．共生的秩序：当代中国乡村治理的生态与路径［D］．武汉：华中师范大学，2014．

［20］潘文岚．中国特色社会主义生态文明研究［D］．上海：上海师范大学，2015．

［21］曲福田．农村生态环境时空特征及其演变规律研究［D］．南京：南京农业大学，2009．

［22］任庆国．我国社会主义新农村建设政策框架研究［D］．保定：河北农业大学，2007．

［23］沈新坤．乡村社会秩序整合中的制度性规范与非制度性规范［D］．武汉：华中师范大学，2008．

［24］王永芹．当代中国绿色发展观研究［D］．武汉：武汉大学，2014．

［25］王周．农村生态伦理建设研究［D］．长沙：湖南师范大学，2003．

［26］吴诗佑．马克思早期虚无主义批判思想研究［D］．上海：同济大学，2020.

［27］夏淼．当代中国乡村文明建设研究［D］．兰州：兰州大学，2009.

［28］谢双明．马克思主义经典作家东方农民问题理论研究［D］．南京：南京师范大学，2007.

［29］邢赟赟．马克思恩格斯城乡关系理论与我国构建和谐城乡关系研究［D］．石家庄：河北师范大学，2011.

［30］徐琴．中国农村经济现代化问题研究［D］．厦门：厦门大学，2003.

［31］阳斌．新时代中国共产党乡村治理研究［D］．成都：西南交通大学，2019.

［32］杨建军．县域经济的可持续发展分析［D］．沈阳：东北大学，2006.

［33］姚洪斌．新农村建设的一体化路径研究［D］．武汉：华中科技大学，2007

［34］姚茂华．生态乡村建设研究［D］．武汉：华中师范大学，2013

［35］于少青．资本逻辑批判视域下中国绿色发展实现机制研究［D］．上海：华东理工大学，2018.

［36］于水．乡村治理与农村公共产品供给问题研究［D］．南京：南京农业大学，2007.

［37］赵凯丽．邓小平农村民生建设思想研究［D］．哈尔滨：东北林业大学，2018.

［38］朱红磊．马克思人与自然关系思想视域下乡村生态环境保护研究［D］．长沙：湖南师范大学，2019.

五、外文文献

［1］Angelakoglou K, Gaidajis G. A review of methods contributing to the assessment of the environmental sustainability of industrial systems［J］. Journal of Cleaner Production, 2015（108）: 725 – 747.

［2］Eleonore Loiseau, Laura SaiKKu, Riina Antikainen, et al. Green economy and related concepts: An overview［J］. Journal of Cleaner Production, 2016（139）: 361 – 371.

［3］Hoggart K, Paniagua A. What rural restructuring?［J］. Journal of Rural Studies, 2001, 17（1）: 41 – 62.

［4］Long Hualou, Liu Yansui. Rural restructuring in China［J］. Journal of Rural Studies, 2016（47）: 387 – 391.

［5］Markey S, Halseth G, Manson D. Challenging the inevitability of rural decline: Advancing the policy of place in northern British Columbia［J］. Journal of Rural Studies, 2008, 24（4）: 409 – 421.

［6］Ming-Xu Wang, Hui-Hui Zhao, Jian-Xin Cui. Evaluating green development level of nine cities within the Pearl River Delta, China［J］. Cleaner Production, 2018（174）: 315 – 323.

［7］Woods M. Rural Geography: Processes, Responses and Experiences in Rural Restructuring［M］. London: Sage, 2005.